KATJA S. MIT GERLINDE REINL

Nur in der Hölle
kann man den
Himmel sehen

KATJA S.

MIT GERLINDE REINL

Nur in der Hölle kann man den Himmel sehen

Der Weg einer jungen Mutter aus der Heroinsucht

mvgverlag

Bibliografische Information der Deutschen Nationalbibliothek
Die Deutsche Nationalbibliothek verzeichnet diese Publikation in der Deutschen National-
bibliografie. Detaillierte bibliografische Daten sind im Internet über **http://dnb.d-nb.de**
abrufbar.

Für Fragen und Anregungen:
katjas@mvg-verlag.de

Originalausgabe
2. Auflage 2013
© 2013 by mvg Verlag, ein Imprint der Münchner Verlagsgruppe GmbH,
Nymphenburger Straße 86
D-80636 München
Tel.: 089 651285-0
Fax: 089 652096

Umschlaggestaltung und Layout: Kristin Hoffmann, München
Umschlagabbildung und Bilder vom Covershooting im Innenteil: Michael Abele
Weitere Bilder im Innenteil: privat
Satz: Georg Stadler, München
Druck: CPI – Ebner & Spiegel, Ulm
Printed in Germany

ISBN Print 978-3-86882-285-4
ISBN E-Book (PDF) 978-3-86415-314-3
ISBN E-Book (EPUB, Mobi) 978-3-86415-315-0

Weitere Informationen zum Verlag finden Sie unter
www.mvg-verlag.de
Beachten Sie auch unsere weiteren Verlage unter
www.muenchner-verlagsgruppe.de

Inhalt

Vorbemerkung

Dieses Buch erzählt eine wahre Geschichte. Zum Schutz der vorkommenden Personen wurden alle Namen sowie einige Orte und Details geändert.

Einleitung

Das Gefühl, das die Erinnerung an meine früheste Kindheit begleitet, ist eine große Verlorenheit. Ich kam im Sommer 1969 auf die Welt – in der Planung meiner Eltern zu spät und nur deshalb, weil meine Mutter sich im letzten Moment gegen die Abtreibung entschied – und musste kämpfen. Vielleicht gab es sogar für kurze Zeit die Chance, als ersehntes Mädchen nach drei Jungs das allzeit verhätschelte Nesthäkchen zu werden, aber die Zeichen dafür standen schlecht: Ich hatte schweres Asthma und anscheinend waren alle damit überfordert.

Dabei waren die Voraussetzungen grundsätzlich gar nicht schlecht: Ich hatte ein Elternpaar und drei Brüder, diese allerdings altersmäßig schon in weitem Abstand von mir: sieben, neun und zwölf Jahre älter und sehr mit sich selbst beschäftigt. Natürlich war die kleine Schwester auch erst mal niedlich, aber sie konnten einfach nie normal und sorglos mit ihr spielen, weil sie krank war, und so wandten sie sich bald wieder dem eigenen Leben zu.

Hinzu kam, dass ich wegen meines Asthmas weite Strecken meiner ersten drei Lebensjahre in Krankenhäusern und Kliniken zubringen musste, und die Phasen der Aufenthalte dort, dann ein, zwei Wochen zu Hause und immer wieder neue Kuren wechselten ständig. Ich hatte keinen Fixpunkt in meinem Leben, keine Umgebung, an die ich mich gewöhnen, und keine Menschen, an denen ich mich festhalten konnte. Irgendwie veränderte sich alles immer genau dann, wenn ich gerade anfing, den Menschen und Räumen, die mich umgaben, zu vertrauen.

Deshalb nahm ich meine Familie von Anfang an nur aus der Entfernung wahr; sie war *eine* Konstellation, *ein* Umfeld von vielen und ebenso gut oder schlecht wie alle anderen. Meine ersten Erinnerungen sind die an Besuche meiner Mutter, wenige und nur kurz, von ihr selbst dann noch durch eine Glasscheibe getrennt, und an meinen grenzenlosen Schmerz beim Abschied; stunden-

langes Schreien, wenn sie wieder ging. Und als wollte meine Seele auch da noch vor dem schweren Weg flüchten, der vor mir lag,
war ich im ersten Lebensjahr tatsächlich viermal dem Tod nah: Die
Atemnot war so groß, dass ich fast erstickt wäre. Ich überlebte sie
durch aufmerksame Schwestern, die Anwesenheit meiner Mutter
und ihre Gebete, so wurde mir später berichtet. Mein Zustand war
so ernst, dass ich in den ersten 15 Monaten meines Lebens täglich
drei bis vier Spritzen und Infusionen bekam. Außer mir war es natürlich meine Mutter, die am meisten unter meiner Krankheit litt
und die mit drei Kindern zu Hause, der täglichen Arbeit in der
Gaststätte und den Besuchen bei mir ständig überfordert war.

An Besuche meines Vaters oder meiner Brüder habe ich keine
Erinnerung.

In dieser Weise drei Jahre lang geprägt, kehrte ich dauerhaft
nach Hause zurück. Mein Asthma war so weit behandelt, dass ich
damit in der Familie bleiben konnte. Meine Brüder freuten sich
und wollten mich gleich in ihre Spiele einbeziehen, aber ich war
längst noch nicht robust genug für Verstecken oder Boxkämpfe,
die mich furchtbar erschreckten und mir Angst machten. Im folgenden Jahr, dem vierten meines Lebens, nahm ich erstmals auch
die Existenz und Rolle meines Vaters in der Familie wahr, den ich
bis dahin so gut wie gar nicht gekannt hatte. Kaum aber hatte ich
mich an ihn als Bestandteil meines Zuhauses gewöhnt, ließen meine Eltern sich scheiden.

Ich war traurig und vermisste ihn sehr, als meine Mutter mit
meinen Brüdern und mir aus dem Haus auszog, in dem unsere
Wohnung und auch die Gaststätte waren, die sie jahrelang zusammen geführt hatten. Nicht, dass er sich besonders mit mir beschäftigt oder sich um mich gekümmert hätte, nein, aber schon wieder
brach eine fest geglaubte Größe des Lebens weg und veränderte
sich mein Umfeld völlig.

Was der Grund für die Trennung war, hat mir auf jeden Fall nie
jemand so erklärt, dass ich es verstanden hätte. Ich hatte sie öfter streiten hören, aber nie an eine solche Möglichkeit gedacht.

Mein Vater besuchte uns ein halbes Jahr lang noch einmal im Monat, dann wandte er sich einer neuen Frau zu, und ich weiß nur, dass ich noch jahrelang später dachte, er wäre es, der mich sprechen wollte, wenn das Telefon mal unverhofft klingelte. Aber wie konnte ich nur so dumm sein – es war ja doch immer nur für meine Brüder!

So irrlichterte ich durch meine Kindheit in dem Gefühl, nirgendwo wirklich einen Platz zu haben, und ohne besondere Bindung an jemanden. Ich war definitiv *nicht* das umsorgte Nesthäkchen einer intakten Familie. Meine Mutter ging halbtags arbeiten und sorgte für uns, so gut es ging. Hin und wieder traf sie einen Mann, ging aber nie wieder eine feste Bindung ein. Meine Brüder hatten längst eigene Interessen, unser Alltag funktionierte irgendwie und ich lief halt so mit; trippelte, stolperte oder schlich irgendwann später nur noch »auf Zehenspitzen«, um die Großen nicht zu stören. Wenn ich Fragen stellte, bekam ich meist keine Antwort und noch heute habe ich die verschlossenen Türen zu den Zimmern meiner Brüder im Gedächtnis, vor denen ich oft stand – ratlos und jedes Mal maßlos enttäuscht. Sie dagegen wollten natürlich mit ihren Freundinnen allein sein und ich verstand nur, dass die auf jeden Fall wichtiger waren als ich. Trotz der Jahre, die uns trennten, sehnte ich mich sehr nach der Zuwendung meiner Brüder und danach, wenigstens von ihnen *gesehen* zu werden. Auch mein Hund Wuschl, ein kleiner Schnauzer, den ich zur Kommunion bekam und dann über zehn Jahre hatte, konnte mich nicht trösten. Meine Brüder trafen meinen Vater hingegen auch dann noch, als er uns schon längst nicht mehr besuchte: Auf ihren Mofas fuhren sie zu ihm in unser altes Haus, während ich daheimbleiben musste und auch hier mal wieder nicht verstand, warum.

Um mir selbst einen Halt zu geben, nuckelte ich ausgiebig am Daumen (das übrigens, bis ich zehn war!), und bis zum siebten Lebensjahr war ich auch Bettnässerin. Das machte meiner Mutter zwar zusätzliche Arbeit, aber sie nahm es hin und machte mir zumindest keine Vorwürfe. Die ersten Schuljahre vergingen ohne besondere Erinnerung an gute oder schlechte Erlebnisse dort. Meine Leistungen waren durchschnittlich, aber dass mir das Lernen irgendwie Spaß gemacht hätte oder ich von jemandem unterstützt worden wäre, kann ich in der Rückschau nicht sagen.

Als ich acht war, kam die nächste einschneidende Veränderung in meinem Leben: Ab jetzt ging meine Mutter statt halbtags wieder den ganzen Tag arbeiten und damit wurde ich zum Schlüsselkind. Wenn ich jetzt mittags aus der Schule kam, war niemand mehr da; meine Brüder arbeiteten entweder schon oder waren bei Freunden. Ich musste also selbst sehen, wie ich den Nachmittag bis zum Abend verbrachte, wenn alle wiederkamen. Wie viele Spiegeleier ich mir in diesen Jahren gebraten habe, Mittag für Mittag, kann ich gar nicht zählen – ich wollte und musste ja was essen, und etwas anderes als das konnte ich nicht kochen.

Auf dem Land

Von dieser Zeit an war ich also endgültig allein, so kam es mir vor, und es blieb mir gar nichts anderes übrig, als mich an meine Freundinnen zu hängen und so viel Zeit wie möglich mit ihnen zu verbringen.

Wir wohnten in einem dieser großen Wohnblöcke, ganz unten, wo man im Sommer auch gern den Balkon als Eingang benutzte. Meine Brüder hatten dort ein Terrarium aufgestellt mit allerlei Kriechtieren, meist bunten Eidechsen und Salamandern, die sich unter den Steinen darin versteckten. Das war für alle Kinder im Haus eine Attraktion, die ich ihnen bieten konnte und die sie auch magisch anzog.

Gegenüber von uns wohnte meine Freundin Astrid, eine verwöhnte reiche Göre, die sich jeden Tag Pommes mit Mayonnaise von der Bude beim Topkauf holte. Die schmeckten immer so wahnsinnig gut, dass ich dafür gestorben wäre. Natürlich bekam ich, wenn überhaupt, nur wenig davon ab, aber während sie immer dicker wurde, blieb ich zumindest so dünn wie bisher.

In der Schule war ich so mittelmäßig; Spaß machte sie mir nicht, aber ich liebte Kunst und war die Beste in Sport. Mein Asthma hatte ich so gut im Griff, dass ich alles mitmachen konnte. Darüber hinaus lief ich leidenschaftlich gern Rollerblades, beeindruckte dabei die Nachbarskinder mit Salti und Weitsprüngen und nötigte ihnen so Respekt ab. Allerdings nuckelte ich auch noch am Daumen, und dafür bestrafte mich Astrid eines Tages, indem sie mir keinen Mohrenkopf abgab und vor allen anderen laut sagte: »Du kriegst keinen Mohrenkopf, solange du noch am Daumen nuckelst!« Was für ein Vertrauensbruch und eine Bloßstellung! Das tat richtig weh, aber ich habe dann aus Trotz einfach weitergenuckelt, und noch heute habe ich ein Bild, auf dem wir *gemeinsam* nuckeln.

Wenn ich ehrlich war, mochte ich sie nicht besonders, aber ihre Eltern hatten ein riesiges Haus mit einem Schwimmbad im Keller, ein großes Aquarium, einen Schäferhund und einen Papagei. Sonntags gab es immer ein super Frühstück bei ihnen mit allem Drum und Dran, und weil wir bei mir zu Hause schon lange nicht mehr gemeinsam aßen, war ich oft dort. Astrid war aber nicht nur verwöhnt, sondern auch eine Petzliese, wurde wegen jeder Kleinigkeit hysterisch und schwärzte mich völlig grundlos bei ihrem Bruder an. Ich schätze mal, außer der Tatsache, dass wir täglich zusammen mit unseren Barbies spielten, hatten wir nicht viel gemeinsam. Oft ging sie auch zu anderen Freundinnen, und dann spielte ich mit zwei Jungs aus meinem Haus, Kai und Oliver. Mit ihnen war es immer schön und entspannt und sie hatten supernette Eltern. Meistens blieb ich sogar zum Abendessen bei ihnen, denn bei mir war sowieso fast nie einer zu Hause. Das war mir manchmal fast schon peinlich, aber ich fand dort eine Wärme, Gemeinschaft und Geborgenheit, die ich so gar nicht kannte und deshalb umso mehr genoss.

Irgendwann wollten die beiden aber auch mit anderen Jungs spielen, und so wandte ich mich zwei Klassenkameraden zu. Sie holten mich öfter ab, und dann feixten meine Brüder, wenn sie das mitbekamen, und zogen mich mit ihnen auf. Wir vertrieben uns die Zeit mit allerlei Unfug, und ich erinnere mich, dass ich ihnen eines Tages, wie bei meinen Brüdern gesehen, auch das »Küssen« beibrachte.

Dann gab es auch noch meine Freundin Bettina, deren Eltern noch reicher waren als Astrids und ein riesiges Anwesen hatten. Sie war mir irgendwie ähnlich, aber sehr zappelig und nervös. Deshalb waren ihre Eltern immer ganz entzückt von mir, weil ich so ruhig war und richtig gute Tischmanieren hatte – übrigens eine Folge aus der Zeit gemeinsamer Mahlzeiten in *meiner* Familie. Und da sie wohl dachten, ich würde auch insgesamt einen guten Einfluss auf ihre Tochter ausüben, nahmen sie mich sogar mal in den Winterurlaub mit. Ich dagegen empfand Bettinas Art meist als anstrengend und mochte sie nur wegen der verrückten Einfälle, die sie immer wieder hatte.

Ich merkte lange nicht, dass manche meiner Interessen merkwürdig anders waren als die meiner Freundinnen, aber das wäre von einer knapp Zehnjährigen wohl auch zu viel erwartet gewesen. Es wurde mir aber immer dann bewusst, wenn ich die Platten meiner Brüder hörte und dabei aus dem Fenster starrte. Obwohl ich noch kein Wort Englisch sprach und verstand, war es, als würden mir die Sänger aus der Seele sprechen, und das Lied »Ashes to Ashes« von David Bowie wurde ganz schnell sogar mein Lieblingslied. Die Songs von Udo Lindenberg kannte ich bald alle auswendig, und wenn meine Freundinnen jetzt noch mit Puppen spielen wollten, war das ganz und gar nicht mehr mein Ding. Mit Simone, einer älteren Freundin, hatte ich angefangen, mit den Barbies nur noch Fixen und Anschaffen zu spielen – das hatten wir wohl mal im Fernsehen gesehen, und das wollten die anderen gar nicht.

Obwohl ich Astrid schon lange nicht mehr regelmäßig sah, kam sie doch immer noch zu mir, wenn ihre anderen Freundinnen keine Zeit hatten. Dann fuhren wir nach Kirchheim, wo ihre Eltern ein Geschäft hatten und die fremde Umgebung mit den vielen Menschen jedes Mal sehr aufregend für mich war. Sie rauchte schon Zigaretten und fragte mich eines Tages, ob ich denn auch mal ziehen wolle. Also gingen wir auf die Kundentoilette und sie erklärte mir, dass ich den Rauch inhalieren solle, indem ich sage: »Huch, der Papa kommt!« Gesagt, getan – und huch, zog das rein! Mir blieb der Atem weg, aber ich ließ mir absolut nichts anmerken und unterdrückte sogar das Husten. Astrid schaute mich nur verwundert an, und wir gingen wieder nach draußen. Mir war zwar ein bisschen schlecht und mulmig, aber ich fand es total aufregend, etwas Verbotenes getan zu haben. Ich fühlte mich sofort erwachsener und begann ab diesem Zeitpunkt, meine Zeit nur noch mit Älteren zu verbringen.

Schlittschuhhalle und Jugendzentrum

Im Winter waren wir am liebsten in der Schlittschuhhalle in Göppingen; sie war der ultimative Treffpunkt aller Teenager, die noch nicht in eine Disco durften. Der Kontakt mit Jungs ließ sich dort natürlich nicht vermeiden, und auch für uns Jüngere gab es abends eine Disco auf dem Eis, die fast noch besser war als die der Älteren. Ich war knackige 13, rauchte und hatte meist eine hautenge Zebrahose an, die meinen coolen Fahrstil perfekt unterstrich. Durch meine Leidenschaft fürs Rollerbladefahren hatte ich einen echten Vorsprung, denn wer das beherrscht, kann fast automatisch auch Schlittschuh und Ski laufen.

Ich sauste also wie der Blitz zwischen den anderen Läufern hindurch und machte meine Kanadier, wie diese Figur damals hieß. Die waren so spektakulär, dass sie Jung und Alt imponierten. Man macht sie, um die Fahrt rasant abzuschließen, setzt dabei das rechte Bein genau vor das linke und schlägt einen Hakenkreis nach rechts, um die anderen Läufer mit richtig viel Tempo zu kreuzen. Damit konnte ich mir quasi ständig mein nächstes »Opfer« unter den Jungs aussuchen. Mike zum Beispiel brachte eines Tages seinen Kumpel Jan mit, beide trugen schwarz-weiße Lederjacken, und es muss Mike, der scharf auf mich war, schwer getroffen haben, dass ich mich damals für Jan entschied.

Jan war groß und schlaksig und hatte blonde Locken. Was er neben dem Schlittschuhlaufen besonders gut konnte, war Knutschen, und das war für mich erst mal das Wichtigste. Ich glaube, ich hatte nie wieder einen, der so gut küssen konnte, und wir verbrachten fast zwei Wochen nur in den Umkleidekabinen mit intensivem Knutschen. Unsere Slips waren total durchnässt, und ich wusste damals noch nicht, dass das fast besser war als Sex.

Irgendwann war es aber vorbei mit ihm, was jedoch nicht schlimm für mich war, denn ich hatte mir schon den Nächsten ausgeguckt – Lucas. Er gehörte zu einer Clique, deren Mitglieder auch alle schon älter waren, und sah so wahnsinnig gut aus, dass ich fast in Ohnmacht fiel, wenn ich ihn nur von Weitem sah. Er fuhr ein Auto und eine Rennmaschine und kam mit seinem getunten Auto immer die Straße entlang, wenn wir Schule aus hatten. Ich hätte niemals gedacht, mit meinen jungen Jahren überhaupt eine Chance bei ihm zu haben, und es hätte wirklich etwas daraus werden können, wenn mir hier nicht – wie später noch oft – die Rolle der »schwarzen Witwe« bestimmt gewesen wäre.

So machten wir einmal ein nächtliches Date aus, zu dem ich dann aber nicht hinging, weil ich Angst hatte, im Dunkeln unterwegs zu sein. Deshalb rief ich ihn am nächsten Tag an, um ihm das zu erklären, aber da war nur sein Vater am Telefon, der mir sagte, Jan sei gerade tödlich mit dem Motorrad verunglückt. Ich war fassungslos und hielt das erst für einen üblen Scherz, aber es war die Wahrheit: Lucas war beim Überholen frontal gegen einen Lkw geknallt.

Ich war wie vor den Kopf geschlagen und schwer getroffen – zu diesem Zeitpunkt wusste ich noch nicht, wie viele meiner Freunde und Bekannten ich später noch durch andere Umstände verlieren sollte; so viele jedenfalls, dass ich ihre Zahl heute gar nicht mehr weiß.

Als die Wintersaison zu Ende war und auf der Rollschuhbahn, die der Eisfläche dann folgte, nicht mehr viel los war, inspizierte ich den nächsten Ort, an dem das mit Sicherheit anders zu sein versprach: das Jugendzentrum in Boll.

Dorthin fuhr ich mit Simone, inzwischen meine Busenfreundin im wahrsten Sinne des Wortes. Sie war knapp zwei Jahre älter als ich und hatte eine enorme Oberweite, was die Männerwelt ganz verrückt machte. Das war auch der Grund, warum sie mir bei Jungs oft in die Quere kam, aber auch sonst vertraute ich ihr nicht und merkte im Übrigen selbst schon, dass ich mir immer wieder die gleichen komischen Freunde suchte. Ihr Mofa war total hässlich, eine Vespa in Orange, aber immerhin beförderte es mich – mit voll aufgedrehtem Kassettenrekorder auf dem Rücksitz – an den Ort meiner Wünsche, und das war auf jeden Fall besser, als dorthin zu laufen.

Ich war noch immer 13 und alle anderen, die wir dort trafen, waren älter, aber wir erregten trotzdem ihre Aufmerksamkeit. Die Jungs beobachteten und taxierten uns, was uns natürlich ungeheuer schmeichelte. Eines Abends saß einer von ihnen in seinem Auto und zündete sich einen Joint an. Simone und ich lehnten von außen an seinem Fenster und schauten gebannt zu.

Natürlich sagte ich: »Hey, lass mich auch mal ziehen!« – neugierig und aus dem Wunsch heraus, auch hier dazuzugehören. Er wollte zwar erst nicht so recht und hatte wohl Skrupel, aber ich sagte, ich hätte das schon öfter getan. Schließlich landeten Simone und ich in seinem Auto, und wir fuhren an eine Stelle, wo wir den ganzen Joint in Ruhe rauchten.

Erst passierte absolut gar nichts bei mir, was ich äußerst enttäuschend fand, und auch eine Woche später, beim nächsten Mal, tat sich noch nichts. Ich ließ nicht locker, probierte es Tage später ein drittes Mal und merkte dann endlich, dass ich langsam stoned wurde. Das fand ich super, mein erster Rauschzustand, und das noch vor meiner ersten Periode! Danach taten Simone und ich nichts anderes mehr: Regelmäßig hauten wir nachts ab und gingen auf Tour.

Damals war der letzte meiner drei Brüder gerade ausgezogen und ich war mit meiner Mutter allein. Von da an gab es für mich kein Halten mehr. Ihre zaghaften Versuche, mir Grenzen zu setzen und mich zu einem ordentlichen Lebenswandel zu erziehen, indem sie mir etwas verbot oder eine Strafe androhte, scheiterten kläglich an meiner Aufsässigkeit und Abwehr. Ich weigerte mich standhaft, mich meiner Mutter zu beugen.

Zwar hatten sich zwischen meinen Brüdern und mir nie die Nähe und der Zusammenhalt entwickelt, die ich mir von klein auf gewünscht hatte, aber dennoch waren sie in meinem Empfinden immer mehr auf meiner Seite als auf der meiner Mutter, die ich als gegnerische Seite sah. Unser Verhältnis war gespannt und geprägt von einem gegenseitig harten Ton und frechen Antworten meinerseits. Da ich meine Mutter schon als kleines Mädchen weggeschoben hatte und es nicht ertrug, wenn sie mal mit mir schmusen wollte, hatte ich sie in ihrem Wunsch nach einer liebevollen und anhänglichen Tochter gründlich enttäuscht. So gestaltete sich auch unser Zusammenleben mit zunehmendem Alter immer unzugänglicher und rauer im Ton. Schon lange war ich ihr gegenüber verschlossen wie eine harte Muschel, und als mein letzter Bruder dann auszog, war das für mich das Signal zur Revolution und zu einem Rachefeldzug gegen alle, vor allem aber gegen mich selbst. Das Projekt Familie im Sinne von Gemeinschaft und Geborgenheit war gescheitert, und ich beschloss, nur noch nach meinen eigenen Regeln zu leben. Dazu gehörten meine regelmäßigen nächtlichen Ausbrüche: Da wir ja im Erdgeschoss wohnten, stieg ich unbemerkt aus dem Fenster meines Zimmers und gelangte später auf gleichem Weg dahin zurück.

Eine Weile zuvor schon hatten Simone und ich uns in zwei wirklich gut aussehende Zwillingsbrüder verknallt, und nun endlich lernten wir sie richtig kennen. Leider war aber der, den ich besser fand, damals schon vergeben, und so konnte er nur heimlich mein Freund sein. Aber auch das nahm ich in Kauf und so trafen wir die Jungs nachts an einer abgelegenen Hütte, um zu fummeln.

Ich war eindeutig noch zu jung, um zu kiffen, und zu jung, um Sex zu haben, das spürte ich zwar irgendwie, aber es störte mich nicht; ich wollte beides, denn was war in meinem Leben schon normal? Nichts, aber auch rein gar nichts, und so war auch unser Petting damals nicht mein Ding: Irgendwie fühlte ich mich bei allem total gelangweilt, obwohl es eigentlich immer voll abging. Niemals und zu keiner Zeit wusste ich, was ich wirklich wollte, und so ließ ich mich nur treiben. Ich tat ja nur, was alle anderen um mich herum auch taten, und dachte mir, das sei das Richtige.

Eines Tages ging ich mit Simone ins Freibad und traf mich dort mit einigen aus der Clique. Zuerst redeten wir nur und saßen auf unserem Platz, aber plötzlich war Simone verschwunden. Ich war sauer, weil ich nicht wusste, wohin sie gegangen war oder wohin ich nun gehen sollte. Als sie Stunden später zurückkam, erzählte sie mir, dass sie mit ihrem Schwarm nach Hause gegangen war und dort Sex mit ihm gehabt hatte. Und obwohl sie fast zwei Jahre älter war als ich, stand mein nächstes Ziel damit schon fest: »Was die kann, das kann ich schon lange!«

Meine Mutter war zu der Zeit gerade für ein paar Tage verreist, meine Brüder sahen nur sporadisch nach mir, und ich hatte sturmfreie Bude. Also kamen alle Jungs zu mir, und wir feierten bis zum frühen Morgen. Mein Traumboy Sven, der eigentlich vergebene Zwilling, war natürlich auch da, und irgendwann verzogen wir uns endlich in mein Zimmer. Als es darum ging, ihm im Dunkeln den Gummi überzuziehen, wollte ich das zuerst nicht – ich hatte das ja noch nie getan. Als er aber darauf bestand, zog ich ihn ihm prompt falsch herum über, und er wurde sauer und riss ihn herunter. Nachdem er gegangen war, wusste ich schon, dass ich das so nicht auf mir sitzen lassen konnte. Und weil ja noch einige von den anderen da waren, die in der Küche Schnitzel mit Pommes und Nutellabrote aßen, beschloss ich, dass es Zappa sein sollte. Triumphierend ging ich mit ihm in mein Zimmer; es lief »Every breath you take« von Police, das werde ich nie vergessen. Wir fummelten ein bisschen rum – und plötzlich war er auch schon in mir drin, und ich spürte einen höllischen Schmerz. Er erschrak sehr, als er merkte, dass ich noch Jungfrau gewesen war: Das Laken war blutig, und auch ich war überrascht darüber.

Danach kam Sven allerdings jedes Wochenende nach der Disco zu mir, obwohl es auch seine offizielle Freundin immer noch gab. Ich hörte ihn dann schon von Weitem und öffnete ihm, wenn er klopfte. Es war mir egal, dass er schon was getrunken hatte; ich war einfach jung, dumm und verliebt. Ich schlich mich zur Haustür raus, und wir gingen runter in den Keller. Dort knutschten wir dann heftig im Dunkeln und inmitten all des Gerümpels von Fahrrädern, Mopedtanks und Teppichen. Er roch immer nach Bier und Zigaretten, hatte einen ziemlich großen Schwanz, und wenn er in mich eindrang, hätte ich am liebsten vor Schmerz geschrien. Aber ich blieb stumm und dachte, das müsse so sein.

Wenn wir uns tagsüber sahen, taten wir so, als würden wir uns nicht kennen, obwohl seine Freundin woanders wohnte und ohnehin nur selten da war. Das schmerzte mich sehr, und wenn ich die beiden wirklich mal zusammen sah, wurde es fast unerträglich für mich.

Einmal zelteten wir bei Simone im Garten, und Sven und sein Kumpel stießen später dazu. Alles war super – bis zu dem Punkt, als Simone plötzlich mit Sven zu knutschen begann, was ich an ihren Silhouetten erkennen konnte. Es riss mir fast das Herz heraus, und ich suchte nach meinem Schlüssel, um zu gehen. Aber als wäre nichts geschehen, sagten sie, ich solle doch bleiben, und das fand ich erst recht eine Frechheit. Warum denn das? Vielleicht, um ihnen weiter zuzusehen? Unter Tränen verließ ich das Zelt, denn für mich war eine Welt zusammengebrochen: Meine beste Freundin und meine große Liebe, das war wirklich zu viel! Noch heute ist dieses Erlebnis ein Albtraum für mich. Ich lief bis zum Gehweg und gab mir keine Mühe, mein Schluchzen zu unterdrücken. Plötzlich kam mir Svens Kumpel entgegen und sagte, es sei alles seine Schuld und es täte ihm leid: Er hätte mit Sven ausgemacht, dass der einen Kasten Bier von ihm bekäme, wenn *er* mich ihm mal »ausleihen« würde.

Ich dachte, mich trifft gleich der Schlag, und während ich weinend nach Hause lief, konnte ich das alles kaum glauben. Ich habe keinen Schimmer mehr, wie ich den anderen danach wieder begegnete; ich weiß nur noch, dass ich mir nichts anmerken ließ und diesen Verrat überging. Vor allem Simone war ich nach außen weiterhin die beste Freundin, innerlich aber hasste ich sie ab da ohne Ende.

Sex war jedenfalls bis dahin nie mein Thema und auch gar nicht das, was ich suchte: Ich wollte Geborgenheit, Wärme, Anerkennung und zu jemandem gehören – das hauptsächlich war es, wonach ich mich sehnte. Allerdings hatte ich schmerzhaft gelernt und wusste auch, dass die Jungs das ganz anders sahen. Sie wollten immer nur eins von den Mädels, und wenn man bei ihnen nicht ganz unten durch sein wollte, hielt man besser still und spielte mit.

Um diese Ernüchterung und den Widerspruch auszuhalten, wurde es mir immer mehr zur Gewohnheit, mir die Rübe zuzuziehen – ob mit Bier, Jägermeister oder Kiffen war mir relativ egal. Hauptsache, ich musste nichts denken und nichts für die Schule tun – was dort aber natürlich weniger gut ankam. Angesichts meiner nächtlichen Aktivitäten und auch sonstigen Arbeitshaltung waren meine Leistungen in den Keller gerutscht, und meine Lehrer hatten längst gemerkt, dass mit mir etwas »nicht stimmte«. Sie bestellten meine Mutter zum Gespräch ein und teilten ihr ihre Beobachtungen mit: Mein Verhalten, mich nur mit Jungs abzugeben, sei sehr bedenklich, und sie äußerten zu diesem Zeitpunkt schon den Verdacht, ich würde womöglich Drogen nehmen. Meine Mutter allerdings besänftigte die Lehrer und meinte nur, vor allem Ersteres sei bei drei Brüdern ja wohl nichts Außergewöhnliches. Alles andere ignorierte sie lieber; sie verschloss die Augen vor der Realität, anstatt mir echte Grenzen zu setzen. Sie spürte wohl ihre Machtlosigkeit und wollte der Wahrheit nicht ins Gesicht sehen. So ist es übrigens noch heute.

In der achten Klasse, mit 14, bin ich dann fast logischerweise auch sitzen geblieben, weil ich im Unterricht immer so knülle war und meine roten Augen nicht mehr zu übersehen waren. Ich hatte schon lange keinen Plan mehr von dem, was in der Stunde vor sich ging, und gerade deshalb wurde ich auch hin und wieder aufgerufen, um eine vom Lehrer gestellte Frage zu beantworten. Tja, und da ich dann meist noch nicht die Frage gehört hatte, konnte ich natürlich auch keine Antwort liefern. Um aus der unangenehmen Situation möglichst elegant herauszukommen, gab ich dann so grandiose Antworten wie: »Hää, Ägypten??«, sodass meine Mitschüler vor Lachen fast vom Stuhl fielen. Dabei war das eigentlich eine Antwort, die Otto Waalkes in der Parodie einer Quizshow immer von sich gegeben hatte und die ich einfach genial fand.

Oft wurde ich dann für meine Frechheit aus dem Klassenzimmer und vor die Tür geschickt – was mir allerdings nur recht war. Obwohl – das auch nicht immer; die Stunden dort konnten ganz schön lang sein! Ansonsten zeichnete ich im Unterricht Comics und unterhielt meine Klassenkameraden auf allerlei Weise. Nie wurden wir erwischt bei unserem regen Briefwechsel, in dem wir die Lehrer verspotteten. Meinen Klassenlehrer, den armen Kerl, trieb ich mit einer Clownsdarbietung immer fast in den Wahnsinn. Ich äffte ihn nach, wenn er wie Jesus die Hände ausstreckte und »Meine Herrschaften!« sagte, um die Meute zur Ruhe zu bewegen. Einfach herrlich – diesen Satz wollten meine Mitschüler 20 Mal am Tag von mir hören, so zum Totlachen fanden sie mich dabei.

Als er irgendwann mal wieder total genervt von mir war, kam er im Stechschritt zu mir nach hinten und verlangte zum dritten Mal, dass ich den Kaugummi rausnehme. Dabei fiel sein Blick auf das Waschbecken hinter mir, das voller Abfälle war, und er sagte: »Und du räumst auch noch das Waschbecken auf!« Dafür war ich jedoch nicht verantwortlich gewesen und so stand ich auf, entgegnete: »Nö, mach ich nicht, weil ich das nicht war, machen Sie's doch selbst!«, und rannte schnurstracks aus dem Klassenzimmer.

Mittlerweile war mir draußen schon so langweilig, dass ich einfach das Schulgelände verließ und mir im Supermarkt gegenüber Zeitschriften anschaute. Ich flog bald aus jeder Geschichts-, Gemeinschaftskunde- und Physikstunde raus; mit diesen Fächern konnte ich nichts anfangen und hatte überall eine Fünf. Da ich zu Hause auch nie lernte, geschweige denn meine Hausaufgaben machte, waren meine Leistungen in Englisch ebenfalls niederschmetternd, und so musste ich die achte Klasse wiederholen.

Dann blieb ich eben sitzen, war mir auch egal, Hauptsache, ich konnte in meiner Freizeit machen, was ich wollte. Von meiner Familie kümmerte es sowieso niemanden, und tatsächlich war der Beginn meiner Drogenkarriere mit 13 Jahren für mich auch der Punkt, an dem ich gefühlsmäßig mit meiner Familie abschloss – und zwar endgültig.

Amsterdam

Als regelmäßige Kifferin, die sich längst in dem einschlägigen Milieu bewegte, hatte ich viel von Amsterdam gehört und mir vorgenommen, dort mal hinzufahren und die Szene live zu erleben, sobald sich die Gelegenheit bot. Ich stellte es mir toll vor, ganz leicht Zugang zu allen möglichen Stoffen zu haben und sich nicht immer so kriminell vorkommen zu müssen.

Doch dafür brauchte ich die Erlaubnis meiner Mutter, denn ich war erst 15, also überlegte ich mir einen Plan. Ich sagte ihr, dass ich mit drei Freundinnen übers Wochenende nach Italien fahren wolle, erklärte ein bisschen das Wie und Wohin, und daraufhin willigte sie auch ein. Eigentlich hatte ich aber vor, mit drei Typen aus dem Boller Jugendzentrum mit dem Zug in die Niederlande zu fahren. Das war total spektakulär. Ich jubilierte innerlich und packte meine Sachen. Am Göppinger Bahnhof trafen wir zufällig noch zwei Bekannte aus der Szene, und so ergab sich die Gelegenheit, den gesamten Ausflug zusammen zu verbringen.

In Amsterdam angekommen, war ich sehr aufgeregt und gespannt, was da jetzt passieren würde. Schon auf der Straße vor dem Bahnhof standen lauter Farbige, die auf Touristen warteten, die so dumm oder scharf drauf waren, gleich dort was zu kaufen. Sie standen entlang den Häuserwänden und flüsterten uns immer das Gleiche zu: »Triiips, Haschiiiesch, Koka …« Das gefiel mir aber gar nicht, und ich lief schnell an ihnen vorbei. Die Kumpels hinter mir ließen sich natürlich bequatschen und kauften sich Trips. *Wie blöd muss man denn sein*, dachte ich, *um so gierig dieses sicher minderwertige Zeug zu kaufen?!* Ich war noch kein Profi, aber dabei, einer zu werden, und sagte zu einem Verkäufer: »Na, dann zeig doch mal her!« Die angeblichen Trips sahen aus wie abgeschnittene Bleistiftminen, und wahrscheinlich waren sie das auch. Als meine Kumpels sie sich einwarfen, passierte natürlich rein gar nichts. Aber als hätten sie nichts daraus gelernt, kauften sie sich schon beim Nächsten wieder was, diesmal angeblich Koks. Ich dagegen, so jung ich auch war, wollte mein Geld nicht für solch offensichtlichen Mist ausgeben, sondern ging wesentlicher gezielter an die Sache ran. Vor allem Heroin wollte ich ausprobieren, und zwar echtes und nicht irgendeinen Dreck. Darauf war ich am meisten neugierig und das Geld dafür hatte ich von meinem Sparbuch abgehoben.

Also liefen wir erst mal in die Altstadt und besorgten uns Zimmer. Wir fanden welche in einer Pension, ganz die Treppen hoch, mit getrennten Betten. Schrödi wollte unsere beiden gleich zusammenschieben, aber darauf hatte ich nun wirklich keine Lust, also blieben sie getrennt.

In der Innenstadt begegneten uns die Farbigen mit ihrem Abcheckerblick auf Schritt und Tritt. Alles war so neu für mich, die vielen kleinen Gassen mit den vielen Menschen und die unzähligen Coffeeshops. Wir zogen uns ein paar Joints rein, und ich war total perplex, wie stark das Zeug hier war im Vergleich zu dem Stoff zu Hause. Von dem Gras hier hätten schon ein paar Züge für den ganzen Tag gereicht. Außerdem fand ich es klasse, dass man sämtliche Shit- und Grassorten hier fein säuberlich wie auf einer Getränkekarte serviert bekam: Man war ein gern gesehener Gast und wurde auch so behandelt – ein Paradies für jeden Kiffer! Auch brauchte man nicht in ständiger Angst zu leben, im Gegenteil, man musste sich an das Gefühl von Freiheit erst mal gewöhnen und daran, dass sich die Tischnachbarn alle genüsslich einen reinzogen.

Bekifft schlenderten wir dann durch die Straßen; wir schwebten sozusagen und waren selig. Da ich auf dieser ersten Reise schon scharf auf Heroin war, streckte ich meine Fühler in dieser Richtung aus und wurde auch sofort angequatscht. Noch war ich misstrauisch und wollte das Zeug erst testen, also kramte der Typ in seinen Taschen und tat etwas aus seinem Beutel auf ein Stück Papier. Unerfahren wie ich damals noch war, machte ich die Bestandsprobe, die man eigentlich sonst bei Koks macht: Ich befeuchtete meinen Zeigefinger und rieb mir dann was aufs Zahnfleisch. Das ist bei Heroin aber unsinnig, weil es das Zahnfleisch nicht taub macht. Dann verlangte ich eine Line, zog sie die Nase hoch, und da erst mal nichts passierte, kaufte ich auch nichts, was den Dealer wirklich sauer machte. Wir liefen weg und sahen hinter einer Hauswand schon die nächsten Konsumenten sitzen, die gerade eine Crackpfeife rauchten. Überall lagen Drogenutensilien rum, und das ganze Ambiente wirkte in der späten Mittagssonne völlig unwirklich und fern von allem. Ich fühlte mich klasse, wusste aber nicht, wieso, doch in einem Straßencafé holte es mich dann ein: Ich saß in dem geflochtenen Stuhl, starrte vor mich hin und konnte förmlich spüren, wie sich mein Hintern immer tiefer in den Sitz bohrte, mein Rücken zu Gummi wurde und ich in mich zusammensackte. Es war ein überwältigendes Gefühl, als eine warme Welle durch meinen Körper lief und ich gerade noch realisieren konnte, dass das Heroin soeben seine Wirkung entfaltete. Der Dealer hatte recht gehabt – es war guter Stoff, und ich Idiot hatte nichts davon gekauft! Ich musste ihn wiederfinden, koste es, was es wolle, und so zahlten wir blitzschnell und gingen. Eine geschlagene Stunde suchten wir ihn, und als ich die Hoffnung schon aufgegeben hatte, stand er plötzlich da. Ich war überglücklich, entschuldigte mich und kaufte ihm etwa zwei Gramm ab. Dann nahm ich sofort noch eine fette Nase davon. Die anderen wollten auch was davon, aber ich gab ihnen nichts, denn sie hätten sich ja schließlich selbst was Gescheites kaufen können. Sie waren zwar sauer, aber das war mir egal – mir ging es so gut wie noch nie in meinem Leben, und das wollte ich einfach allein genießen.

Das Zeug reichte mir die ganzen drei Tage, und ich nahm sogar noch was mit nach Hause, so gut war es. Am Abend gingen wir zur Pension zurück und genehmigten uns an der Bar noch einen Drink. Ich trank ein Kognakglas voll Baileys und konnte auch davon nicht genug bekommen, so lecker war es. Als die Dunkelheit hereinbrach, liefen wir wieder los und gerieten direkt ins Rotlichtmilieu, das nicht weit vom Hotel entfernt war. Die Damen dort saßen jede einzeln hinter einem beleuchteten Schaufenster, einige räkelten sich hin und her, andere tanzten langsam vor sich hin. Die Gassen waren strahlend hell, und die Frauen standen bis zum zweiten Stock hoch in den Fenstern – ein Paradies auch für jeden, der dort diese Art der Befriedigung suchte. Mich jedoch schauderte es bei diesem Anblick, denn die Frauen sahen wahrlich nicht glücklich aus.

Irgendwann sind wir dann wieder ins Hotel zurück, wo Schrödi noch was von mir wollte. Als ich ihm aber einen Korb verpasste, machte er sich davon. War ich froh, als er von mir abließ; ich schlief augenblicklich vor Erschöpfung ein. Am nächsten Morgen erzählte er mir, dass er noch bei einer der Prostituierten gewesen war.

Über den Dächern von Amsterdam war es wunderschön, und obwohl es mir vom Vortag eigentlich noch gut ging, zog ich mir wieder was rein. Erneut schlenderten wir dann durch die Straßen und landeten natürlich wieder im Coffeeshop. Diesmal bestellte ich mir eine leckere Spacecaketorte, die so unglaublich gut schmeckte, dass man das Haschisch darin gar nicht herausschmeckte. Nach einer Weile beamte mich meine Dosis Heroin plus Torte aber komplett weg. Ich hatte Mühe, gerade zu sitzen, das Atmen fiel mir schwer und mein Kopf glühte – wieder mal hatte ich es übertrieben.

Später war ich dann noch zweimal in Amsterdam und schwor mir jedes Mal, nie wieder dort hinzufahren, zum einen, weil ich immer mit den falschen Leuten da war, und zum anderen, weil ich mich danach immer so am Ende fühlte, dass ich noch nicht mal mehr meinen Namen wusste.

Die ersten drei Tage schienen jedenfalls wie im Flug zu vergehen, sodass wir dann überlegen mussten, wie wir unseren Stoff, den wir mit nach Hause nehmen wollten, über die Grenze bekamen. Meine Kumpels taten ihn in leere Blechdosen, die sie dann zum Müll legten. Mir war das zu riskant. Ich wickelte mein Zeug in doppelseitiges Klebeband und befestigte es außen am Zug, damit die Hunde es nicht finden würden.

Bei meinen anderen Amsterdam-Reisen sind wir dann für 10 DM die Nacht in Sleep-ins abgestiegen, in einem riesigen Schlafsaal für alle, die mit Rucksack unterwegs waren. Einmal waren wir wieder in der Stadt unterwegs, als uns ein langhaariger Hippie Löschpapier mit LSD verkaufte. Da ich die ja schon kannte, vertraute ich ihm und kaufte einen ganzen Streifen. Es waren die stärksten Garfields, die ich je genommen habe; selbst wenn man nur die Hälfte nahm, musste man aufpassen, nicht überzuschnappen. Wir liefen durch die Straßen und fuhren ziellos mit der Bahn, wussten oft nicht, wo wir waren, und bis in die späte Nacht hatten wir völlig die Kontrolle über das Hier und Jetzt verloren. Es war so abgefahren, der absolute Trip, dass ich es noch nicht mal annähernd wiedergeben kann. Als wir tatsächlich irgendwann wieder im Sleep-in ankamen, rauchten wir erst mal *noch* eine Tüte, um wenigstens ein bisschen runterzukommen. Diesmal half das aber nicht, denn der Trip war so heftig, dass das Kiffen ihn zwar in ruhigere Bahnen lenkte, andererseits aber auch neue Halluzinationen hervorrief. Ich werde nie vergessen, wie wir alle verstreut auf der Treppe saßen und vor uns hinstarrten. Wie froh wäre ich gewesen, wenigstens nur halb so zugedröhnt zu sein; ich konnte keinen Schritt mehr gehen, und alles war unendlich anstrengend. Stundenlang saß ich wie angewurzelt an derselben Stelle. Den anderen schien es etwas besser zu gehen, denn sie konnten noch reden und laufen. Ich dagegen war wie gelähmt und schätze, dass mir die Tüte, die mich beruhigen sollte, den Rest gegeben hatte.

Wieder zurück

Nach dieser ersten wahnsinnigen Erfahrung bin ich zu Hause fast täglich nach Göppingen getrampt, denn das Dorfleben mit seinen kleinen Kiffern hatte nun ausgedient und interessierte mich nicht mehr die Bohne. Ich war jetzt zu weit mehr Schandtaten bereit als andere ungezogene Teenies in meinem Alter.

Alles roch nach Verderben, das nur auf mich zu warten schien – und ich war offen dafür; immer noch zu jung für die Typen, mit denen ich unterwegs war, und doch begierig, mir schnell das entsprechende Verhalten bei ihnen abzugucken. Durch meine Art und mein Aussehen fand ich immer Anschluss, und je älter ich wurde, desto anziehender wirkte ich anscheinend auf das männliche Geschlecht. Trotzdem gaben mir die Drogen aber weitaus mehr als irgend so ein geiler Bock, und da war einfach nichts, was ich ausließ: Ich probierte sämtliche Pillen, vorwiegend beruhigende Downers, und einzig auf Aufputschmittel hatte ich keine Lust. Speed kam mir nur deshalb gelegen, weil ich von der ganzen Kifferei immer riesigen Hunger bekam und dann alles Essbare in mich hineinfraß. Eigentlich hasste ich Speed, aber zum Abnehmen war es ideal!

Zum Trampen standen Simone und ich immer an der langen Straße neben dem berüchtigten Christophsbad, einer Nervenheilanstalt, in der auch ich später noch mal landen sollte, aber das ahnte ich damals noch nicht.

Es war die klassische Tramperstraße und wir mussten nie lange warten, bis uns jemand mitnahm. Einmal war es ein gut aussehender, älterer Typ, den ich schon vom Jugendzentrum her kannte. Er fuhr wie ein Henker und mir blieb in jeder Kurve schier der Atem weg, sodass ich heilfroh war, irgendwann lebend zu Hause anzukommen. Es war eine Höllenfahrt, allerdings mit einem unheimlich starken Sound, der mir noch lange im Ohr blieb. Ich fragte ihn, wie die Band heiße, und er meinte nur locker: »B 52's« – Wahnsinn, dieser Beat war wirklich genial, und das Lied, das dann lange mein Leben begleitete, hieß »Whammy Kiss«. Ich kaufte mir erst eine und nach und nach schließlich alle Platten von ihnen.

Währenddessen war ich ständig mit ziemlich abgebrühten Typen zusammen, allerdings nur so lange, bis ich sie ausgebeutet hatte und von ihnen mit Drogen versorgt worden war. Nie hat mir irgendeiner was bedeutet, und der schnelle und schlechte Sex tat ein Übriges dazu. Ich machte im Gegenteil meist kurz nach dem ersten Mal Schluss, weil ich mir schon den Nächsten ausgesucht hatte. Ich bekam fast immer, wen ich wollte, aber wenn ich den Stoff dann hatte und den Typen näher kennenlernte, verlor ich das Interesse an ihm. Das Ganze dauerte jeweils ungefähr zwei Wochen, außer, wenn es mich voll erwischte – dann war ich meinen Gefühlen hoffnungslos ausgeliefert und machte mich innerlich total abhängig. In bewährter Weise ließ ich mir aber auch das niemals anmerken. Das ist übrigens noch heute so, wenn ich mich verliebe: Ich würdige denjenigen dann keines Blickes, aus Angst vor dem, was passieren könnte, und davor, die Kontrolle zu verlieren.

Besonders genial fand ich zu der Zeit die LSD-Trips, die immer wieder mal von einem Typen, der auch schon sehr danach aussah, für mich abfielen. Mit ihnen tauchte ich in eine komplett andere Welt ein, in der man für einen Tag, eine Nacht alles um sich herum vergisst; deshalb nimmt man sie am besten auch am Wochenende. Die »rosaroten Panther« auf Löschpapier mochte ich dabei am liebsten: eine Stunde ganz soft abgleiten und dann die tollsten Halluzinationen bis zum Abwinken. Einmal war ich wie besessen von diesem Zustand und konnte es nicht erwarten, bis auch meine Freundin so weit war, abzuheben und in diese Welt einzutauchen, in der alle Sinneswahrnehmungen ineinanderflossen und verschmolzen. Es war unglaublich, Farben schmecken und Cola zum Beispiel fühlen zu können, und ich saß auch dabei wieder stundenlang da und halluzinierte, jeden Raum, jede Zeit vergessend.

Der Nachteil war das Runterkommen, weil dann die anderen um mich herum meist schon schliefen, ich aber noch drauf war. In diesen Momenten merkte ich, dass ich keine Willenskraft mehr hatte und der Droge ausgeliefert war. Ich betete so lange, bis ich langsam wieder zu mir kam, und war jedes Mal heilfroh, noch einmal davongekommen zu sein.

Reini und Holger

Einmal hatte ich einen Freund, Reini, der genau in mein Beuteschema passte: Er war groß, schlank, hatte ein schmales Gesicht und lange braune Haare. Aber auch diese Affäre währte nur kurz. Es gab eine Situation, in der ich den Bogen wirklich überspannte. Das muss wohl die teuflische Seite an mir gewesen sein. Wir saßen in Reinis Fiat vor meinem Haus, Simone auf dem Rück- und ich auf dem Beifahrersitz. Er hatte noch einen Kanten zum Rauchen, und nur das war es, was ich eigentlich wollte, denn auf Knutscherei hatte ich gar keine Lust. Also beschloss ich kurzerhand, Reini irgendwie loszuwerden, den Brocken aber zu retten. Völlig gelangweilt hielt ich mein Feuerzeug in der Hand und machte es aus und an, immer wieder. Dann hob ich es an den Autohimmel, an dem das Plastik sofort schwarz wurde und sich dann zusammenzog. Er flehte auch gleich: »Hör auf!«, aber das reizte mich nur noch mehr, mit dem Spiel fortzufahren. Wieder zog ich mit der heißen Flamme einen Strich, dann noch einen und noch einen, der ihn kreuzte, bis ein Hakenkreuz da stand. Mir war sowohl dessen Bedeutung klar als auch die Tatsache, dass ich mich gerade richtig beschissen verhielt, aber gleichzeitig reizte es mich ungemein, Reini zu verletzen. Ich war erstaunt, dass er nicht ausflippte, sondern nur winselnd neben mir sitzen blieb, und so brannte ich ein Hakenkreuz nach dem anderen in den Himmel, große und kleine, und hörte nicht eher auf, bis der ganze Himmel voll und verkohlt war. Er jammerte immer noch leise: »Hör doch endlich auf, bitte!«, aber das ließ mich immer noch kalt. Das nächste Problem war jetzt, an den Shit ranzukommen, ohne Reini weiter ertragen zu müssen. Deshalb sagte ich, er solle mir doch mal zeigen, wie groß sein Brocken sei. Währenddessen flüsterte ich meiner Freundin eine »wichtige« Botschaft zu. Er drehte natürlich ebenfalls den Kopf und schwups griff ich nach dem Stück und stieg blitzschnell aus dem Auto, Simone hinterher. Lachend rannten wir ins Haus und amüsierten uns königlich über Reini, den ich danach nie mehr wiedersah.

Ja, es machte mir manchmal ungeheuren Spaß, gemein zu sein, und heute tut mir das auch leid. Doch selbst damals war ich nicht so locker, wie ich mich gab: Vielleicht würde ich das alles ja auch mal zurückgezahlt bekommen? Das fragte ich mich manchmal beklommen und dann beschlich mich immer eine ungute Ahnung.

Ebenso wie ich hatte auch Simone immer wechselnde Freunde, und als ich einmal bei ihr war, traf ich dort einen Typen namens Holger. Er war sehr viel älter als wir und ein erprobter Junkie. Noch nie zuvor war ich dabei gewesen, wenn sich jemand spritzte, aber als er sich bei ihr mal einen Schuss zurechtmachte, fragte er mich, ob ich ihm den Arm festhalten würde, damit er eine Ader finden könne. *Was für ein Angeber,* dachte ich, *er kann doch genauso gut 'nen Gürtel nehmen, aber er braucht wohl Publikum?!*

Einerseits war es mir unangenehm und zugleich war ich nach den Amsterdam-Erfahrungen auch neugierig. Ich drückte seinen Oberarm ab, bis die Venen zu sehen waren, er stach hinein und ich ersparte mir den Rest. Danach legte er zwei riesige Lines für

Simone und mich hin, von denen jede schätzungsweise fast 100 DM kostete. Ich wusste sofort, dass das viel zu viel für mich war, zog aber dennoch alles hoch – ich wollte nicht als Feigling dastehen. Nur zehn Minuten später saß ich komatös auf dem Boden und wusste schon, was mir jetzt bevorstand. Simone holte mir einen Eimer, in den ich mich in regelmäßigen Abständen übergab. Es hat mich völlig aus den Schuhen gebeamt, aber ich fand das einfach nur abgefahren und umwerfend.

Ein paar Wochen später starb Holger an einer Überdosis; das machte mich betroffen, aber gewundert hat es mich nicht.

Und dann war da noch Timm, ein Punk mit blonden Stachelhaaren, auf den ich wirklich stand. Er kam mich einmal mit seinem Mofa besuchen, was mich wegen der großen Entfernung, die er nur wegen mir zurücklegte, sehr beeindruckte. Bei mir angekommen, legte er sich aber völlig zugedröhnt ganz provokativ vor unserem Haus auf den Asphalt. Alle konnten ihn sehen, auch meine Mutter, die mich natürlich sofort reinrief. Ich wusste, dass das jetzt Ärger geben würde, deshalb gab ich ihr nur meinen Hund in die Hand und haute blitzschnell mit Timm ab. Zu dumm allerdings, dass meine großbusige Freundin auch mitkam und mir auch diesmal alles verdarb. Als wir auf einer Wiese anhielten und zu knutschen begannen, sah ich nach kürzester Zeit aus wie ein Zombie, da es Heuschnupfenzeit und ich ganz verquollen war. Er meinte nur, ich sähe jetzt aus wie ein fertiger Junkie, und als Simone von ihrem Spaziergang zurückkam, stürzte er sich auf sie und ihre riesigen Brüste. Schon wieder war ich total vor den Kopf gestoßen und hasste sie umso mehr, aber noch war die Zeit nicht reif, es ihr endlich mal heimzuzahlen.

Doch der Tag X sollte kommen, und zwar im Göppinger Juze. Wir spielten mit den Jungs dort Billard, und meine Mitspieler waren von meinem Können beeindruckt. Plötzlich schlich sich Simone an mich heran und säuselte mir ins Ohr: »Du, da hinten, den Blonden, Großen, den find ich gut!« *Wow*, dachte ich, *ich hör wohl nicht recht*, und dann entschied ich mich blitzschnell. *Jetzt oder nie!*, dachte ich und fixierte ihn sofort verführerisch. Obwohl ich eigentlich nicht scharf auf ihn war, war er doch ganz passabel, und kurze Zeit später knutschten wir heftig. Natürlich hatte auch er das gleiche Verfallsdatum wie alle anderen und wurde mir schnell egal. Mir ging es ja nur ums Prinzip.

Mit Simone war ich daraufhin allerdings quitt. Sie rief mich erst zwei Wochen später wieder an, und als sie mich fragte, was das sollte, antwortete ich: »Überleg doch mal, was vor zwei Jahren abgelaufen ist!?« Sie meinte, das sei was »ganz anderes« gewesen, aber für mich war Sven damals meine erste große Liebe und wir waren außerdem zusammen, was doppelt schwer wog. Damit war Simone jedenfalls endgültig meine Exfreundin, aber die Rechnung für meine Rache blieb auch diesmal nicht aus – und ließ gar nicht lange auf sich warten.

Abtreibung

Es war das Drama schlechthin für meine Familie: Ich war 15 und – schwanger! Aus irgendeinem Grund war ich eines Abends an einen bäuerlichen Typen geraten, den ich mir wohl schöngetrunken hatte – mit Bier, ausnahmsweise, obwohl ich das ja gar nicht mag. Leider war ich sein erstes Mal, und er war viel zu aufgeregt für Verhütung. Ich hätte besser eine Beziehung mit seiner Geländemaschine angefangen, dann wäre mir das, was darauf folgte, erspart geblieben.

So kalt, wie mich die Dinge in der Schule und meine Laufbahn dort ließen, ließ mich jetzt auch dieser »Unfall«: Er musste halt nur irgendwie »geregelt« werden. Also rief ich meine Brüder zusammen, damit sie mir »Personenschutz« gaben. Sie kamen auch, wir saßen alle im Wohnzimmer und dann sagte ich: »Ich bin schwanger!« Mit einem Riesensatz schoss meine Mutter aus dem Sessel und wollte mir eine kleben. Sie schrie: »Du Hure!«, und das konnte ich ihr bis heute nicht vergeben, denn es schockierte mich bis ins Mark – und alle anderen übrigens auch. Nachdem sie mich als Kleinkind so furchtbar oft allein und im Stich gelassen hatte, wegen der Arbeit, irgendwelchen Männern oder warum auch immer, war dies das zweite Mal, dass jegliche Nähe zu meiner Mutter unwiderruflich zerstört wurde. Schon als Kind konnte ich ihr nie eine Chance geben, mir nah zu sein, aber dies vernichtete endgültig alles, was an Gefühl noch übrig war.

Bei diesem Familienrat folgte dann eine kurze Diskussion aller, bei der die jetzt anstehenden Schritte beschlossen wurden. Dabei fragte niemand nach mir, nach Ursachen, Gefühlen oder sonstigen Wirkungen – aber genau das war ja schon immer so gewesen.

Es war dann auch meine Schwägerin, die mit mir zum Frauenarzt ging, um alles in die Wege zu leiten. Offiziell und für die Schule, in der ich eine Woche fehlte, wurde ich am Blinddarm operiert. Am Tag des Abbruchs waren die Krankenschwestern nicht allzu nett zu mir, ich schämte mich natürlich auch und fühlte mich denkbar schlecht.

Zum Glück hatte ich keine Schmerzen, und es ging mir bis auf einen schwachen Kreislauf ganz gut. In meinem Zimmer lag sogar noch die Schwester eines Bekannten, die ebenfalls einen Abbruch gehabt hatte. Einmal bekam ich unerwartet Besuch und sogar Blumen von meiner neuesten Eroberung, die ich innerlich aber schon wieder abserviert hatte; trotzdem war ich in dem Augenblick gerührt. Kurz darauf kam sogar der Übeltäter – beziehungsweise die andere Hälfte des Übels, denn eine war ja ich – und fragte zumindest mal, wie es mir ging.

An diesen Tagen im Krankenhaus habe ich mich – in ganz anderer Weise als sonst – wirklich ernsthaft gefragt, wieso ich zu den Typen immer so gemein war und sie verachtete, warum nichts hielt und ich so gar keine Gefühle empfinden konnte, die *blieben* und *andauerten*, wie zum Beispiel bei meinen Brüdern. Die hatten längst alle feste Freundinnen oder waren sogar schon verheiratet – alles Dinge, die ich mir für mich überhaupt nie vorstellen konnte.

Auch die Eroberung, die mir Blumen brachte, habe ich so schlecht behandelt wie alle: Er ging mir halt bald auf die Nerven, sodass ich ihn beim Knutschen einmal einfach stehen ließ und abhaute. Er schmiss mir noch meinen Ring hinterher, aber auch das hat mich so wenig interessiert, dass ich mich nicht mal mehr umdrehte.

Dank Simone war die Nachricht von meiner Schwangerschaft übrigens wie ein Lauffeuer in unserem kleinen Dorf herumgegangen, und deshalb war ich ganz froh, als wir bald darauf nach Göppingen umzogen.

Begegnung mit Erik und andere Experimente

Als ich bei der Besichtigung unserer zukünftigen Wohnung auf der Terrasse stand und mir das neue Stadtleben ausmalte, spürte ich ganz deutlich, dass es jetzt erst richtig abwärts gehen würde mit mir, steiler noch als vorher, aber darauf hatte ich auch Bock. Mit dem Umzug war ich meinem schlechten Ruf davongelaufen, aber das, was nun folgen sollte, war ungezügelter und hemmungsloser als alles zuvor.

Zunächst kam ich mit Erik, der schnell mein bester Freund wurde und mit dem ich die Welt der neuen Eindrücke erforschte, auf den Gruftitrip. Nur zwei Minuten von der neuen Wohnung entfernt gab es eine große Disco, mit weißem Marmor ausgestattet, der alles in weißem Glanz erstrahlen ließ, sogar die Toiletten. Da ging es jedes Wochenende richtig ab, die Location war einfach spitze, und zwischendurch sind wir immer wieder kiffen gegangen oder haben irgendwas eingeschmissen. Es gab kein inneres Stoppschild, was die Substanzen betraf, und die äußeren Hindernisse – meine Mutter, Altersgrenzen, Illegalität – ignorierte ich schon lange.

Natürlich gab es auch hübsche Männer dort. Zuerst stach mir Pierre ins Auge, und es dauerte auch nicht lange, da waren wir zusammen. Er hatte ein markantes Gesicht und einen bunt gefärbten Irokesenschnitt, den er zu Stacheln in alle Richtungen aufstellte. Leider wohnte er weiter weg und wir konnten uns deshalb nur selten sehen. Einmal war ich aber auch bei ihm, in einer Villa bei Schwäbisch Gmünd. Es war Winter und ziemlich mühsam, mit den hohen Stiefeln, die wir als Punks nun mal trugen, die Anhöhe hochzusteigen. Als er die Tür öffnete, hingen seine Haare einfach herunter. Damit war er längst nicht so aufreizend anzuschauen wie sonst. Sein Vater saß im teuer, aber spärlich möblierten Wohnzimmer und kam mir vor wie ein Alki, während wir uns kurz vorgestellt wurden. Dann gingen wir in Pierres Zimmer, das so riesig war, dass es darin nie warm wurde.

Der Sex mit ihm war ein Desaster und tat höllisch weh; somit hatte auch dies keine Zukunft.

Eine andere Eroberung war die »Zahnbürste«. Er hatte die Haare auf dem Kopf so kurz wie Borsten gestutzt und den Rest wegrasiert hatte. Er war stämmig, groß, markant und gut aussehend. Obendrein trug er Lederklamotten und war Holzfäller. Besonders spaßig fand ich immer, wie er tanzte: zwei Schritte vor und wieder zurück im Stechschritt. Aber er hatte zumindest einen Schlitten, was auch schon mal viel wert war – damit konnte er mich abholen und wieder heimfahren. Aber auch bei ihm ist der Funke nie übergesprungen, noch nicht mal, als wir es ein zweites Mal probierten.

Mit Erik, der mein bester Freund (und damit *kein* Sexpartner) war, hatte ich lange sehr viel Spaß. Er verhielt sich eher wie eine Frau und ich übernahm die Männerrolle, ohne zu wissen, dass er schwul war. Am wenigsten wusste er das zu der Zeit selbst. Ich schätzte seine guten Seiten sehr, er war nie böse oder führte was Gemeines im Schilde, sondern war einfach nur für jeden Spaß zu haben.

Am meisten genoss ich unsere Grufti- oder Gothic-Phase, in der wir stundenlang damit beschäftigt waren, uns aufzustylen. Da ich von Amsterdam immer noch meine heiß begehrten Garfields hatte, schmissen wir uns eines Abends schon welche ein, als meine Mutter, die wegwollte, noch da war. Die Wirkung würde erst in einer Stunde einsetzen, sodass sie nichts mitbekommen würde. Wir standen vor den Spiegeln im Bad, in denen man sich von allen Seiten anschauen konnte, als die Garfields aber schon zu wirken begannen. Ich sah, wie es mich förmlich verschob, und es war einfach irre, meine Haare, die mit tonnenweise Haarspray verklebt waren, auch zu *schmecken*. Ich schleckte Strähne für Strähne ab, und Erik geriet wegen meiner Mutter in Panik. Dann stand ich ihr gegenüber, meine Optik verrutschte erneut, sodass ich gleichzeitig breit grinsen musste und mich trotzdem ganz cool fühlte. Ich konnte nicht aufhören zu grinsen, bei mir ging es richtig ab, nur Erik wurde wegen meiner Mutter einfach nicht locker. Ich fragte sie mehrmals, wann sie denn gehen würde, und es schien mir, als ob sie jetzt mit Absicht länger blieb.

In dem Bad mit seinem Neonlicht und dem Meer von Spiegeln völlig in dem Trip aufzugehen, war überwältigend. Mir war egal, was meine Mutter dachte, und als sie dann endlich weg war, blühte auch Erik auf und begann, sich das Gesicht mit irgendwelchem Gestrüpp zuzumalen. Er konnte gar nicht mehr aufhören, und ich stachelte ihn noch weiter an, indem ich ihm sagte, wie geil er damit aussah. Erst als er bei den Brustwarzen angekommen war, hörte er auf. Keine Ahnung, mit wem wir an diesem Abend dann mitgefahren sind; wir kamen jedenfalls in Ulm an.

Die Location war ein Gewölbekeller, der nur für uns gemacht zu sein schien. Es lief ein Konzert und war total voll. Wir waren auf dem Höhepunkt des Trips und verzogen uns erst mal in eine Ecke, um uns wieder zu sammeln. Die Menschenmassen und die Musik waren einfach zu viel für uns.

In einer Ecke hingen große künstliche Spinnweben, durch die von hinten Licht durchschimmerte, und dort saßen wir dann den ganzen Abend wie angewurzelt, ohne aufzustehen. Das war einfach nur klasse, und wir ließen das Ganze wie in einem Film ablaufen und fühlten uns großartig.

Noch heute habe ich keinen Schimmer, wann, wie und mit wem wir wieder heimfuhren, das war einfach nur Nebensache.

In dieser Zeit übertrieb ich es tatsächlich reichlich mit den Trips und bekam alsbald die Quittung dafür, indem ich depressiv wurde, wenn ich nicht *irgendwas* genommen hatte. Kiffen machte mich immer müde und fett, Speed stresste mich dagegen über die Maßen – ich war auf dem Weg, zur ständig zugedröhnten, abgehobenen Königin der Nacht zu werden.

Erik arbeitete in einem Altersheim, zusammen mit seiner Freundin, zu der er sich aber nie wirklich hingezogen fühlte. Sie war es dann auch, die uns hin und wieder ein paar Fläschchen Valoron mitbrachte. Am Anfang war ich wirklich begeistert von diesen Tropfen, die es in sich hatten. Wenn man genug davon nahm, hatten sie eine ähnliche Wirkung wie Heroin. Wir begannen ganz vorsichtig mit 50 Tropfen, die wir dann bis auf 100 hochdosierten.

Vollgepumpt mit diesen Tropfen, waren wir eines Abends in einer Disco in Heidenheim. Mit Stecknadelpupillen schwebten wir förmlich durch den Laden. Als ich an der Tanzfläche stand und ganz laut »E.S.T.« von Alien Sex Fiend lief, schien mich der Sound fast wegzubeamen und ich fühlte mich überwältigend unnahbar und allmächtig. In der Tat fühlten wir uns wie Könige – und waren doch nur abgrundtief verloren.

Zu der Zeit war ich auch oft mit meiner Freundin Tina zusammen, mit der man sich ebenfalls alle Freuden der Welt teilen konnte. Nie habe ich sie zum Beispiel ohne Schminke gesehen, und sogar, wenn sie ab und an bei mir übernachtete, schminkte sie sich nicht ab, sondern lag die ganze Nacht gerade auf dem Rücken. Schlafen konnten wir vor lauter Trips und Speed sowieso kaum, und auch Kiffen brachte uns kein Stück weiter runter, sondern nur auf eine andere Ebene des Turns.

Einmal an Silvester waren wir in Backnang und gingen dann von der Disco aus noch auf eine private Party, wo wir uns jedoch unglaublich fehl am Platz vorkamen und uns langweilten. Ich konnte gar nicht oft genug mit Tina auf die Toilette gehen, um eine ordentliche Line Speed zu ziehen, aber es half alles nichts – die Party wurde immer unerträglicher, sodass ich irgendwann nur noch gehen wollte.

Also liefen wir morgens so gegen drei Uhr auf die Straße, um nach Hause zu trampen. Es war furchtbar kalt und natürlich kam überhaupt keiner vorbei, schließlich war Silvester. Ich verfluchte diesen Tag und schwor mir, nie wieder in tiefster Provinz zu trampen. Meine Mutter anzurufen erschien mir so sinnlos wie noch was zu kiffen, aber Tina rief ihre Mutter an – und die kam! Sie fand uns erst nach zwei Stunden Fahrt durch die Nacht, und ich freute mich so unglaublich, als sie da war, und schämte mich gleichzeitig wahnsinnig, da meine Mutter so was niemals für mich getan hätte. Nur einmal hat sie mich abgeholt, als es schneite, und das hält sie mir noch heute vor.

Vielleicht war das Verhältnis zu ihrer Mutter ja auch einer der Gründe, warum Tina nie abgerutscht ist, ich dafür aber umso tiefer? Sie und ich trampten eine Zeitlang jedes Wochenende in die »Röhre« nach Stuttgart. Wir waren immer noch zu jung, trotzdem schmuggelten wir uns jedes Mal am Türsteher vorbei und kamen rein. Dort lief das alte Spiel ab, nur in neuer Umgebung: Jungs den Kopf verdrehen, uns zudröhnen und ab und zu mit einem in der Kiste landen (was dann ausnahmslos miserabel war). Einmal jedoch, als wir aufgestylt und voll auf LSD vor dem Türsteher standen und er – vielleicht auch angesichts unserer tellergroßen Pupillen – nach unserem Alter fragte, wiederholten wir seine Frage ganz laut: »Ja, wie alt sind wir denn?«, und waren fassungslos, als wir nicht rein durften. Damit hatten wir nicht gerechnet. Völlig benommen und frustriert trampten wir zurück und blieben die ganze Nacht wach und regungslos nebeneinander auf dem Rücken liegen.

Es gab auch eine Zeit, in der ich oft in einer WG in der Neckarstraße war, eine Straße weiter von der »Röhre« und beliebter Anlaufplatz der Punks, die dort auch einen Teil der Häuser besetzt hatten. Im Kellergewölbe unten liefen heiße Partys ab, bis die Häuser dann abgerissen wurden; traumhafte Altbauwohnungen mit fünf Meter hohen Decken.

Mit einer anderen Freundin, von der ich nicht mal mehr den Namen weiß, tauchte ich sogar mal für einen Monat bei den Nazis ab, was eindeutig ein Fehler war. Sie war burschikos und vorlaut, was die Typen besonders anmachte. Oft schliefen wir dort, weil ihr Freund da wohnte, und ich musste mir immer ihren lauten Sex anhören. Einmal wollte ein Typ aus der WG auch was von mir und wurde richtig sauer auf mich, als ich ihm zu verstehen gab, dass da nichts laufen würde. Er verfolgte mich durch die Wohnung und wurde schließlich sogar handgreiflich. Als er seinen Gürtel zog, sprang ich zu Tode erschrocken durch den riesigen Flur zur Haustür, wo er mir meine Schuhe nachschmiss.

In dieser WG habe ich zum ersten Mal auch Mushrooms, psychedelische Pilze, gegessen und muss sagen, dass die mit den Trips, die ich aus Amsterdam gewohnt war, nicht mal annähernd mithalten konnten. Aber sie waren eine weitere Erfahrung, und so versessen, wie ich damals auf alles Neue und Verbotene war, was ich wahl- und ziellos konsumierte, waren sie nur ein weiterer Mosaikstein im Puzzle meiner Sucht. Was ich meinem Körper, vor allem aber auch meiner Seele damit antat, wusste ich damals noch nicht. Und hätte ich es gewusst – es wäre mir egal gewesen.

Chaostage in Ulm

Das letzte große Ereignis noch vor dem Ende meiner Schulzeit waren die Chaostage 1985 in Ulm. Ich hatte bis dahin keine Vorstellung von ihrer Bedeutung und wusste nur, dass es dabei im Vorjahr in Hannover üble Ausschreitungen der linken Szene gegeben hatte. Wie überall auf der Welt gab es eben friedliche Punks und aggressive, die irgendwas zerstören und laut rumbrüllen mussten, damit ihnen mal jemand zuhörte und sie Aufmerksamkeit bekamen.

Es war die Zeit, als man noch ohne Weiteres auf ein *UK-Subs*-Konzert gehen und Platten wie »Exploited« und »Mary Chain« zu Hause hören konnte – eine Zeit, die die Jugendkultur dieser Richtung sehr prägte und in der man spürte, dass sie wirkliches Aufbegehren bedeutete und eine Spur hinterließ. Deshalb machte sich auch unsere Clique an einem sommerlichen Tag auf, zu den Chaostagen nach Ulm zu fahren, die später als »legendär« im negativen Sinne in die Stadtgeschichte eingehen würden. Unterwegs hielten wir noch an, um harten Alkohol zu kaufen, und dann zahlten wir unserem Fahrer das Geld für den Sprit, denn da war er unangenehm genau, wofür wir ihn auch hassten. Aber wir waren erst 16 und auf ihn angewiesen, solange noch keiner von uns den Führerschein hatte.

Als wir ankamen, waren schon von Weitem Scharen, ja Tausende bunter Punks zu sehen, und es war ein unglaubliches Gefühl, ein Teil davon zu sein. Solange noch keiner allzu betrunken war, lief es auch friedlich ab; jedenfalls saßen wir einfach nur auf dem Boden und tranken uns langsam voll. Lange taten das fast alle so und erst, als die Dämmerung einsetzte und der Alkoholpegel immer höher stieg, zündeten einige aus Jux Papierkörbe an, die da rumstanden. Die Polizei griff ein, es kam zu Rangeleien, die ersten Punks versuchten zu flüchten und wurden von den Ordnungskräften verfolgt. Alles kam in Bewegung, um uns wurde es lauter und plötzlich merkten wir, dass wir die Übriggebliebenen waren. Wir standen auf und sahen uns flüchtenden Punks gegenüber, die ziellos rumrannten und nur noch schrien: »Bullen, Bullen überall!!«

Wir hatten keinen Schimmer, in welche Richtung wir flüchten sollten, liefen dann einen Weg bergauf und da war die Polizei mit Schäferhunden schon von Weitem nicht mehr zu übersehen. Einer von uns bekam Panik, sagte: »Nicht schon wieder Knast, nein, nur das nicht!«, und rannte los. Das allerdings setzte die Polizei erst recht in Gang, sie schrien: »Halt, stehen bleiben!«, und hetzten ihre Hunde auf uns. Mein Kumpel Holle hatte plötzlich einen Hund am Arm hängen, der ihn erst wieder losließ, als die Beamten bei ihm waren.

So mussten wir schließlich alle aufs Revier, wo schon zig andere Punks versammelt waren. Ein Beamter machte Bilder von uns, und wir mussten unseren Schmuck abgeben. Kurz bevor wir in die Zellen abgeführt wurden, nahm ich Holle noch in den Arm und sagte: »Das schaffen wir schon!«

Die Zellen jedoch waren der Hammer. Es war Hochsommer, und die Heizung lief. Das Holzbett, auf dem ich lag, war warm und staubig, und zusätzlich schalteten sie noch das Gebläse ein. So strömte noch mehr heiße Luft in den Raum, mein Schädel brummte und ich fühlte mich unendlich elend und hoffnungslos ausgeliefert. Ich konnte keine Sekunde schlafen und holte mir in dieser Nacht eine Stirnhöhlenentzündung – wohl die Quittung für diese Art Erfahrung.

Am nächsten Tag kam ein Beamter, schloss die Zellentür auf und sagte, dass meine Mutter mich gleich abholen würde. Das war tatsächlich das zweite Mal, dass ich das erlebte. Ich war heilfroh, da rauszukommen, und wusste nicht, was in dieser Nacht sonst noch geschehen war. Meine Mutter schien ebenso erleichtert, mich von der Polizei zurückzubekommen, dass sie mir große Vorwürfe ersparte. Sie erzählte stattdessen, dass die Polizei so viele Punks verhaftet habe, dass sie sie bis zum Bodensee verfrachten mussten, weil die Ulmer Reviere keinen Platz für sie hatten.

Ich war glückselig, endlich draußen zu sein, und freute mich riesig über ein Stück Torte, das meine Mutter mir kaufte und das ich wie nix verputzte. Danach hatten wir ein Jahr Stadtverbot in Ulm – *na ja, wenn's mehr nicht ist*, dachte ich.

Ende der Schulzeit

Mittlerweile hatte ich, 17 Jahre alt und als Konsumentin aller möglichen Substanzen schon mit vielen Wassern gewaschen, nach meiner Ehrenrunde sogar die zehnte Klasse der Realschule erreicht,

allerdings mit Leistungen, die am Limit waren. Bevor die Abschlussprüfungen anstanden, fuhr die ganze Klasse ins Schulland-
heim nach Italien, in die Dolomiten.

Wie das bei solchen Unternehmungen fast die Regel ist, war
unser Lehrer hoffnungslos mit uns überfordert, während wir eine
Menge Spaß hatten, besonders meine Schulfreundin Melanie und
ich. Nachts feierten wir endlose Partys auf den Zimmern, und
mit den Jungs machte ich meine üblichen Späße. Hier war es aber
noch eine Spur gemeiner, weil die Jungs gleichaltrig waren und
sich ernsthafte Hoffnungen machten. Sie wussten nicht, dass ich
nur auf Ältere stand und welche Erfahrungen ich in dieser Hinsicht schon gemacht hatte. Auf den nächtlichen Partys floss hauptsächlich harter Alkohol. Damit tranken sich die Jungs Mut an und
saßen dann stundenlang an meinem und Melanies Bett, wollten
Händchen halten und bettelten um mehr. Natürlich hatte ich auch
auf dieser Reise einen Kanten Haschisch aus Amsterdam dabei,
und den rauchte ich mit Melanie immer als »Betthupferl« durch
eine Klorolle: Man nimmt den leeren Pappzylinder und macht ein
kleines Loch hinein, in das man den Joint steckt. Dann hält man
ein Loch an den Mund, verschließt das zweite mit der anderen
Hand und zieht den Rauch kräftig ein. Wenn die Jungs nachts un-
verrichteter Dinge abgezogen waren, rauchten wir immer noch unseren Gute-Nacht-Joint.

An einem Tag mussten wir einen richtig hohen Berg besteigen,
deshalb nahm ich vorsichtshalber noch die Reste der Garfields mit.
Ich wartete damit, bis wir fast oben auf dem Gipfel waren. Weil uns
der Weg bis dahin aber zu anstrengend war und ich das gut mit meinem Asthma begründen konnte, streikten wir und warteten zwei
Stunden unterhalb des Gipfels, bis die anderen vom Aufstieg zurückkamen. Da noch eine Aufsicht bei uns war, gab ich Melanie nur
ein paar kleine Schnipsel von den Garfields, nahm dann selbst den
Rest und schluckte ihn runter. Ich weiß nicht, was ich mir dabei gedacht habe, der ahnungslosen Melanie was davon zu geben, aber ich
dachte, es wäre sowieso zu wenig, um eine Wirkung zu spüren. Ha,

von wegen – die setzte dann schlagartig ein, als die anderen zurückkamen. Wir brachen zwar gemeinsam auf, aber während wir beim Aufsteigen die Letzten gewesen waren, war es jetzt umgekehrt, und wir rasten als Erste den anderen förmlich davon. Wir liefen und liefen und sahen uns dabei lachend in die Augen, ohne irgendwas zu denken. So ging das, bis wir unten ankamen – ein berauschendes Gefühl der Rastlosigkeit. In unserer Unterkunft schnappten wir uns auch gleich die Tischtennisschläger und spielten drauflos. Als die anderen irgendwann eintrudelten und uns sahen, schienen sie zu merken, dass etwas mit uns nicht stimmte, denn so besessen hatten wir noch nie gespielt. Wir machten noch nicht mal Fehler, schmetterten den Ball stundenlang hin und her und lachten uns einen ab. Keine Chance – die anderen kamen nicht zum Zug, was sie sehr verärgerte. »Können wir jetzt vielleicht auch mal spielen?« »Nein, könnt ihr nicht!« Wir hörten erst auf, als es Abendbrot gab. Später im Zimmer rauchten wir wieder eine Klorolle und ich versuchte, Melanie mit dem Kuchen zu füttern, den ich noch mitgebracht hatte. Als sie dann aber halluzinierte, dass sich der Jesus an der Wand auf einmal vor und zurück bewegte, bekam sie es doch mit der Angst zu tun. Ich wusste, dass die Wirkung gerade in vollem Gang war, und versuchte sofort, sie zu beruhigen.

Im Anschluss an diese Fahrt rasselte ich natürlich mit Glanz und Gloria durch die Abschlussprüfungen. Melanie allerdings auch, und sie tat mir wirklich leid, weil sie so traurig darüber war und weinte. Ich wusste, dass das ganz allein meine Schuld war und es ging mir total schlecht deswegen, also weinte ich mit ihr. Ich bekam nur den Hauptschulabschluss, und als Nächstes ging es darum, das Beste daraus zu machen, das heißt, eine Lehrstelle zu suchen.

Arzthelferin und erster Schuss

Meine Mutter ging mit mir aufs Arbeitsamt, um die dafür erforderlichen Formalitäten zu erledigen und alles in die Wege zu leiten. Dass ich dies mit meinen immerhin schon 17 Jahren nicht allein auf die Reihe bekam, war angesichts meines Lebenswandels kaum verwunderlich. Auch zum Vorstellungsgespräch bei einem Orthopäden ging sie mit, führte das Gespräch mit ihm quasi ohne meine Mitwirkung, und ich bekam die Stelle. So begann ich eine Ausbildung zur Arzthelferin.

Ich wunderte mich bald, warum in der Praxis ein so reger Wechsel an Personal herrschte, aber mir wurde auch schnell klar, dass es dort keiner länger aushielt. Es war eine riesige Praxis mit allein zehn Kabinen für Physiotherapie. Die Patienten waren immer nett und so dankbar, dass sie oft extra Geld für die Kaffeekasse gaben, und auch mit Sandra, die mich in alles einwies, verstand ich mich gut. Anders war es mit meinem Chef, doch dazu später.

Zeitgleich lernte ich eine neue Anlaufstelle für die Wochenenden kennen, die mich magisch anzog: die »Remise« in Göppingen, ein Jugendzentrum, in dem sich für mich eine Welt auftat wie bisher noch in keiner Disco, keinem Club. Dies war das Verderben, das ich bei unserem Umzug schon gerochen hatte, dessen war ich mir sicher, und nun stand ich zum ersten Mal auf dem Treppenabsatz dieses Schuppens voller Junkies und Stoff. Ich traf meinen Punkfreund Timm, der die Leute anquatschte und dringend irgendwas zu suchen schien. Schließlich kam er zu mir, fragte mich, ob ich was »Braunes« hätte, und ohne mehr darüber zu wissen war mir sofort klar, dass dies die Formel für mein nächstes Ziel sein würde. Ich sagte nur: »Nee, leider nicht«, war aber entschlossen, das ganz schnell zu ändern. Ich stand wie angewurzelt da und spürte, dass gerade etwas ganz Besonderes geschah. Würde dies der Anfang vom Ende sein? Oder machte Heroin vielleicht doch gar nicht so schnell süchtig, wie alle immer sagten? Mein Entschluss stand jedenfalls fest:

Mein Allheilmittel der Zukunft heißt Heroin. Seit den ersten Nasen von Amsterdam hatte ich wirklich alle möglichen Substanzen konsumiert und an den Stoff von Holger damals hatte ich nur deshalb schlechte Erinnerungen, weil er viel zu stark gewesen war.

Von meinem Schulfreund Mike wusste ich, dass er schon länger drauf war, und mit ihm kaufte ich am nächsten Tag in der Stadt »Braunes«, das wir uns spritzen wollten. Ich war ziemlich nervös, denn für mich würde es das erste Mal sein, und es war mir bewusst, was das für ein Schritt war. Natürlich verriet ich ihm nicht, wie aufgeregt ich war. Zusammen mit seiner Freundin gingen wir in die »Remise« und ich wurde immer aufgeregter. Ich verschwand dann auch gleich mit ihr auf der Toilette und merkte, dass ich mir die Spritze allein gar nicht würde setzen können. Deshalb bat ich sie, mir doch den Schuss zu setzen, ich war einfach zu zitterig. Sie war zwar verwundert, tat es dann aber auch, und – wow! – es fegte mich förmlich aus den Schuhen und direkt ins Universum, einfach gigantisch! Ich schwebte in ganz anderen Sphären und fragte mich, warum ich *darauf* nicht schon viel früher gekommen war. Es war genau das, wonach ich immer gesucht hatte: Familie, Heimat, Angekommensein – und kein Vergleich zu den anderen Stoffen zuvor, die immer nur langsam ins Rollen kamen …

Damit war ich drauf, von heute auf morgen, und ließ jetzt keinen Tag mehr ohne Schuss verstreichen. Meine neue Arbeit verlangte mir sämtliche Kräfte ab, und ohne Heroin hätte ich gar nicht so lange durchgehalten. Eines Morgens war ich zum ersten Mal »affig«, fühlte mich wie leicht erkältet und musste ständig gähnen. Als Erik mich am Bahnsteig fragte, was denn los sei, sagte ich nur: »Ach nix, nur affig!« – aber so leicht wie da habe ich das Wort später nie mehr in den Mund genommen.

Komischerweise schien er von meinem Zustand irgendwie beeindruckt zu sein und er gab mir zu verstehen, dass er das auch wollte. »Hey, lass mal, du, so was braucht kein Mensch!«, antwortete ich ihm und wusste doch zugleich, dass er – so wie ich Jahre zuvor – dem Zeug schon verfallen war, ohne es je probiert zu haben.

In der Berufsschule in Nürtingen machte ich mir meinen Druck dann immer in der Toilette. Irgendwann aber schwänzte ich mit einer Freundin den Nachmittagsunterricht und später dann auch noch die restlichen Stunden. Allerdings war es oft ein Kraftakt, in der Apotheke neue Spritzen zu besorgen. Viele wollten mir keine geben, und das brachte mich fast zur Verzweiflung. So verließ ich einmal eine Apotheke, die abgelehnt hatte, indem ich sagte: »O. k., dann ist es eben Ihre Schuld, wenn ich mir Aids einfange!«, aber auch das war vergeblich. In der letzten dann allerdings, die es am Ort noch gab, verlangte ich einfach Insulinspritzen – und siehe da, das war überhaupt kein Problem! Als Diabetiker hat man also keine Schwierigkeiten, das wusste ich jetzt. Und als ich mir dann endlich im Bahnhofsklo den nächsten Schuss setzen konnte, kam ich mir vor wie Christiane F.: verrucht, gefangen und ohne Wahl.

Zurück in meiner Ausbildungspraxis bekam ich schnell mit, dass dort ein reger Personalwechsel herrschte, und bald wurde mir auch klar, warum. Mithilfe des Drucks hielt ich es immerhin fast ein Jahr aus, allerdings immer im zugedröhnten Zustand. Die Zeit dort verbrachte ich am liebsten, indem ich bei den Patienten Ultraschall machte oder eine physiotherapeutische Maßnahme vorbereitete beziehungsweise durchführte. Die Patienten und auch Sandra, meine Kollegin, waren immer nett zu mir – ganz im Gegensatz allerdings zu meinem Chef und seiner Frau. Oft hörte man ihn durch die Praxis nach den Helferinnen schreien, und wenn wir ihm dann assistierten, konnten wir sicher sein, dass er uns vor den Patienten demütigte.

Das lief dann immer so ab: Zuerst ließ er mich einem Patienten zum Beispiel einen Tapeverband anlegen, den ich vorbildlich und extra exakt fertigte. Dann kam er mit einem Satz zur Tür reingerannt, um ihn zu begutachten: »Was ist denn das wieder für ein Mist?!« Es machte nur noch ratsch – und der Verband war runter. »Dasselbe noch mal!« Nie erklärte er, was wir hätten anders oder besser machen können, er war von Natur aus launisch und chronisch unzufrieden. Ein anderes Mal kontrollierte er bei Praxis-

schluss die Scheren im Schrank: es waren neun da und eine fehlte.
»So, und du suchst jetzt so lange, bis du die zehnte Schere findest!!«
Da ich gut im Röntgen war, musste ich auch bei wichtigen Privatpatienten immer ein paar Bilder machen. So weit, so gut. Nachdem sie entwickelt waren, brachte ich sie ins Behandlungszimmer. Dort hieß es wieder, wohlgemerkt vor dem Patienten: »Was ist das?« Mir erschien das Röntgenbild klar und deutlich und ich wusste nicht, was er von mir wollte. »Weißt du denn, was so ein Bild kostet?« »Äh, nein, wie viel denn?« »500 DM! Und das ziehen wir jetzt von deinem Gehalt ab!« Ich blickte kurz zu dem Patienten, dem die Angelegenheit fast noch peinlicher war als mir.

Angesichts dieses täglichen Desasters brauchte ich an den Arbeitstagen jedes Mal noch einen Druck zusätzlich. Eines Tages nahm ich dann vier Rezepte mit nach Hause und fälschte sie dort fachmännisch. Zwei davon löste meine Freundin Tina ein, ein anderes verschenkte ich. Ich selbst besorgte mir mit dem letzten Valoron, um den Arbeitsstress besser auszuhalten. Die Tropfen konnte ich sogar in der Praxis nehmen und ich teilte sie schwesterlich mit Tina.

Eines Morgens erschien ich mit frisch blondierten Haaren in der Praxis und bekam dort gleich zu hören, dass ich wie eine Nutte aussehen würde. Wenn ich nach fast zwölf Stunden Arbeit total ausgebrannt nach Hause kam und nur noch ins Bett fiel, reichte die Nacht oft nicht, um mich zu erholen, und morgens kam ich kaum raus. Ich war immer knapp dran und meinen Druck musste ich mir zuvor ja auch noch setzen. Trotz des Heroins widerten mich die Arbeitstage jeden Morgen an; oft heulte ich und wollte nicht mehr hingehen, aber meine Mutter zwang mich immer wieder dazu.

Wie ich abends noch die Fahrstunden für den Führerschein gemeistert habe, ist mir bis heute ein Rätsel, denn nachts konnte ich mit meinen kleinen Pupillen kaum was sehen.

Nach einigen Jahren ohne Kontakt hatte ich mittlerweile meinen Vater einmal wiedergesehen. Wir hatten uns getroffen und waren einen Nachmittag lang schwimmen gewesen. Er war mir fremd und ich hatte keinerlei familiäre Gefühle für ihn. An diesem Tag bekam ich aber 2000 DM von ihm für den Führerschein. Die habe ich allerdings in Windeseile in Stoff umgesetzt, und somit war das Thema Autofahren erst mal gegessen. Das hat mich zwar wahnsinnig geärgert, aber wahrscheinlich hätte ich den Schein, wenn ich die Prüfung bestanden hätte, bei irgendeiner Kontrolle sowieso gleich wieder abgeben müssen. Tatsache war aber jetzt, dass ich keine Kohle mehr hatte.

Mit 17 hat man noch Träume: Richie

1986 war das Jahr, in dem ich Richie kennenlernte. Es war Sommer – ich war total abgebrannt und lief die Straße am Oberhofer Park entlang. Ein kaum zu beschreibendes Gefühl der Aussichtslosigkeit beschlich mich: die überdimensionale Sucht im Nacken und die Angst vor dem Weg, den ich jetzt einschlagen und bis zum bitteren Ende gehen würde, um sie zu finanzieren; all das stand wie ein riesiger Berg vor mir. Kein Geld mehr in der Tasche, meine letzten 300 Mark in den Sand gesetzt – verdammt, wie sollte ich jetzt nur an Kohle rankommen, Kohle im wirklich klassischen Sinn aller Junkies??

Ich dachte an meine Bekannte Elke, die anschaffen ging, um ihre Sucht zu finanzieren, und schon beim Gedanken daran wurde mir ganz anders. Nein, anschaffen, wie grauenhaft und abstoßend – das könnte ich niemals, da würde ich ganz schnell seelisch kaputtgehen! Und natürlich schaffte auch Elke es nicht, ohne sich dauernd mit Tabletten zuzudröhnen, um nichts mitzubekommen. Sie war so unglaublich fertig, dass sie es nicht mal gemerkt hätte, wenn die Freier es einfach ohne Gummi taten – oh nein, so was könnte ich auf gar keinen Fall, da könnte ich ebenso gleich aus dem Leben verschwinden …

Die nächste Alternative war Diebstahl, aber dafür hatte ich weiß Gott keine Nerven und fand es, davon mal abgesehen, auch einfach asozial zu stehlen. Einmal war ich dabei, wie Freunde es taten, und vor lauter Angst vor dem Erwischtwerden hab ich dann die Jacke gekauft, um die es ging. Und ich dachte an René, einen jungen Hüpfer, der den ganzen Tag und die Nacht beschäftigt war, die Kohle für den nächsten Druck zu kriegen, und schon morgens wieder affig aufstand. Klaute Zeug für 500 DM und rotierte dann stundenlang, um später davon gerade mal den nächsten Schuss zu kriegen.

Es gab also nur noch eine, nämlich die letzte Alternative: zu dealen, und sie war auch die einzige, die mir auf Anhieb gefiel. Allerdings bedeutete sie auch das größte Risiko, und man wanderte dafür am längsten in den Knast. Man durfte es halt nur nicht im großen Stil tun, aber es wäre bei Weitem die angenehmste Art, das Geld herbeizuschaffen. Ich müsste mir mit nichts die Hände schmutzig machen – das dachte ich damals tatsächlich –, und kurz und gut, es schien einfach ideal und wie für mich gemacht zu sein.

Und während ich noch in diese Gedanken versunken durch den Park spazierte, kam mir auf einmal ein großer schlaksiger Mann entgegen, auch ein Junkie, das wusste ich. Er hieß Richie und entsprach rein äußerlich so gar nicht meinem Beuteschema, aber wir waren uns auf Anhieb sympathisch und lächelten uns an. Er hielt kurz inne und stellte mir dann eine Frage, die so banal war, dass ich sie nicht mehr erinnere. Aber so kamen wir ins Gespräch, verstanden uns und verabredeten uns für den nächsten Tag. Irgendetwas an ihm zog mich total an und wir verliebten uns ineinander. Bis heute weiß ich nicht, ob es wirklich Liebe war, aber wer kann das schon sagen? Er war 36 und ich 17, das fand ich toll – er war unglaublich jung geblieben (heute weiß ich, er war eher *stehen* geblieben) und äußerst liebenswert. Schnell waren wir in einer Beziehung, hatten auch Sex und waren überglücklich, uns gefunden zu haben. Es stellte sich heraus, dass er ein Millionärssohn war und schon seit über 20 Jahren an der Nadel hing. Ich konnte das alles erst gar nicht glauben, ihn hatte mir in dieser Situation der Himmel geschickt, davon war ich fest überzeugt. Das *konnte* einfach kein Zufall sein!

Am besten daran fand ich, dass er nur einen Stock unter dem Büro wohnte, in dem meine Mutter lange gearbeitet hatte; der Sohn ihres ehemaligen Chefs war nämlich auch drauf. Richies Wohnung war im 11. Stock, supercool eingerichtet, im asiatischen Stil und mit Schlangenhäuten an der Wand. Er hatte die größte Terrasse von allen dort – mir wurde immer schwindlig, wenn ich runtersah –, und keiner konnte sie einsehen: ideal also, um offen zu kiffen oder andere Dinge anzustellen.

Alle Junkies mochten Richie, und zwar nicht nur, weil er Drogen verkaufte, sondern weil er zu allen freundlich und liebenswert war, ohne Ausnahme und zu jeder Zeit. Manchmal waren da mehr als zehn Mann in der Wohnung und ich fand es beeindruckend, wie alle demselben Interesse nachgingen, nämlich sich die Nadel in den Arm zu stechen. Danach waren alle total relaxed, wie es im wahren Leben nie der Fall wäre, wenn so viele Menschen zusammenkommen. Und unbestritten ist ja auch genau das die verführerische Wirkung von Heroin: Alles ist Harmonie pur und jeder könnte jeden auf Händen tragen. Streit und Theater gibt es nur dann, wenn nicht genug Stoff da ist oder ein Junkie sich betrogen fühlt.

Fasziniert beobachtete ich das bunte Treiben in der Wohnung. Dauernd kamen fremde Leute rein, die ich nicht kannte, um von Richie Material zu kaufen – sogar Paare mit Kinderwagen –, und es war äußerst spannend zu erfahren, wer so alles drauf war. Manche blieben, andere gingen wieder, es war wie in einer Bahnhofshalle. Binnen kürzester Zeit muss Richie ein Vermögen verdient haben, und das imponierte mir ungemein. Damit hatte ich endlich und auf jeden Fall die Antwort auf alle meine Fragen: Richie.

Niemals hörte man je ein böses Wort von ihm, immer war er hilfsbereit und witzig. Nie zuvor hatte ich jemanden gesehen, der zum Aufkochen keinen Teelöffel, sondern einen riesigen Esslöffel benutzte! Ich konnte nur ansatzweise ahnen, wie abhängig er war, denn er war dem Zeug schon jahrzehntelang verfallen, ich dagegen war ein Neuling. Also lief es dann bald so, dass er mir auch einen Druck machte, wenn er sich einen aufkochte, und manchmal war es wie ein Wettrennen gegen die Zeit. Oft machte ich regelrecht ein Spiel daraus. Nachdem die Pumpen startklar waren, sagte ich zu Richie: »Auf die Plätze, fertig, los!!!« Und dann – zack, rein damit, ich habe meistens gewonnen und lag dann auch als Erste auf dem Sofa. Für mich war selbst der Teelöffel noch zu viel, da das Zeug zu gut und zu rein war. Richie fuhr immer nach Frankfurt und kaufte dort ein. Ich durfte da leider nie mit, da ich zu der Zeit tagsüber noch arbeiten musste.

Manchmal gab es aber auch Zeiten, in denen er nichts verkaufte und alles selbst verbrauchte, und dann fragte ich mich immer, wie es nun weitergehen sollte. In solchen Augenblicken aber stand die Antwort buchstäblich vor der Tür und klingelte: seine Mutter, die immer mal »nach dem Rechten« sah. Sie war eine äußerst attraktive und liebe Frau, die stets einen hübschen, prall gefüllten Briefumschlag mitbrachte. Meist blieb sie eine halbe Stunde, um Smalltalk zu machen, und am Schluss zückte sie immer den Umschlag. Am Anfang habe ich das natürlich gar nicht geblickt und verstanden – bis Richie mir mal einen kurzen Einblick in den Umschlag gewährte. Hasta la vista, jedes Mal 2000 DM, halleluja!!! Dann rieben wir uns die Hände und grinsten übers ganze Gesicht. Wir freuten uns immer wie kleine Kinder, ja, manchmal hakten wir uns unter, tanzten im Kreis und sangen dazu – das war einfach immer umwerfend.

Schlimm war für mich jedoch die ständige Warterei auf Richie: Frankfurt hin und zurück, alles abchecken, einkaufen usw. Dieses ganze Prozedere nahm manchmal den ganzen Tag oder die ganze Nacht ein, je nachdem. Ich machte mir immer schreckliche Sorgen, sobald er über der Zeit war, und das war er fast immer. Alles Mögliche malte ich mir aus – dass er erwischt oder abgezockt wurde oder dass einfach nichts ging. Ich weiß es noch wie heute, als er einmal überfällig war und ich so langsam affig wurde. Zum Glück hatte ich da noch eine Packung Remedacen, die ich mir komplett reinpfiff. Aus Verzweiflung bin ich dann mit Mike ins Kino gegangen, in *Rainman*, aber trotzdem wurde ich affig. Von da an wusste ich, dass es irgendwann mal kein Spaß mehr sein würde, *richtig* affig zu werden – keine Chance.

Dann kam Richie glücklicherweise in der Nacht zurück, aber – er hatte nichts dabei. Ich dachte erst, er verarscht mich, aber es war wahr – unvorstellbar.

Außer der in Göppingen hatte Richie noch eine Wohnung in Spanien, in der er jedes Jahr drei Monate verbrachte. Wie gern wäre ich da mal mitgeflogen, aber leider musste ich arbeiten, und da kannte meine Mutter kein Pardon.

Stattdessen fuhr ich mit Richie nach Frankfurt, um die Connection kennenzulernen und für die Spanien-Zeit sein Zepter zu übernehmen. Wir fuhren also mit dem ICE nach Frankfurt und von dort weiter nach Hanau, dann noch ein Stück Straßenbahn. Für mich war die Stadt irre groß und es liefen dort noch mehr kaputte Leute rum als in Stuttgart. Irgendwo versteckt im Hinterhof stiegen wir dann ein paar Treppen hoch in eine riesige Dachwohnung. Dort wurden wir von Leuten empfangen, die alle eher in Richies Alter waren. Wir setzten uns auf eine große schwarze Ledercouch. Viele andere saßen da auch noch rum und waren mit irgendwas beschäftigt. Die Wohnung hatte fünf Zimmer und dementsprechend viele Leute waren auch da. Ich fühlte mich äußerst unwohl, als dazwischen sogar noch ein etwa sechsjähriger Junge rumlief, dessen Mutter ihn ständig bat, still zu sein oder in sein Zimmer zu gehen. Manchen der Leute hätte man es rein äußerlich gar nicht zugetraut, dass sie drauf waren, so seriös sahen sie aus. Wenn sie sich jedoch ihr Zeug klarmachten, verschwanden sie im Wechsel in die anderen Zimmer. Am meisten beeindruckte mich ein Geschäftsmann im grauen Anzug und mit fahlem Gesicht, der richtig abgehoben aussah.

Als wir dann unseren Stoff bekamen, ging ich ganz nach hinten ins letzte Zimmer und setzte mir das Ding. Zum Glück fand ich auch gleich eine Vene, das wäre sonst eine echte Blamage gewesen vor all den Hardcoreleuten. Danach war alles im Lack und ich fühlte mich herrlich, einerseits natürlich wegen des Materials und andererseits angesichts der Tatsache, bald in Richies Fußstapfen treten zu dürfen. Draußen erzählte Richie mir dann, dass eine der Frauen keine freie Venen mehr hätte und sich die Nadel ins Muskelgewebe des Oberschenkels setzte – oh Mann, muss das wehtun, das brennt ja wie Feuer! Ja, aber die Leute dort schienen schon etwas länger drauf zu sein als ich, das war richtig beängstigend.

Rico und Lena, einem Paar, das regelmäßig bei Richie kaufte, gefiel es gar nicht, dass ich nun ihr Dealer war. Als sie einmal mit nach Frankfurt kamen und unbedingt auch mit hoch wollten, musste ich ewig mit ihnen diskutieren, und es nervte mich total, ihnen klarzumachen, dass das auf keinen Fall ginge. Sie hatten totale Panik, dass ich sie abzocken würde, und genau das tat ich dann auch – wenn schon Stress, dann berechtigt. Damals gab es noch zehn Gramm für 1800 DM; Rico gab mir widerwillig seinen Anteil der Kohle und ich legte dann, als ich oben war, meinen Anteil dazu. Ich glaube, wir hatten jeweils 1000 DM beigesteuert. Also schaufelte ich ganz genüsslich erst mal die Hälfte aus seinem Beutel wieder raus, machte dasselbe mit meinem Anteil, damit es nicht auffiel, und ließ es im Klo in meiner Unterhose verschwinden. Das war weiß Gott das erste und letzte Mal, dass ich jemanden abgezockt habe, denn was danach passierte, traumatisierte mich derart, dass ich es nie mehr wagte, auch nur daran zu denken.

Obwohl ich keine Waage dabeihatte, war mein Augenmaß nicht schlecht gewesen und hatte ich beide Portionen gleich verteilt. Das war in der Tat nicht schlecht; klar kam ihm das etwas wenig vor, aber er konnte es schlussendlich erst zu Hause nachwiegen und kotzte erst da voll ab. Wir machten dann bei ihm Päckchen zum Verkaufen fertig, und ich war total paranoid, dass er mich ausziehen und das versteckte Zeug suchen würde. Also bin ich auf die Toilette, um nachzusehen – alles noch da. Vor lauter Panik hatte ich allerdings meine Päcks liegen lassen, die er mir zwischenzeitlich auch weggenommen hatte. Ich ärgerte mich sehr, machte aber nicht viel Aufhebens darum, denn die waren unwiederbringlich weg. Allerdings war Rico seitdem ständig misstrauisch und manchmal auch aggressiv mir gegenüber, was ich nicht sehr beruhigend fand.

Entdeckung und Flucht

Es dauerte natürlich nicht lange, bis mein Chef die von mir gefälschten Rezepte von der AOK zugeschickt bekam, und ich stand sogar neben ihm, als der Brief ankam. Er hatte mich wohl schon länger im Verdacht, Junkie zu sein, denn ich trug als Einzige im Hochsommer langärmelige T-Shirts. Auch waren meine Handflächen, die ich beim Assistieren nicht immer verbergen konnte, total zerstochen. Kurze Zeit später standen zivile Beamten der Polizei in der Praxis, um mich mitzunehmen. Nachdem sie meinen Spind durchsucht und dort nichts gefunden hatten, suchten sie in der Wohnung meiner Mutter weiter. Die war zum Glück zu dem Zeitpunkt gerade nicht da. Außer Spritzen und ein paar Filtern fanden sie nichts, luden mich aber dennoch für den nächsten Tag auf die Wache vor. Ich sagte: »Ja, mal sehen, wenn ich da noch da bin!« – und hatte schon einen Plan geschmiedet.

Ich würde nicht mehr in die Praxis gehen, sondern abhauen und zu Richie trampen, der gerade in Spanien war. Bei der Bank hob ich mein restliches Geld ab und steckte die 1500 DM in meine Cowboystiefel. Ich packte meine Tasche, und nachdem ich noch einem Freund Bescheid gesagt hatte, der meine Familie verständigen sollte, verließ ich die Wohnung. Meine Lehre als Arzthelferin war damit auch beendet, das versteht sich wohl von selbst.

Ein paar Tage lang blieb ich noch in Stuttgart, wo ich in einem Gruftischuppen ein paar Skins kennengelernt hatte, bei denen ich übernachten konnte. Von denen durfte mich jedoch keiner beim

Spritzen erwischen, deshalb zog ich schnell weiter und trampte erst mal Richtung Karlsruhe. Als ich dort irgendwann nicht mehr weiterkam, war ich froh, als nach langem Warten doch jemand anhielt. Es war ein Kleinbus mit drei Männern darin, die orientalisch aussahen und gebrochen Deutsch sprachen, und ich stieg nur widerwillig ein. Normalerweise hätte ich das nie gemacht, aber ich war mit den Nerven wirklich am Ende. Und wie ich es befürchtet hatte, fingen die drei auch ganz schnell an, vom Wald und vom Ficken zu reden. »Okay, jetzt musst du ganz cool bleiben«, sagte ich mir und überlegte in Windeseile, wie ich da rauskommen könnte. Vor allen Dingen durfte ich meine Angst nicht zeigen, denn sie fingen immer wieder davon an und die Zeit wurde knapp.

Obwohl ich mir vor Angst fast in die Hosen machte, zog ich jetzt alle Register und holte schließlich meine Spritze aus der Tasche. »Na gut, wenn ihr Lust auf Aids habt, gerne!« – und das war meine Rettung. Die Männer waren geschockt und sagten plötzlich nichts mehr – dann aber doch noch: »Wir machen mit Gummi!«, und da war ich mit meinem Latein am Ende. Ich sagte nur noch: »Lasst mich an der Kreuzung endlich aussteigen!«, und das taten sie dann tatsächlich.

Und so fuhr ich wieder nach Hause zurück, ohne Spanien gesehen zu haben, und hier holte mich die Sache mit den Rezepten und der Polizei natürlich ein. Nach ein paar unangenehmen Stunden auf dem Revier und einem Verfahren wegen Urkundenfälschung wurde ich mit der Auflage entlassen, eine Drogenberaterin aufzusuchen und mich darüber hinaus im zweiwöchentlichen Abstand bei einem Bewährungshelfer zu melden.

Da Richie nun längere Zeit nicht da war und ich täglich ein bis zweimal einen Schuss brauchte, hatte ich seinen Platz in der Frankfurter Connection eingenommen und angefangen, auch selbst kleine Mengen zu verkaufen. Spätnachmittags klapperte ich die Lokale nach Kunden ab. Wenn man verkaufen will, muss man relativ früh losgehen, denn sonst schnappen einem andere Dealer die Kunden weg und man bleibt auf seinem Zeug sitzen. Ich hatte bestimmte

Bars und Kneipen, die ich besuchte, auch Spielhöllen, aber da war ich nicht allzu gern gesehen. Ich musste mich immer beeilen und hatte einen Stechschritt drauf, denn die Geschäfte mussten laufen. Meistens warf ich nur einen kurzen Blick in die Räume und die Kunden, die was kaufen wollten, sahen mich und kamen mit raus.

Oft habe ich mit meinem Tempo den anderen Verkäufern das Geschäft vermiest und musste mich hin und wieder sogar vor einigen verstecken. Einmal lief einer an dem Gebüsch vorbei, hinter das ich mit meiner Freundin Susann geflüchtet war. Sie ging dann als Erste raus, um zu prüfen, ob die Luft wieder rein war. Als ich mich gerade vorsichtig aus dem Gebüsch tastete, hörte ich auch schon eine Stimme: »Frau S., bleiben Sie stehen!« Das war kein Konkurrent, sondern ein Zivilbulle, das war mir sofort klar. Mit einem Satz sprang ich auf, hatte die Päckchen zum Glück schon alle in der Hand und warf sie im Aufstehen direkt unter ein Auto. Zwei Beamte liefen auf mich zu und ich ihnen dann entgegen, um die Situation damit zu entschärfen und sie zu besänftigen. Es wunderte mich schon, dass sie meinen Namen wussten und mich anscheinend beobachteten, wo ich doch noch nicht allzu lange drauf war. Sie durchwühlten meine Taschen und fanden natürlich nichts. Mein Spritzbesteck hatte ich wohlweislich nie bei mir, sondern immer schön irgendwo im Gebüsch versteckt. Die Bullen warfen noch einen Blick unter die Autos, aber vergeblich und zogen wieder ab.

Susann und ich warteten eine Weile, bis die Luft wieder rein war, und beim Vorbeigehen holte ich mir meinen Stoff zurück.

Eines Abends in der »Remise«, als ich meine Verkäufe abwickelte, fragte mich ein Bekannter, ob er ihm eine Packung auf Kommission geben könne, das heißt, er würde sie später zahlen. Meine Päckchen waren aber weggegangen wie warme Semmeln und ich gab ihm zu verstehen, dass ich leider keins mehr hatte. Mit der Bierflasche in der Hand sah er mich ungläubig an, und ich zog es vor, schnell auf die Straße rauszulaufen. Auf einmal hatte ich das Gefühl, ein Pferd tritt mich von hinten, und ich spürte einen heftigen Schlag im unteren Rücken. Der Typ hat mir doch tatsächlich die Bierflasche auf den Rücken geknallt! Zum Glück ist mir nichts weiter passiert, aber jetzt war ich gewarnt, es mir mit meiner Kundschaft nicht zu verscherzen und vorsichtiger zu sein. Von da an war ich immer auf der Hut, was mit der Zeit natürlich unheimlich anstrengend war.

Als ich einmal zum Beispiel meine Tüte mit dem Spritzbesteck aufmachte, stellte ich anhand der Ascorbinsäure fest, dass mein Besteck von jemand anderem benutzt worden war: Der Korken des kleinen Setzkastenfläschchens, in das ich die Ascorbinsäure getan hatte, war so weit reingedrückt, dass man ihn nicht wieder rausholen konnte. Mir fiel es wie Schuppen von den Augen, als ich das sah, denn so würde ich das niemals machen.

Danke, lieber Gott, dass du mir dies Zeichen gabst, damit ich mich nicht anstecke!! Ich war geschockt und sauer und nach dieser Aktion dem ganzen »Geschäft« gegenüber nur noch misstrauisch und argwöhnisch.

Bei den Brüdern

Inzwischen war mein Verhältnis zu meiner Mutter konstant schlechter geworden – wenn das überhaupt noch ging, denn es bestand für mich darin, ihr so weit wie möglich aus dem Weg zu gehen: Wenn sie nachmittags von der Arbeit kam, verschwand ich in den Abend und übernachtete auch oft woanders. So gingen wir schon lange aneinander vorbei wie Fremde. Nun aber stand ihr Urlaub an, zwei Wochen Kreta, und da wollte sie mir dann doch nicht die Wohnung überlassen, sondern schickte mich zu meinem Bruder Peter und seiner Frau Marlene. Ausgerüstet mit Material für die ganzen zwei Wochen, schlief ich in ihrem Gästezimmer. Anfangs blieb ich gleich mal für ein paar Tage weg, und als ich dann wiederkam und mir einen Druck machen wollte, traute ich meinen Augen nicht, denn meine Päckchen, die ich in einem Strumpf versteckt hatte, waren allesamt verschwunden. Ich lief zu meinem Bruder ins Esszimmer, mir war gleichzeitig heiß und kalt und ich fragte ihn, ob er etwas aus meinen Sachen rausgenommen habe? Dabei hatte ich schon vor Augen, wie er es die Toilette runterspülte, und mir wurde noch schlechter bei dem Gedanken. Ich meinte noch: »Das Zeug gehört mir nicht und kostet fast 1000 DM!«, aber Peter sagte nur zu mir: »Ja, da unter dem Schreibtisch liegt es, aber ich möchte auf keinen Fall etwas in der Wohnung haben, womit ich mich straffällig mache!« Und das war dann auch schon alles, was mein Bruder dazu sagte. Weitere Gespräche oder Fragen gab es nicht. Ich hatte noch mal Schwein gehabt, und Gott sei Dank war es noch da!

Einen Teil davon verkaufte ich von dort aus an zwei befreundete Paare, eins gehörte zu meinen Stammkunden. In den drei Monaten von Richies Abwesenheit musste ich geschätzte vier oder fünf Mal nach Frankfurt, und als das Material irgendwann zur Neige ging und ich die Kohle beisammenhatte, fuhr ich mit Tammy und ihrem Freund hin. Als wir wieder zu Hause ankamen, war es Mitternacht, und als sie mich direkt vor der Tür meines Bruders absetzten, stieg auch schon Rico aus seinem Auto und kam auf mich zu. *Verdammt, was für ein Mist!*, dachte ich noch. Er fragte dann, ob ich ihm was geben könne, er sei affig. Ich schaute ihm in die Augen und meinte, na ja, affig sei wohl anders, aber bevor ich gleich was auf den Latz bekam, sagte ich: »Okay, ich kann dir ein bisschen was geben.« Als ich mich auf den Boden kniete, um ein Päck zu machen, spürte ich schon deutlich seine Nervosität. Ich öffnete meinen Beutel und streute ihm so etwa ein Gramm auf ein Papier, während er ständig danach griff und sagte: »Hey, lass mal sehen!« Als er dann aber richtig fest zupackte, machte ich eine geschlossene Faust, sprang hoch und ein paar Schritte von ihm weg. Gleichzeitig schob ich blitzschnell den offenen Beutel in meinen Slip, sodass er es gar nicht mitbekam. Die andere Plombe hatte ich noch in meiner Hosentasche. Rico versuchte natürlich, meine Hand gewaltsam zu öffnen, aber ich schrie sofort nach meinem Bruder. »Peeeter!« Ich hörte, wie Ricos Freundin Lena angerannt kam. Sie stürzte sich mit einem Satz auf mich, wobei ich zu Boden fiel. Zum Glück dachten beide jetzt, ich hätte das Material noch in meiner Faust, sonst wäre es nämlich weg gewesen! Deshalb versuchten sie beide noch einmal, die Faust mit Gewalt zu öffnen, und ich schrie ein weiteres Mal laut nach meinem Bruder: »Peeeter!«, denn er hatte mich bisher noch nicht gehört. Außerdem kam glücklicherweise gerade ein Fußgänger die Straße entlang und so ließen sie von mir ab. Ich stand auf, klingelte Sturm bei Peter und mein Bruder öffnete endlich ganz entgeistert die Tür. »Was ist denn hier los?« Ich ersparte ihm die Einzelheiten der Story, sonst hätte er sich nur unnötig Sorgen gemacht.

Da dies alles gleich zu Beginn des Urlaubs meiner Mutter passierte, verließ ich in den kommenden zwei Wochen fast nie das Haus, sondern sah völlig paranoid dauernd aus dem Fenster – zu Recht übrigens, denn Rico und Lena warteten tatsächlich fast die ganze Zeit auf mich.

Da ich das Geschäft in dieser Zeit trotzdem weiter am Laufen hatte, gab ich einen Teil des Materials an Tammy und etwas an Gabi und Mike, damit sie es für mich verkauften. So mussten sie dann wenigstens nichts für ihren eigenen Druck bezahlen. Mir war zwar klar, dass sie sich auch darüber hinaus an dem Material bedienen würden, aber mir blieb ja momentan nichts anderes übrig. Verkaufsgenies waren sie alle nicht, aber das war auch egal.

Während der zweiten Ferienwoche meiner Mutter wohnte ich dann bei Gerald, einem anderen Bruder, und dessen Frau, die im gleichen Haus über Peter wohnten. Seine Frau war seit jeher nicht begeistert von mir und schmiss mir heftige Dinge an den Kopf, indem sie sagte: »Schau dich doch mal an, deine Mutter ist schon ganz grau geworden wegen dir! Mach endlich eine Therapie!« Ich hasste sie, aber gleichzeitig hasste ich auch mich selbst, weil ich irgendwo wusste, dass sie recht hatte. Da kam Gerald zu mir, setzte sich neben mich, legte den Arm um mich und sagte: »Ach, lass sie doch reden, die hat doch sowieso keinen Plan!« Da hatte ich zum ersten Mal nach vielen Jahren ein Gefühl von Nähe zu Gerald.

Nach zwei Wochen dann war meine Mutter wieder da und ich hatte noch eine Menge zu verkaufen. Das Zeug war so gut, dass ich es noch strecken konnte und die Kunden es mir trotzdem aus der Hand rissen. Ich konnte das Doppelte aus der Menge rausholen und war mächtig stolz auf mich.

Es war einfach zu genial, ich tätigte meine Geschäfte direkt unten vor der Tür unserer Wohnung auf einer Bank. Die Lage war optimal, denn gegenüber war das Ghettoviertel, in dem alle Junkies wohnten. Erst jetzt lernte ich einen nach dem anderen von ihnen kennen: einen älteren Herren mit Halbglatze zum Beispiel, der mit seinem kleinen Wuffi immer völlig unauffällig Gassi ging. Sein besonderes Merkmal war eine ganz ungewöhnliche Fahlheit des Gesichts, die ihn richtig gespenstisch aussehen ließ, fast schon tot. Ich zuckte immer zusammen, wenn ich ihn zufällig in der Stadt sah und ihn an der Gesichtsfarbe erkannte. Dann waren da noch viele andere, die ich vom Sehen kannte, und irgendwelche zwielichtigen Kameraden, die sich besonders freuten, nun wegen des Materials nicht mehr in die Stadt gehen zu müssen. Tatsächlich kam da einer nach dem anderen angeschlappt und binnen einer Stunde hatte ich 500 DM verdient, oh Mann, was für ein Höhenflug. Ich rannte die Treppen zu unserer Wohnung hoch und präsentierte die Kohle meiner Mutter: »Schau mal, Mama, ich verdiene in einer Stunde bald so viel wie du in einer Woche!!!«

Ja, und da war selbst meine Mutter ganz erstaunt und – keine Ahnung, was sie wirklich dachte, jedenfalls wurde sie von da an eine Zeitlang zu meiner Komplizin.

Da wir überall beigefarbenen Teppichboden hatten und man die Rußspuren vom Löffel nicht mehr von ihm entfernen konnte, bat sie mich, doch ins Badezimmer zu gehen und mir dort meinen Druck zu setzen. Manchmal schaute sie dann durch die angelehnte Tür und sah mir zu. Das fand ich allerdings total ätzend. Ich sagte zu ihr, sie solle gehen, und dachte bei mir, dass das wohl wirklich ein Scheißgefühl für eine Mutter sein muss.

Irgendwann kam sie auch mal auf mich zu und meinte: »Wie kann ich dir nur helfen, Katja, sag mir, *wie*?!« Hm – ich überlegte also und da ich ja drauf war wie Richie, blieb erst mal nur eine Lösung, nämlich mich runterzudosieren. Also machte ich Päckchen für zwei Wochen und zwei Mal am Tag. Ich fand das sogar echt lustig, denn es sah aus wie ein kleiner Adventskalender. Jeden Tag packte ich dann etwas weniger in die Päckchen, von einem Gramm runter auf einen Fuffi, und kaum zu glauben, es hat funktioniert!

Natürlich nicht gleich am Anfang – da habe ich mich wohl etwas überschätzt und brauchte mittags noch mal eine Ration, die mir meine Mutter dann auch gab. Ich wusste ja, dass ich den Rest in ihrem abschließbaren Kosmetikkoffer finden würde, und bediente mich dementsprechend, aber eben nur mit so viel, dass ich nicht affig wurde. Irgendwann steckte es meine Mutter auch in ihre Jogginghosentasche, und sobald sie wieder einmal vor dem Fernseher einschlief, war es fast ein Sport und richtige Millimeterarbeit, das Zeug da unbemerkt rauszuziehen. Aber auch das schaffte ich und konnte mich trotzdem runterdosieren – immerhin.

Auch in dieser Zeit wollten die Leute natürlich was kaufen, aber ich musste sie vertrösten. Nicht nur Nina, den Rotschopf, der voll auf Tabletten und Alkohol war. Ich sagte ihr zwar, dass ich ihr nichts geben könne, aber manchmal habe ich ihr was geschenkt oder ihr meine Filter gegeben, die immer noch minimale Spuren Heroin enthielten. Ich tat das fast täglich, damit ich meine Ruhe vor ihr hatte, denn sobald meine Mutter ins Geschäft fuhr, klingelte Madame. Einmal hat sie absolut nichts mehr geblickt und lief schwankend und mit einer Bierdose in der Hand vor unserem Haus herum. Ich habe mich echt geschämt bei diesem Anblick. Wir setzten uns auf eine Bank und ich erklärte ihr noch mal, dass ich das Zeug meiner Mum gegeben hätte und nicht ranke käme. Plötzlich sprang sie mit einem Satz auf und sagte: »So, dann werde ich jetzt eben mal zu deiner Mutter gehen!« Mir blieb der Mund

offen stehen und ich blickte ihr ungläubig hinterher, während sie
im Haus verschwand. Nach wenigen Minuten kam sie wieder raus,
jedoch nicht auf mich zu, sondern rannte in die nächste Telefonzelle. Als ich meine Mutter fragte, was denn passiert sei, berichtete sie mir, Nina habe vor der Tür gestanden und sehr bestimmt gesagt: »Also, Frau S., entweder Sie geben mir jetzt was oder ich rufe
die Polizei an!« Meine Mum aber packte sie nur am Kragen, zog
sie zu sich her und sagte ganz ruhig: »Hey, Mädchen, was glaubst
du eigentlich, wer du bist – verschwinde und lass dich hier gefäl-
ligst nie mehr blicken!« Wow, einfach filmreif, keine Ahnung, wie
oft ich diese Szene später nachstellte, aber es waren bestimmt so an
die 30 Mal. Dann schaute ich vom Balkon runter und sah Nina
tatsächlich in der Telefonzelle mit jemandem reden, und voller Panik haben meine Mutter und ich das Material in die Blumenkäs-
ten auf der Terrasse gestopft und dort versteckt. Ich fand es klasse, dass mir meine Mutter so dabei half wie eine Komplizin. Es war
das erste Mal in meinem Leben, dass ich eine gewisse Vertrautheit
zu ihr spürte. Leider hielt sie nicht lange an und kam danach auch
nie wieder.

Nach der abgebrochenen Lehre hatte ich wieder einen Job gefunden: In einem Juwelierladen wurde eine Kraft gesucht, und unter vielen Bewerberinnen bekam ich die Stelle. Eines Morgens kam
Richie zu mir ins Geschäft, mit einem Briefumschlag. Vor meiner
Chefin sagte er: »Hier, der Haustürschlüssel!«, grinste und ging sofort wieder. In dem Umschlag lag eine fertig aufgezogene Spritze,
juhu. Ich ging ins Treppenhaus und, paranoid um mich blickend,
jagte ich mir das Ding rein. Erlösung und Ruhe kehrten zurück,
und augenblicklich lag ich in einer imaginären Badewanne.

Ein Kunde kam und wollte eine graue Wanduhr für seine Oma,
die schlecht sah. Da überzeugte ich ihn kurzerhand davon, doch
lieber eine weiße zu nehmen, die von Weitem viel mehr auffiel.
Ich glaube, ich redete circa eine Stunde auf ihn ein, klar, ich war ja
auch megadicht. Der Kunde kaufte schließlich die weiße Uhr und
meine Chefin, der alte Besen, war höchst erstaunt über meine Re-

dekunst. Manchmal, wenn ich die Treppen hinter dem Laden zu ihrem Wohnbereich hochlief, sah ich, wie sie sich hinter der Tür einen hinter die Binde kippte.

Es gibt wohl kaum einen Junkie, der nicht was hätte mitgehen lassen von all den Uhren, Ringen und Colliers im sechsstelligen DM-Bereich. Ich dachte noch nicht mal daran, brauchte es aber auch nicht.

Muffensausen hatte ich schon eher, wenn ich den Inhalt der Kasse im großen Geldbeutel zur Bank bringen musste. Direkt an der Szene vorbei, praktisch vor meiner Tür. Da mich alle kannten, schwitzte ich mir jedes Mal einen ab, dass mich hoffentlich niemand anspricht oder anmacht.

Es häuften sich auch hier die Tage, an denen ich zu spät kam, verpennt hatte oder es langsam immer schwieriger wurde, eine Vene zu finden. Manchmal dauerte es fast eine Stunde, um einen Druck reinzubekommen. Meistens ging ich ins Bad und setzte mich hinter die Tür, stocherte rum und fand nichts mehr. Es war ein Geduldspiel, das total an die Nerven ging, denn man hatte, nachdem schon Blut in der Spritze war, allerhöchstens noch eine halbe Stunde Zeit, bis das Blut gerann und die Nadel verstopfte. Dann verspürt man diesen Druck noch zusätzlich zu dem der Sucht und wird fast hysterisch. Genervt und gehetzt von der Zeit hofft man, dass noch nichts geronnen ist. Es wird alles durchprobiert, der Arm in heißes Wasser gelegt und anschließend so 50 Mal gekreist, damit sich das Blut staut, usw. Irgendwann ist das Blut dann doch geronnen und man kann den Druck wegschmeißen, allzu oft. Ich glaube, mein längster Versuch, mir einen zu setzen, dauerte drei Stunden. Danach sah ich immer aus wie von der Schlachtbank, und meistens wurde ich so hysterisch, dass ich anfing zu weinen.

Irgendwann versuchten Richie und ich, stattdessen Blech zu rauchen. Ich habe es noch genau vor Augen, keiner wusste richtig, wie das geht, aber dann haben wir es doch geschafft. Es schmeckt nach geräuchertem Aal und wir konnten nie so viel rauchen, wie wir gebraucht hätten, da wir viel zu hoch dosiert waren. Im Ansatz und fürs Erste nicht schlecht, später jedoch lange mein täglich Brot.

Ab und an nahmen wir auch Tabletten, die wir geschenkt bekamen. Die waren zwar nicht so mein Ding, aber wir konnten schlafen – und verschlafen. Tja, und irgendwann trudelte ich auch mal um kurz vor zwölf im Geschäft ein. Der Laden war gerammelt voll und ich wusste, dass das jetzt nicht mehr lange gutgehen würde. Und so kam er auch, der Tag X. Wieder einmal waren alle Nadeln stumpf und ich machte mich auf, neue zu besorgen. Als ich gerade die Straße überquerte, lief mir meine Mutter über den Weg. Ein paar Monate zuvor hatte sie mich zu Hause rausgeschmissen, und seitdem wohnte ich fest bei Richie. Ich war genervt von ihren Fragen und konnte ihr nicht sagen, was ich gerade tun wollte, obwohl es mir auf der Zunge lag. »Kind, wie du aussiehst, ganz aufgedunsen«, sagte sie. Das kam wohl von den Tabletten.

Eine Woche später standen meine drei Brüder und meine Mutter dann vor dem Laden, um mich abzupassen. Als ich sie sah, wäre ich am liebsten abgehauen, aber es gab keinen anderen Ausgang. Erst Jahre später habe ich erfahren, dass das so mit meiner Chefin vereinbart worden war, na super. *Na ja, was solls*, dachte ich mir und lief direkt auf sie zu, wollte ja mitten in der Fußgängerzone kein Aufsehen erregen. Meine Familie wollte, dass wir gemeinsam meine Sachen von Richie holen, Mann, hat mich das angekotzt! Erst zu Hause rausgeschmissen und dann wieder zurückgeholt, na danke.

Bei Richie spielte sich dann die reine Tragödie ab, alle liefen bei ihm ein und standen blöd im Flur rum mit finsterem Gesicht. Ich musste all meine Sachen packen und konnte mich noch nicht mal richtig von Richie verabschieden, und ich hab echt geheult.

Zu Hause sprach meine Mutter dann von der sensationellen Idee, die sie hatte: Sie habe im Fernsehen gesehen, wie ein Fotomodell, das abhängig war, von ihrem Freund ans Bett gefesselt und auf diese Weise clean wurde. *Heimatland*, dachte ich, *was soll denn das jetzt??* Allerdings willigte ich ein, es blieb mir ja nichts anderes übrig. Innerlich aber lachte ich sie nur aus. Wir fuhren dann gemeinsam in den Baumarkt, um die richtige Kette und Schlösser für mich auszusuchen. Klar suchte ich dann die aus, bei denen ich schnell wieder rauskam, und fast tat mir meine Mutter schon leid mit ihrer Hoffnung, ich würde es so schaffen.

Zu Hause machte sie die Kette mit dem Schloss an der Heizung fest. Ich hatte etwa zwei Meter Bewegungsfreiheit und das andere Ende mit dem kleinen Schloss befestigte sie an meinem Fuß. Ich wäre innerlich fast geplatzt – was für eine bescheuerte Aktion!

Was sie allerdings nicht wusste, war, dass Richie mir jeden Abend pünktlich zur Dämmerung ein halbes Gramm zur Terrasse hochschmiss und ich es mir letztlich doch einpfeifen konnte. Das Gute daran war, dass ich mir das Zeug einteilen musste und mich damit gezwungenermaßen runterdosierte.

Nachdem das Spiel zwei Wochen so gelaufen war und ich einen latent schlechten Zustand simulieren musste, kam ich mir reichlich dumm vor. Die Kette bestand aus recht großen Gliedern, die man fast mühelos auf und zu biegen konnte. Meine Mutter kam abends immer vom Geschäft und schaute nach mir – schwupps, legte ich mir wieder die Kette ans Bein und spielte meine Rolle.

Einmal konnte Richie selbst nicht kommen und schickte eine Freundin, mir was zu bringen, das sie hinter die Mülltonnen legen sollte. Die Frage war nun, wie ich dahin kommen konnte, ohne dass meine Mutter es mitbekam. Ich wandte also meinen Kettentrick an und schlich mich schnell aus der Wohnung, holte, zack, das Päck und rannte die Treppen wieder hoch. Meine Mutter jedoch, nicht blöd, wartete natürlich schon oben an der Tür auf mich und griff mir gleich in die Hand. Ich machte eine Faust und lief in die Küche, schmiss es blitzschnell in die Ecke. Meine Mutter suchte, und bevor sie es fand, schnappte ich es wieder und steckte es in den Mund. Sogar da wollte sie es noch rausholen, also schluckte ich es runter.

Da hat sie wohl begriffen, dass ihre ach so tolle Idee vom Cleanwerden in die Hosen ging. Mit meinem Kumpel Mike durfte ich dann wieder raus, aber der war ja selbst drauf. Von da an war jeden Abend Venenkontrolle angesagt, und sie sah sogar zwischen den Fingern nach, was für eine Erniedrigung. Als wir wieder mal in der »Remise« waren, bat ich Zeli, mir in den Fußrücken zu spritzen. Die Haut dort ist ziemlich dick und es tat echt weh.

Diese Zeit war für meine Mutter wohl sehr frustrierend und zeigte gleichzeitig ihr ernsthaftes und fast schon rührendes Bemühen wie auch ihre Hilflosigkeit, mich zu erziehen oder mir zu helfen. Sie konnte beides nicht, und ich denke, sie spürte das und litt auch sehr darunter.

Böses Erwachen

Eines Tages änderte sich mit einem 2,5-Gramm-Beutel alles auf einen Schlag für mich. Ich kochte mir meinen Druck wie immer und ließ ihn reinlaufen. Zuerst war alles noch ganz normal und wie immer, aber als das Zeug dann durch meine Adern strömte, geschah das Unbeschreibliche. Es ist erstaunlich, wie ich auch heute alles noch genau bis ins Detail weiß, während das Gefühl für Zeit und Raum völlig verloren gegangen ist. Mein Herz schlug langsam, aber kräftiger als zuvor und ich merkte sofort, dass irgendetwas nicht stimmte. Dann plötzlich schlug es immer schneller und schneller, wie ein wild gewordenes Pferd im Galopp, und dann *noch* schneller. Es schlug mir bis zu den Ohren und in den Kopf hinein, so laut, dass dieser fast zu platzen schien. Ich bekam Panik und riss meine Augen auf, fuhr hoch und lief wie wild durch die Wohnung. Es war wie Koks und Speed auf einmal, was ich noch nie vertragen hatte, und noch viel schlimmer. Die ganze Zeit über hatte ich ein wellenartiges Rauschen in den Ohren. Als mich meine Mutter durch den Flur rasen sah, sagte sie zu mir: »Kind, was ist denn mit dir los, du bist ja kreidebleich!« Ich: »Stimmt, mir geht es ganz und gar nicht gut«, und ich dachte, mein letztes Stündchen hätte geschlagen. Ich betete tatsächlich zu Gott, er möge mich am Leben lassen, ich wollte doch noch nicht sterben. »Bitte, bitte, bitte, es tut mir leid, ich will so nicht sterben!« Und die Tränen flossen mir über die Wangen, während mein Herz fast aus der Brust sprang.

Ich lief ins Bad, um mich zu beruhigen, und bürstete mein Haar. »Katja, alles wird gut, dreh jetzt nicht durch …« Die ganze Zeit über redete ich mit mir selbst, um mich wieder in den Griff zu bekommen. Das Rauschen in den Ohren ging über zur Stärke eines Presslufthammers. Ich schaute aus dem Fenster, um die Baustelle zu suchen, doch da war gar keine. Verwundert ging ich zurück ins Bad, das ein Meer aus Spiegeln war. Auf einmal hörte ich Stimmen, die immerzu flüsterten, ich versuchte, genau hinzuhören, aber ich verstand kein Wort. Während ich vor den Spiegeln stand, konnte ich hinter mir die Umrisse von sieben oder mehr Menschen erkennen, nein eigentlich waren es nur Schatten. *So, jetzt isses so weit, jetzt bist du fällig!*, dachte ich mir.

Nach einer Weile wurde es etwas besser, aber es ging nicht weg, vor allem nicht das Herzklopfen. Meine Mutter rief aus lauter Sorge einen Krankenwagen. Bei Drogendelikten wird von den Sanitätern zeitgleich die Polizei mit verständigt. Sie fuhren mich ins Krankenhaus, und die Polizei kam gleich mit.

Die meisten Menschen denken, es handle sich stets um eine *bewusste* Überdosis, wenn Drogenabhängige sterben, doch das ist nicht richtig. Wenn nicht gerade ein Abschiedsbrief vorliegt, war es meistens *unbewusst* zu viel oder der Stoff war – wie in meinem Fall – mit irgendeinem Dreck gestreckt.

Ich wachte auf der Intensivstation auf – neben dem Bett die Polizei, die eine Urinprobe von mir wollte, vor mir Regale voller Spritzen. Darüber hing eine Wanduhr, die mir sicherlich genau anzeigen würde, wann mein Gorilla anfangen würde. Durch das Runterdosieren hatte ich einen winzigen Vorsprung, aber jetzt schon war ich am Bauch fixiert und an Fuß und Arm festgebunden. Die Herzüberwachungsmaschine registrierte zum Glück keine Unregelmäßigkeiten.

Mein Affe setzte später als erwartet ein, erst am nächsten Tag gegen Mittag. Ich fragte mich, was die anderen neben mir wohl hatten, und dachte, dass sie sicher nicht selbstverschuldet dort gelandet waren wie ich. Alle lagen in demselben Raum, nur durch einen Vorhang getrennt. Also lag ich da, zusammengeschnürt wie ein Paket zum Verschicken. Meine Pupillen weiteten sich und tränten ständig. Gähnattacken, dass das Gegenüber Angst bekommt, aufgefressen zu werden. Oh Mann, es war wieder mal kein Spaß. Als meine Mutter mich besuchte, fragte ich sie sofort, ob sie einen Beutel dabeihabe, aber sie meinte: »Nö, den habe ich eben beim Herfahren aus dem Fenster geschmissen, ganz schön langsam rieseln lassen, mit dem Gedanken, dass alle Dealer darüberfahren sollen.«

Als sie gegangen war, kam mein Affe so langsam in Fahrt. Da ich total zappelig war, war es zusätzlich unangenehm, auch noch festgebunden zu sein. Ich scheuerte mir die Knie an der Bettdecke wund vom Hin- und Herschaukeln. Ich fragte eine Krankenschwester, ob sie was dagegen habe, und sie kam tatsächlich mit einer Salbe an! Sie rieb meine Beine damit ein und – oh Wunder – für ganze fünf Minuten war Ruhe mit den Schmerzen. Nun fragte ich lieber nicht mehr nach, sonst hätte sie mir noch einen Tee gebracht.

Ich hörte Stimmen, das war wohl die Visite, und auf einmal stand mein alter Religionslehrer vor mir. Völlig entgeistert fragte er mich: »Ja Katja, was machst du denn für Sachen?« Eine Antwort wollte er allerdings nicht, glaube ich, und davon abgesehen hätte ich auch gar keine gehabt. Es war mir unglaublich peinlich. Ihn mochte ich wirklich sehr, und als er ging, wünschte er mir das Beste.

Echt unangenehm, im Bett in die Schüssel pinkeln zu müssen. Zum Glück musste ich in den drei Tagen keine größeren Geschäfte tätigen. So müssen sich wohl die Alten im Altersheim vorkommen, sofern sie es noch mitbekommen.

Aus der Klinik in die Therapie

Sie steckten mich ins Christophsbad, Nervenheilanstalt und Krankenhaus in unserer Nähe, wo ich bis zur Zuweisung eines Therapieplatzes bleiben sollte. Mein erster Aufenthalt in einer solchen Einrichtung war auch gleich ungeheuer eindrucksvoll. Zuerst ein neugieriges Gespräch und dann ausziehen, damit man abgeduscht werden konnte, Sachen wieder anziehen, während die persönlichen Dinge gefilzt wurden. Zum Doktor und sich befingern lassen, auch nicht besonders schön.

Am beeindruckendsten an diesem Ort waren jedenfalls die Patienten, und zwar alle, ohne Ausnahme. Ein langjähriger Insasse zum Beispiel, der als Kind dabei hatte zusehen müssen, wie seine Mutter sich das Leben genommen hatte, indem sie aus dem Fenster gesprungen war, und dessen Vater ein Musikgenie gewesen war. Er bekam von allen die meisten Medikamente, wollte sie aber nicht nehmen. Manchmal weinte er dann und schimpfte: »Was macht ihr hier nur mit mir?«, denn er war sich seiner Situation voll bewusst, und das machte ihm am meisten zu schaffen. Er musste immer einen Helm tragen, weil er seinen Kopf unablässig gegen die Wand schlug.

Dann war da noch einer, vor dem man sich ständig in Acht nehmen musste. Er hatte am ganzen Körper schwerste Verbrennungen, und wenn man nicht hinsah, schmiss er seinen vollen Becher mit Kaffee nach einem. Ab und zu aß er aber auch seine brennende Zigarette auf. Er starb bald, nachdem ich wieder draußen war. Ein weiterer bemitleidenswerter Typ sah aus wie ein Penner: langer Bart, lange, fettige, dünne Haare und die Klamotten völlig verstunken. Der rauchte immer alle Stummel weg und danach noch zusammengedrehtes Zeitungspapier. Total abgefahren, wie er immer mit seiner brennenden Fackel den Gang hin und her lief. Dann gab es natürlich noch einen Haufen Alkis und Junkies, die sich alle nicht ausstehen konnten, aber trotzdem miteinander redeten.

Meine Behandlung dort begann mit Aponal, einem Antidepressivum mit lächerlich geringer Wirkung, das aber doch schnell unangenehm wurde. Ich lag nur noch im Bett und mir war so übel, dass ich weder essen noch trinken konnte. Irgendwann bekam ich Astronautennahrung, und obwohl ich da schon fast zwei Wochen lang im Bett lag, konnte von Schlafen noch immer nicht die Rede sein. Eine Nacht lang haben sie mich sogar in die Gummizelle gesteckt, wahrscheinlich, um zu checken, welche Art von Affe ich hatte. Dort wurde ich zur Vorsicht auch am Bauch fixiert.

Dann wurde ich komischerweise auf eine andere Station verlegt und bekam Haldol. Das hat mich dann völlig weggeschossen – jetzt konnte ich noch nicht mal mehr sprechen. Mittlerweile hatte ich eine leise Ahnung davon, wie man Patienten ruhigstellt. Ich hatte viele Krämpfe und konnte immer noch nicht schlafen, was einfach schrecklich war. Ich war benommen und konnte endlich verstehen, wie es den anderen ergehen musste, die im Kopf klar waren, sich aber nicht mitteilen konnten – absolut paradox. Irgendwann hatte ich ein Gespräch mit einer Ärztin, genauer gesagt, sie führte dieses Gespräch allein, denn ich war wie gelähmt und brachte absolut kein Wort heraus. Dann fragte sie mich auch noch: »Ja, Frau S., können Sie denn nicht reden?« Was für eine Frage? Wie hätte ich denn antworten sollen, wenn ich den Mund nicht bewegen konnte? Klar, mit dem Kopf nicken, das habe ich noch hingekriegt, aber für das Wort »Nein« brauchte ich bestimmt fünf Anläufe, und dabei sabberte ich sogar noch einen langen Spuckfaden auf mein Shirt, den ich mit Mühe wieder abzuwischen versuchte.

Es war wirklich unglaublich, aber ich steckte wie in einem Film fest und keiner konnte mich befreien. Es war, als ob man hinter einer dicken Glaswand sitzt und sich selbst beobachtet, aber unfähig ist, einzugreifen. Last but not least hielt sie mir einen Wisch unter die Nase, den ich mir durchlesen sollte. Auch das war so verrückt wie auf einem LSD-Trip: Ich hielt das Blatt direkt vor meine Nase und konnte trotzdem nicht das Geringste darauf erkennen. Die Buchstaben waren ganz verschwommen und verschwanden vor meinen Augen. Dann wieder die Preisfrage: »Hallo, Frau S., können Sie das denn nicht lesen?« Schließlich vertagten wir dieses denkwürdige »Gespräch« auf bessere Zeiten und vor Haldol habe ich seither einen Heidenrespekt.

Dann wurde zum Mittagstisch geläutet und alle Patienten standen auf und liefen in den Speisesaal. Das war ein ganz unglaubliches Bild, und wer wie ich Zombiefilme liebt, versteht, dass sich hier die tiefen Abgründe des Menschseins auftaten. Alle liefen zusammen, aus jeder Ecke kroch jemand hervor, und jeder wirkte so individuell verrückt und verkorkst, dass es wie ein Marsch von Freaks in Zeitlupe aussah. Das Tollste daran war allerdings, dass ich in meiner Einbildung der Obermacker von allen war, echt Wahnsinn. Alle holten sich was zu essen, während ich erst mal Platz nahm und froh war, überhaupt den Weg unbeschadet überstanden zu haben. Ich saß wie angewurzelt auf meinem Platz und konnte mich einfach nicht rühren. Ein netter junger Tischnachbar brachte mir dann einfach einen Teller, denn er schien wohl zu ahnen, dass ich nicht ganz auf der Höhe war. Allein dass ich dies alles noch genau weiß, zeigt mir die fatale Wirkung des Haldols.

Mir war das alles natürlich peinlich und ich war gleichzeitig ganz klar im Schädel, sodass ich die Leute um mich rum beobachtete und mich fragte, ob sie wiederum *mich* beobachteten. Noch nahmen die anderen im Raum keine Notiz von crazy Katja, aber meine Tischnachbarn wunderten sich schon. Mein netter Nachbar brachte mir also einen Teller Suppe und ich war ihm so dankbar dafür, konnte es ihm aber weder zeigen noch sagen. Und dann geschah es: Gerade, als ich nach dem Löffel griff und ihn zum Mund führen wollte, dachte ich mir: *Jetzt reiß dich zusammen, das wirst du wohl noch schaffen!* und: *Aber was ist, wenn ich einen Krampf bekomme?* Fuck – und in genau diesem Augenblick bekam ich den dann auch, und zwar den schlimmsten, den ich je hatte.

Zuerst verkrampften sich beide Hände, wie sie es schon öfter getan hatten, wurden an den Körper gezogen wie bei einem Behinderten. Dann spürte ich, wie sich meine ganze Wirbelsäule vom

Steißbein langsam aufwärts bis hoch zum Kopf komplett verbog in praktisch die entgegengesetzte Richtung. Die Krönung war dann, dass sich der Kopf zurückgeworfen in den Nacken krampfte.

Oh Mann, was für ein Film – ich hing da wie ein einziger Krampfklumpen, alles zog sich noch mehr zusammen und tat richtig weh. Ich konnte mich absolut nicht mehr lösen, weiß noch nicht mal, ob mich alle vielleicht angestarrt haben, denn ich konnte einfach gar nichts mehr bewegen und auch keinen ansehen. Währenddessen lief mir unentwegt der Sabber aus dem Mund. Es war der reinste Horror, das kann ich mit Fug und Recht sagen! Ich wurde dann schließlich von zwei Helfern so verkrampft, wie ich war, wieder auf die Station gebracht und in eine Sitzecke gesetzt. Genau da kam mich meine Mutter besuchen, obwohl das bei Junkies eigentlich gar nicht erlaubt war.

Ich schätze mal, auch ihr bot sich ein Bild des Grauens, aber sie versuchte, das Beste aus der Situation zu machen, und fütterte mich, während ich immer noch vor mich hinsabberte. Als sie ging, so erzählte sie mir irgendwann später mal, schlug sie mit den Fäusten an die Wand, verzweifelt und wütend, und sagte zu den Pflegern: »Oh nein, nein, was habt ihr nur mit meinem Kind gemacht??«

Die Zeit in diesem Haus zog sich noch ewig hin. Ich blieb zum Essen im Zimmer und ich schätze, sie wollten die anderen vor meinem Anblick schützen. Sie gingen wohl auch mit der Medikamentendosis runter, denn mein Zustand wurde langsam besser. Insgesamt war ich drei Wochen dort, und das bei schönstem Wetter. Alle durften draußen im Park spazieren gehen, nur ich als Junkie nicht, wegen Fluchtgefahr. Wie recht sie damit doch hatten, wenn ich bedenke, dass ein Patient damals durch das schmale Fenster abgehauen ist, durch das noch nicht mal mein Kopf passte – Respekt. Nein, ich war auf dieser Station zu hoch oben, um unbeschadet ausbüchsen zu können, aber – mir kam dafür eine andere zündende Idee.

Inspektor Katja hatte nämlich mitbekommen, dass die Patienten mit einer Begleitperson einen Zahnarztbesuch machen konnten. Das war *die* Gelegenheit, um abzuzwitschern, denn ich würde mit Sicherheit nicht so lange in diesem Haus warten, bis ich den Therapieplatz bekam (wie meine Drogenberaterin es mir empfohlen hatte). Das hätte durchaus noch Monate dauern können (tatsächlich waren es dann drei). Also organisierte ich mir einen Zahnarzttermin und erwartete ihn sehnsüchtig. Sogar an meinem 19. Geburtstag musste ich eingesperrt bleiben. Da saß ich auf dem Fenstersims, hörte Musik und fragte mich, warum denn ausgerechnet *ich* hier drin sein musste, obwohl ich doch keiner Fliege was zuleide tat?! Eigentlich müssten doch die anderen Insassen eingesperrt werden, das fand ich so ungerecht.

Einen Tag später war ich dann weg, doch zuvor lief natürlich die spektakuläre Ausreißnummer ab.

Ich zog den neonfarbenen Jogginganzug an, den ich zum Geburtstag bekommen hatte. Meine Begleitperson war zum Glück weiblich und etwas korpulent, was die Sache vereinfachte. Wir liefen die Straße entlang Richtung Zahnarzt und ich überlegte fieberhaft, wie ich es am geschicktesten anstellen sollte, vor der Dame Reißaus zu nehmen. In die Freiheit zu laufen erschien mir so verlockend, dass ich das Wesentliche fast schon vergessen hatte. Deshalb beschloss ich, wenigstens noch den Zahnarztbesuch mitzunehmen.

Als ich also fertig war und wir uns auf dem Rückweg befanden, führte ich einen inneren Dialog mit mir: »Katja, du wirst doch jetzt wohl nicht kneifen, die Alte (die übrigens ungefähr so alt war wie ich) hängst du doch locker ab, du Sport-Ass! Lange kannst du dir damit aber auch nicht mehr Zeit lassen.« Wir standen an der Kreuzung an einer Ampel und warteten auf Grün. Zum Glück kannte ich die Schaltungen der Ampeln alle auswendig und wusste, dass ich jetzt noch genau fünf Sekunden Zeit haben würde, die Straße noch bei Rot zu überqueren, bevor die Autos losfuhren. »Katja … Katja … jetzt oder nie, mach schon, deine Chance – jetzt!!!« Und zack, haute ich den Gang rein und schoss über die Straße. Dabei hatte ich tatsächlich so viel Anlauf, dass ich noch die halbe Fußgängerzone weitergerannt bin, ohne anzuhalten. Ich schaute mich, glaube ich, kurz um, um sicher zu sein, dass die Begleiterin mir nicht folgte oder gar vors Auto rannte. Also – *ich* hätte mir dafür einen Orden verliehen, meine Familie allerdings nicht.

Es war atemberaubend schön, morgens bei herrlichem Wetter in der Stadt herumzulaufen und frei zu sein, während zu der Uhrzeit noch wenige Leute unterwegs waren. Das hatte ich freiwillig noch nie gemacht. Ich ging durch alle Straßen, so kam es mir vor, durch den Park, und ich schätze, ich war drei Stunden sozusagen Gassi, so jedenfalls fühlte ich mich nach wochenlangem Eingesperrtsein.

Irgendwann schließlich führte mich mein Weg direkt zu meiner Mutter in den Laden, einen Secondhandshop etwas abseits. »Du bist abgehauen, stimmt's?« »Ja.« Sie war zwar keineswegs begeistert, aber ich konnte jetzt nicht mehr zurück. Nun würden sie mich nicht mehr aufnehmen. Kurze Zeit später holten wir gemeinsam meine Sachen von dort ab.

Klar war ich jetzt auch wieder bei Richie, aber da ich seit zwei Wochen clean war, rührte ich nichts Verbotenes an. Das Einzige, was mich wirklich nervte, war, dass ich immer noch nicht schlafen konnte und mir dann nachts Tabletten reinpfiff, zum Beispiel Rohypnol. Richie war natürlich immer noch drauf wie eh und je und ich sagte ihm, er könne sich ruhig was machen, das ließe mich völlig kalt. Er glaubte das zwar erst mal nicht, aber ich zog das wirklich zwei Wochen so durch und nahm lediglich die Rohyps. Na ja, die Dinger hatte ich zwar tagsüber auch schon eingebaut, aber ich wurde davon alles andere als müde. Obwohl Richie ständig auch echten Stoff hatte, nahm er die Tabletten wohl aus Solidarität noch zusätzlich. Es war jedenfalls total abstoßend, ihn in diesem Zustand sehen zu müssen, wenn er sich in der Küche was aufkochte und von den zusätzlichen Rohyps so platt war, dass er in die Knie ging und dabei fast einschlief. Unsere Beziehung war schon lange keine Liebesbeziehung mehr, sondern reine Suchtbefriedigung, die jedes andere Miteinander vernichtet hatte.

Ich fragte mich tatsächlich, warum er denn in diesem abgeschossenen Zustand noch obendrein was ballern musste. Das ist übrigens auch der häufigste Grund für eine Überdosis: dieses ständige Gefühl des Immer-noch-mehr-Wollens und Niemals-satt-Seins, obwohl man längst einen Zustand erreicht hat, der gefährlich genug ist.

Dann öffnete er langsam, wie in Zeitlupe, den Gürtel seiner Jeans, zog die Unterhose zur Seite und suchte eine Vene an der Leiste. Das fand ich immer extrem eklig, mit einer langen Nadel komplett senkrecht in die Leiste rein bis zum Anschlag, igitt. Er tat mir fast schon leid, wenn er währenddessen fast einschlief, einfach abstoßend.

Eines Mittags waren wir bei einem Kumpel, Gregor, und zusammen mit Susann und Mike sind wir dann noch ins »Nachtwerk« gegangen, so weit kann ich das noch rekonstruieren. In dieser Zeit habe ich die Tabletten fast im stündlichen Abstand eingeworfen und trotzdem kaum etwas gemerkt. Auch den anderen habe ich welche gegeben. Nach der vierten Rohyp an diesem Abend dachte ich: *Mensch, das gibt's doch nicht, was ist denn das für ein Mist? Irgendwie geht da ja gar nichts!* Also gleich noch mal zwei hintergespült. Als wir kurz vorm »Nachtwerk« waren, noch mal zwei weitere, man weiß ja nie, sicher ist sicher – und die schienen dann auch ihre Wirkung zu tun. Wir saßen alle an der Tanzfläche, einer ausgemergelter als der andere, und so langsam spürte ich die einsetzende Wirkung. Ganz seltsam, irgendwie besoffen, aber trotzdem klar; irgendwie dödelig, aber auch müde und sorglos. Alles war mir schnuppe, egal was. Sogar Bier hatte ich getrunken, obwohl ich das doch gar nicht mag, und ich habe, glaube ich, mit Gregor auf der Tanzfläche zu völlig beknackter Musik abgetanzt und einen Riesenspaß gehabt.

Irgendwann habe ich dann doch tatsächlich noch mit Mike rumgeknutscht, und wie mir *das* nur passieren konnte, frage ich mich heute noch. Später setzten mich meine Kumpels vor Richies Haus ab, aber da – wow – zog es mir die Füße weg und meine tollen Cowboystiefel, auf die ich so stolz war, waren plötzlich an den Spitzen vorn aufgescheuert. Ich war so dicht wie eine typische Tablettenleiche. Keinen Schimmer mehr, ob ich dann noch bei Richie ankam, ich glaube, die anderen haben mich wieder mitgenommen. Alles, was ich noch weiß, ist, dass ich ein ultraschlechtes Gewissen hatte wegen dieser Knutscherei.

Als ich das nächste Mal zu Richie kam, beichtete ich ihm das mit Mike und sagte, dass es mir furchtbar leidtäte und ich voll auf Rohypnol gewesen sei. Oha, davon war Richie aber ganz und gar nicht begeistert und wollte sogar, dass ich wieder gehe, ein deutliches Zeichen dafür, dass unsere Beziehung sich trotz seiner Verletztheit dem Ende näherte. Er lag wie immer auf seinem Bett und ständig fielen ihm die Augen zu. Das Ganze gipfelte dann darin, dass er mich auf einmal auch noch beschuldigte, seinen vollen Geldbeutel entwendet zu haben. Ich konnte ihn an diesem Tag in keiner Weise vom Gegenteil überzeugen, denn er war so mit Tabletten zugedröhnt, dass er gar nichts mehr begriff. Ich habe angefangen zu heulen und ihn angefleht, aber vergebens, ging dann wohl oder übel nach Hause und schrieb ihm anschließend einen drei Seiten langen Brief. Ich war fix und fertig, das weiß ich noch genau – wie konnte er nur *so was* von mir denken? Ich habe gebetet, dass der Geldbeutel wieder auftaucht, damit die Gerechtigkeit siegt, denn mit dieser Last wollte ich nicht länger dastehen – zumal er es auch den anderen so erzählt hatte.

Während ich also eine Woche im Ungewissen blieb und Richie den Brief aber unbedingt noch geben wollte, bevor ich in die Therapie ging, brachte ich ihn ihm eines Tages dann mit meiner Mutter zusammen vorbei. Als er runterkam, um ihn entgegenzunehmen, sagte er noch leise: »Ach ja, ich habe übrigens meinen Geldbeutel wiedergefunden!« Ob er sich noch für den Verdacht entschuldigte, weiß ich nicht mehr, und obwohl es mir nicht leicht fiel, war die Beziehung für mich damit beendet. Unsere beste Zeit war sowieso schon lange um und Sex hatten wir auch ewig nicht mehr gehabt – wir hatten ja das Heroin –, aber dieser Bruch jetzt war zu groß und seine ungerechtfertigte Verdächtigung schmerzte unerträglich.

Eines Mittags wollte mein Kumpel Timm unbedingt was kaufen, und so fuhr ich mit ihm, Susann und ihrem Freund Bodo zusammen nach Frankfurt zur Connection. Dort erfuhr ich dann, dass damals neun Leute an diesem Material gestorben waren und dass ihr Dealer im Krankenhaus lag. Der Stoff war mit Rattengift gestreckt worden, oh Mann, da hatte ich noch mal Glück gehabt. Wir fuhren zu den Schrebergärten in der Nähe und setzten uns dort einen Druck. Es war die Gesellschaft der anderen und meine Frustration wegen Richie, die mich wieder zur Spritze greifen ließ. Allerdings hatte das Zeug eine komische Karottenfarbe und ich misstraute ihm, sodass ich mir nur wenig ballerte.

Die anderen waren aber zufrieden und mir war es recht. Wir sind dann in die »Remise« gefahren, wo wir den Schlüssel für den Kellerraum bekamen. Wir genehmigten uns noch einen Druck, da ich aber gerade mit Timm rumknutschte, nahm ich von den beiden anderen kaum Notiz. Susann fragte mich zwar noch nebenbei, ob das jetzt Stoff für 100 DM sei, und streckte mir den vollen Löffel hin. Ich sagte nur gelangweilt: »Ja, ja.«

Was ich allerdings nicht wusste und mitbekam, war, dass sie sich das ganze Zeug auf einmal reinjagte. Irgendwann sagte sie zu uns: »Mir wird ganz schwindelig«, und ich entgegnete: »Dann leg dich doch hin und streck die Füße hoch!« Genau das sollte man in so einer Situation tunlichst vermeiden, aber ich hatte ihre Dosis ja nicht mitbekommen. Erst als Bodo so ganz nebenbei zu mir sagte: »Hm, komisch, die rührt sich ja gar nicht mehr und hat ganz blaue Lippen!«, sprang ich mit einem Satz auf und schaute nach ihr – tatsächlich lag sie regungslos da. Ich dachte: *Na, das hat mir jetzt gerade noch gefehlt, und Bodo, der Wicht, sieht ihr dabei auch noch zu und tut nichts.* Timm hatte es inzwischen auch gemerkt und wimmerte die ganze Zeit nur vor sich hin: »Nicht schon wieder, nicht schon wieder!« Wir schüttelten Susann und riefen ihren Namen, aber es gab keine Reaktion. Schnell befahl ich Bodo, von oben Salz zu holen, während ich Mund-zu-Mund-Beatmung machte. Mir lief es eiskalt den Rücken runter, und ich wollte einfach nicht akzeptieren, dass sie vielleicht unter unseren Händen wegstarb. »Wieso hat sie denn nicht gesagt, dass sie sich alles reinknallt?« Timm gab ihr ein paar kräftige Ohrfeigen, aber vergebens. Er war kurz davor, zu heulen. Endlich kam das Salz, von dem ich schnell eine Lösung machte. Ich klopfte nach einer Vene, zum Glück waren ihre noch nicht so kaputt, sodass ich gleich eine fand. Langsam spritzte ich ihr die Salzlösung hinein und wir warteten gespannt, was passierte. Nach schätzungsweise 30 Sekunden kam ein lautes, röchelndes Einatmen und da wusste ich, sie ist über den Berg. Wir freuten uns alle riesig, es war ein unbeschreibliches Gefühl, jemanden wiederbelebt zu haben, das kann ich jedem versichern. Ohne die Salzlösung wäre Susann mit Sicherheit gestorben.

Sie selbst sagte irgendwann nur erstaunt: »Hä, was war denn los?« – »Ach, du warst eben nur mal zehn Minuten weg!«

Danach sind wir zu ihr nach Hause gefahren und haben im Swimmingpool gebadet. Ihre Eltern hatten ein riesiges Haus am Ende des Dorfes. Sie waren außerdem auch ganz cool drauf und so übernachtete ich bei ihnen. Da sie aber Perserkatzen hatten, wurde die Nacht für mich zur Hölle, denn ich bin allergisch gegen die Viecher.

Zwischenzeitlich rief meine Mutter fast täglich in der Therapieeinrichtung an, um zu erfahren, ob ich vielleicht schon früher aufgenommen werden konnte. Es war aber nichts zu machen. Die Wartezeiten sind immer immens lang und viele Kandidaten sterben, noch bevor sie ihre Therapie antreten.

Am 19. August 1989 aber war es dann so weit; ich war 20 und packte fast alle meine Klamotten in mehrere Koffer, um mit meiner Mutter in die Klinik nach Bayern zu fahren, in der ich noch einen Sicherheitsentzug machen musste, bevor ich für ein Jahr auf den Therapie-Bauernhof ging. Zum Glück musste ich diesmal keinen Affen schieben, Gott sei Dank, und durfte am fünften Tag dann endlich meine Therapie antreten. Das Haus war total abgelegen und wir durchfuhren viele kleine Dörfer, eines auch mit dem genialen Namen Heustreu, bis wir endlich da waren. Ein riesig großer Bauernhof mit circa 40 Junkies, na super.

Im Eingangsbereich saßen auch gleich ein paar Klienten, die Ausschau nach »Frischfleisch« hielten. Man muss dazu wissen, dass in solchen Therapieeinrichtungen generell nur wenige Frauen zu finden sind, da sie eine höhere Suchttoleranz haben und der Leidensdruck schon besonders groß sein muss. In diesem Zentrum zum Beispiel waren nur acht von 40 Leuten Frauen.

Da traf ich dann auch Arno, der mir später erzählte, dass er, als er mich in meinem schwarz-weißen Leopardenanzug und mit dem vielen Gepäck sah, dachte: *Hey, und diese Frau bleibt jetzt ein Jahr!* Er meinte, ich würde aussehen wie eine von den B 52's, was natürlich eine Ehre für mich war.

Mit ihm verstand ich mich sofort prächtig. Er war schon an die 30 und so was von witzig, dass ich mich vor Lachen kaum halten konnte, wenn er loslispelte. Er war zuckerkrank und musste sich Insulin spritzen. Außerdem hatte er einen für meine Begriffe ausgezeichneten Musikgeschmack, und durch ihn lernte ich Bands wie Tuxedomoon, Christian Death, Crom und Neon Judgement kennen. Vor der Therapie war er in Berlin im Knast gewesen.

Er arbeitete in der Küche, wo ich dann auch fast das ganze Jahr verbrachte, aber zuerst musste jeder Neuankömmling erst mal putzen, ungefähr zwei Wochen lang. Kurz nach mir kam noch ein Pärchen, aber das war total affig, und zwar hauptsächlich von Tabletten. Ihm ging es noch viel schlechter als ihr. Beim Putzen lief ihm der Schweiß runter und er zitterte am ganzen Leib. Beide waren extrem dünn und bei ihr fielen sofort ihre kaputten Zähne ins Auge, halleluja. Selbst die anderen waren fassungslos und trauten ihren Augen nicht, wie man so unglaublich fertig sein konnte. Es schien ihnen auch keinen Tag je besser zu gehen. Die Frau hatte später noch eine Liaison mit einem anderen Patienten und die beiden brachen dann bald ab.

Auf dem Hof gab es verschiedene Bereiche, in denen man arbeiten konnte: Landwirtschaft und Gartenarbeit, Haustechnik und

Küche, ja auch Schweine und Ziegen gehörten dazu. Komischerweise war diese Therapie die schönste Zeit meines Lebens, denn all die vielen Dinge, die dort passierten, bekam ich jetzt mit klarem Kopf mit.

Anfangs mussten wir am Wochenende immer mit einer Beschäftigungstherapeutin spazieren gehen, was mir sehr missfiel. Trotzdem hatten wir auch dabei immer viel Spaß.

Dann war da noch Markus, der Sexprotz. Er war schon 42 und hatte sage und schreibe sieben Therapien hinter sich – sehr erfolgreich, wie man sah. Er hatte sich ein 20-jähriges Betthäschen zugelegt, obwohl er viel lieber mich flachgelegt hätte. Dafür brachte er mir Yoga bei, wofür ich ihm bis heute dankbar bin.

Die Patienten auf dem Hof kamen aus allen Himmelsrichtungen, und ich wurde öfter mal von ihnen wegen meines schwäbischen Dialekts auf den Arm genommen. Ich hatte wahrlich kein großes Selbstbewusstsein, das musste ich erst einmal lernen. Bisher hatte ich mich eigentlich so gut wie gar nicht gekannt, fast alles war deshalb neu für mich und wie eine große Expedition ins eigene Ich: Dinge wieder riechen und herzhaft lachen zu können, zu fühlen, wann ich traurig war, und das war besonders am Anfang sehr oft der Fall. Manchmal wusste ich selbst nicht den Grund für die Traurigkeit und dann hieß es, Ursachenforschung zu betreiben.

So passierte es beispielsweise einmal, als bei schönstem Wetter alle draußen was spielten, dass ich dazustieß und eine Patientin sofort sehr bestimmt sagte: »*Du* darfst aber *nicht* mitspielen!«, sodass ich wieder hoch ging und weinte wie ein kleines Kind. Es war sicher nur Spaß gewesen, aber ich konnte es noch nicht als solchen nehmen.

Einmal wollte ich zu einem Mitpatienten ins Zimmer und wunderte mich sehr, als seine Tür verschlossen war. Als sie dann plötzlich aufging, traf mich der Schlag: Die Leute da drin nahmen gar keine Notiz von mir, weil sie alle voll drauf waren – und ja, sie mussten dann auch gleich gehen. Sie hatten sich Material mit der Post zukommen lassen.

Irgendwann kam dann sogar Nicole, eine Frau, die ich kannte. Sie war die Freundin eines Typen mit dem Spitznamen »Tablettenschrank« und verdrehte allen Männern den Kopf. Es war einfach köstlich, wie die sich von ihr zum Affen machen ließen und sie von ihnen bekam, was sie wollte.

Anfangs noch in einem Dreierzimmer, war ich dort mit einer sehr hübschen Frau zusammen und einer sehr ungepflegten, die immer nach Schweiß roch. Zum Nikolaus legten wir ihr dann ein Deo aufs Bett und lachten uns tot dabei. Eva kam aus Aachen und war eine verwöhnte Bonzentussi, die zu den Festtagen immer einen ganzen Tisch voll Süßigkeiten bekam; davon aßen wir jeden Tag, bis uns schlecht wurde.

Um auf ein Zweier-Zimmer zu kommen, musste man die nächste Therapiestufe erreichen. Ich wusste das zwar, drückte mich aber trotzdem so gut ich konnte vor den Gruppengesprächen, weil es mir total unangenehm war, von mir zu sprechen.

Dann aber ereignete sich etwas Denkwürdiges, was meine weitere Zeit dort sehr prägte. Wenn ich mit Arno zusammen war, war mir schon immer aufgefallen, dass er ständig »Steckis« hatte, Stecknadelpupillen, auf die ich ihn dann auch öfter ansprach. Er allerdings verneinte das immer und dann dachte ich mir, dass ja wohl niemand so dreist sein könne, was zu nehmen, wenn er gerade in Therapie ist. Außerdem hatte niemand außer mir diesen Verdacht, ich aber dafür ganz deutlich, bis er tatsächlich einmal zugab, dass er sich immer mit der Geschäftspost, die nicht gefilzt wurde, was schicken ließ. Ich traute meinen Ohren nicht, hielt aber drei ganze Monate dicht. Dann erst wurde mir klar, dass ich dadurch meinen eigenen Fortschritt verhinderte.

Währenddessen wurde Arno obendrein täglich unangenehmer, bis er mich einmal vor den anderen richtig beleidigte. Er war Küchenchef und wurde deshalb von allen respektiert. Außerdem war er sehr wortgewandt und es war nicht einfach, etwas gegen ihn auszurichten. Ich habe da so meinen Rhythmus, den ich in schmerzhafter Erfahrung ausgebildet habe: Drei Mal lasse ich mir etwas gefallen, bevor ich zurückschlage, dann aber gezielt. Aus lauter Verzweiflung erzählte ich Eva von diesen Vorfällen, die ganz außer sich war und mit ihrem Freund darüber sprach. Der kam sofort in mein Zimmer und drängte mich, Arnos Rückfälle bekannt zu machen, sonst würde er es tun. Niemals, nie wollte ich jemanden verraten, aber nun blieb mir nichts anderes mehr übrig, da es die anderen jetzt ebenfalls wussten und mich drängten. Es gab dann riesiges Theater, zuerst ein Gespräch mit den Therapeuten und dann in der Großgruppe. Ich kam mir so erbärmlich vor und wusste doch, dass ich keine andere Wahl gehabt hatte. Allein die Tatsache, dass ich es so lange gewusst und drei Monate für mich behalten hatte, wäre schon ein Grund gewesen, mich ebenfalls rauszuschmeißen. Das warfen die anderen mir vor und sie hatten tatsächlich recht damit.

Jedenfalls waren ab da alle total enttäuscht von Arno, sodass er sich noch nicht mal mehr traute, in die Großgruppe zu kommen. Und ich hatte mit einem Kurden, der in meiner Kleingruppe und Arnos bester Freund war, das größte Theater am Hals. Mir ging es von Tag zu Tag schlechter, schlimme Bilder aus meiner frühen Kindheit holten mich ein und ich konnte absolut nichts dagegen tun, egal wo ich war. Die Situation spitzte sich so zu, dass ich Heulkrämpfe bekam, ob ich nun unter der Dusche stand oder auf dem Klo saß. Als ich gar nicht mehr weiter wusste und es unerträglich wurde, beschloss ich, endlich in der Gruppe darüber zu reden. Ich machte die Augen zu und fing an, eine Erinnerung nach der anderen zu erzählen, bis ich alles rausgeweint hatte und gar nicht mehr aufhören konnte. Das war mir noch immer unangenehm, aber zu meiner Verwunderung weinten auch andere Gruppenmitglieder um mich herum. Danach waren alle fix und fertig und fanden auch keine Worte mehr. Obwohl ich bis dahin einen roten Punkt gehabt hatte, der *kein* Weiterkommen bedeutete, erreichte ich mit diesem Schritt doch die nächste Therapiestufe und erhielt als Letzte einen blauen Punkt. Noch tagelang danach war ich so kraftlos, als hätte man mir sämtliche Lebensenergie entzogen.

Und so kam ich dann mit Imke ins Zimmer, mit der keiner zusammenwohnen wollte, weil sie HIV-positiv war. Mir war das aber total egal, ich konnte mich ja schützen.

Eines Tages kam dann ein schwarz gekleideter, äußerst hübscher junger Mann auf den Hof und besichtigte ihn. Es war wirklich phänomenal und einer der magischsten Momente meines Lebens: Ich stand gerade in der Küche, als er von einem Angestellten hereingeführt wurde, und nach seinem »Hallo!« war es, als hätte mich ein Blitz durchzuckt. Innerhalb von Sekundenbruchteilen dachte ich: *Er ist es, von ihm ein Kind!* Was entweder eine Eingebung Gottes war oder was weiß ich, ich bekam selbst fast einen Schrecken, denn bis dahin hatte ich noch nicht mal im Ansatz ans Kinderkriegen gedacht – ich war doch selbst noch eines und musste erst mal meine Sucht besiegen!

Fred aber, so hieß er, verschwand wieder und kam erst Wochen später als Patient zurück, nachdem er seine Kostenzusage erhalten hatte.

Nach seiner Ankunft dauerte es auch gar nicht lange, bis wir zusammen waren. Er hatte eine schwarze und eine weiße Seele und war anders als ich vorwiegend auf Speed gewesen.

Auf dem Hof feierten wir dann alle zusammen Weihnachten, und jeder hatte mächtigen Bammel davor, dass es ätzend werden würde, aber es kam ganz anders. Die Vorbereitungen liefen auf Hochtouren, es wurden Plätzchen gebacken, wir dekorierten und Markus spielte den Weihnachtsmann. Er sah zum Wegschmeißen klasse aus in dem Kostüm und verteilte die Päckchen, die alle um den Weihnachtsbaum herum lagen. Fast alle hatten welche von ihren Familien bekommen, ich zum Beispiel meine Wintersachen, die ich bisher nicht mitgenommen hatte, das war toll. Es war ein gemütliches und äußerst frohes Fest. Alle sangen inbrünstig sämtliche Weihnachtslieder, was mir allerdings etwas peinlich war. Am nächsten Tag waren alle sehr erstaunt, dass Weihnachten auch ein Fest *ohne* Streit sein oder dass es überhaupt so schön und harmonisch verlaufen konnte. Die Landschaft ringsum war tief verschneit, und es war einfach perfekt.

Ebenso fröhlich und entspannt verlief auch unser Fasching. Es war großartig und ich habe zum Glück noch viele tolle Bilder von damals. Zuerst spielten wir nachmittags irgendwelche witzigen Spiele, dann musste ich die Männer für die große Show am Abend schminken. Ich schminkte dabei zum Beispiel auch den Kurden, mit dem ich so ein schlechtes Verhältnis hatte, doch von da an war das Eis zwischen uns gebrochen. Die Therapeuten verwandelten sich in Transvestiten und tanzten auch. Es tanzten übrigens alle, nur ich nicht, weil ich mich nicht traute. Doch dann zog mich mein Therapeut einfach gegen meinen Willen auf die Tanzfläche, wo ich dann mit geschlossenen Augen tanzte. Seit diesem Augenblick tanze ich für mein Leben gern. Obwohl ich kurz mal einen Anflug von Eifersucht verspürte, weil Fred eine andere in den Arm genommen hatte, war das einer der besten Tage in meinem Leben!

Die Hoffnung

Fred und ich verhüteten nicht, wenn wir Sex hatten, aber irgendwie ließ ich es auch darauf ankommen. Noch befand ich mich ja unter einer großen Käseglocke und in Sicherheit. Nachdem dann aber meine Regel ausblieb und mir zum ersten Mal so richtig schlecht wurde, während ich in der Küche für 40 Mann Chili con Carne machte, war ich sofort ziemlich sicher, schwanger zu sein. Also vereinbarte ich einen Termin beim Frauenarzt und fuhr mit Fred zusammen zur Untersuchung. Nachdem der Arzt, übrigens ein Farbiger, einen Ultraschall gemacht hatte, nahm er meine Hand, strahlte über beide Backen und sagte aus voller Überzeugung: »Herzlichen Glückwunsch, Sie sind schwanger!«

Nie im Leben werde ich diese Szene vergessen, diese positive und lebensbejahende Energie von einem der freundlichsten Frauenärzte dieser Welt. Es war fast so, als meinte er damit: »Ja, genau, ihr zwei, das ist nun euer neuer Anfang mit diesem Baby, eine neue Chance, euer Leben endlich in den Griff zu bekommen!«

Er steckte uns förmlich an damit, wir konnten nur das Gute und Schöne daran sehen und fuhren also mit freudestrahlenden Gesichtern zurück auf den Hof. Fred konnte die frohe Botschaft gar nicht schnell genug im Haus verkünden, so glücklich war er darüber. Und auch ich wusste, dass sich ab jetzt mein Leben schlagartig ändern würde, denn ich war zu allem bereit, um das Bestmögliche zu geben. Natürlich standen viele Mitbewohner dieser Schwangerschaft sehr skeptisch gegenüber, während ich mir sicher war, dass das für uns genau der richtige Weg sein würde. »Draußen« hätte ich gar keine Chance gehabt, allein zu existieren, das wusste ich definitiv, und nun würden wir eine Familie sein.

Da meine Schwangerschaft im März begann und im April die Pollensaison anfing, war es eine sehr harte Zeit für mich und das Baby, denn ich durfte jetzt keine Heuschnupfen-Medikamente mehr nehmen. Das Dumme war nur, dass ich parallel dazu immer wieder starkes Asthma bekam. Mit dem Rauchen hatte ich sofort aufgehört, aber die Atemnot wurde trotzdem so unerträglich, dass ich nur noch an meinem Asthmaspray hing. Irgendwann half mir aber auch das nicht mehr, und Fred war oft völlig hilflos und versuchte, mich zu beruhigen.

Nachts wurde es immer besonders schlimm, ich konnte nicht mehr schlafen und wurde einmal sogar ins Krankenhaus gebracht. Natürlich machte ich mir große Sorgen um das Baby und fragte mich, ob es wohl gesund sein würde. Im Krankenhaus versuchten sie, mir eine Infusion zu legen, aber da meine Venen alle noch ganz kaputt waren, brauchte die Oberärztin geschlagene zwei Stunden, bis sie es geschafft hatte, eine zu finden. Danach dauerte es noch eine Weile, bis ich endlich den festsitzenden, zähen Schleim abhusten konnte, wieder Luft bekam und es mir besser ging. Ständig musste ich in dieser Zeit an das ungeborene Baby denken, ob es wohl einen Schaden davontragen oder hoffentlich gesund sein würde.

Als ich wieder auf dem Hof zurück war, steckte ich mich zusätzlich mit einem Magen-Darm-Virus an, der im ganzen Haus umging und wirklich alle erwischte. Ich muss wohl nicht beschreiben, wie viel Wasser der Körper verliert, wenn man nicht steuern kann, ob es oben oder unten schneller wieder rauskommt. Ich war jetzt im fünften Monat und hatte noch kein Gramm zugenommen. Da so ein Virus für das Baby durchaus lebensgefährlich sein konnte, ging ich noch mal zum Arzt. Und wenn auch so weit alles in Ordnung zu sein schien, machte ihm doch mein Gewicht von nur 48 Kilo ziemliche Sorgen. »Also, wenn Sie jetzt nicht ganz viel essen, wird das mit dem Baby ganz bestimmt nichts mehr!«

Da bekam ich eine Heidenpanik und dieser Satz brannte sich in mein Gehirn ein. Zum Glück bekam ich dann doch einen kräftigen Appetit und begann ab diesem Augenblick den Tag mit zwei Eiern und zwei Brötchen. Zum Mittagessen holte ich mir immer noch einen Nachschlag und binnen vier Monaten hatte ich ganze 22 Kilo mehr, juchhu! Ich war so glücklich und dankbar, einen solchen Hunger entwickelt zu haben. Und dann sagte ich stolz: »Einen Teller für mich, einen für das Baby!«, und alle freuten sich mit mir. Ich hatte meistens mittags oder abends Küchendienst und konnte mich deshalb nach dem Frühstück noch mal hinlegen. Ich schlief viel, schwitzte noch viel mehr und setzte dabei kräftig an.

Hinzu kamen dann irgendwann aber auch Gemütsschwankungen und ich musste mindestens einmal täglich weinen, weil ich solche Zukunftsängste bekam. Ich hatte einfach keine Ahnung, ob ich der Verantwortung für das kleine Wesen, das da in meinem Bauch heranwuchs, gewachsen sein würde. Nach einem Jahr Aufenthalt auf dem Hof verlängerte ich meine Zeit dort noch um sechs Wochen, um länger bei Fred sein zu können. Dann aber wurde es Zeit, Abschied zu nehmen, mein Entlassungsdatum rückte näher, und am 10. Oktober 1990 holte mich meine Mutter wieder nach Hause.

Bei der Verabschiedung am Auto waren viele Freunde anwesend. Das war ganz schön schwer für mich als werdende Mutter, aber ich ließ mir auch hier nichts davon anmerken. Ich hatte alle sehr lieb gewonnen, und einige streichelten noch mal meinen Bauch. Noch hatten wir keinen Namen für unser Kind und wir wussten auch noch nicht, ob es ein Sohn oder eine Tochter werden würde. Wir wollten uns überraschen lassen. Die Therapie war in meinen Augen ein voller Erfolg, ich war clean geworden und besonders durch das Baby auch geblieben.

Nun begann allerdings die kalte Jahreszeit, ich wurde runder und runder und vermisste Fred sehr. Nachts wurde es immer schwerer, zu schlafen. Ich konnte nur auf der Seite liegen und das Baby war sehr aktiv. Fred und ich telefonierten so oft wie möglich, um die Neuigkeiten und Fortschritte meiner Schwangerschaft zu erörtern. In meinem alten Junkiezimmer fühlte ich mich einsam, aber auf die Straße traute ich mich auch nicht recht. Bloß spazieren ging ich, mit meinem Hund Wuschl, aber dabei wollte ich auch niemandem begegnen. Ein einziges Mal nur bin ich hochschwanger in die Stadt gefahren, um einen Kinderwagen auszusuchen. Fast an jeder Straßenecke hatte ich Panik, alte Bekannte aus meinem früheren Leben zu treffen. Ich kannte ja niemanden, der keine Drogen nahm, und wusste auch nicht, wie ich mich denn verhalten sollte, wenn ich jemandem aus der Szene begegnete.

Während dieser Zeit bekam ich das sogenannte Übergangsgeld, hatte also etwa 1200 DM in der Tasche und war total unruhig damit. An einer Straßenecke, als mir das Herz so bis zum Hals schlug, dass es kaum noch auszuhalten war, hatte ich solche Angst, rückfällig zu werden, dass ich vor lauter Panik den schönsten und teuersten Kinderwagen kaufte, den ich finden konnte: einen Traum in Herbstfarben mit Bäumen drauf und ausgestattet mit allen nur möglichen Funktionen. Kein anderer hätte wahrscheinlich so viel Geld für einen Kinderwagen ausgegeben, aber ich tat es zum Schutz vor mir selbst und aus Liebe zu meinem Baby.

Nach diesem Kauf war ich so was von erleichtert – zum ersten Mal hatte ich ganz viel Geld in etwas wirklich Sinnvolles investiert: Das war ein unbekanntes, sehr seltsames und äußerst befremdliches Gefühl.

Nachts war mir mein großer Bauch jetzt immer mehr im Weg. Das Baby machte Streckbewegungen und ich fragte mich, wie es da drin wohl liegen musste, um solche Beulen in meinem Bauch zu hinterlassen. Immer noch war uns kein Name eingefallen, und Weihnachten konnte Fred dann endlich bei uns sein und wir feierten zusammen mit meiner Familie. Ich sah jetzt aus wie ein Walross und mein Bauch schien fast zu platzen. Im letzten Monat aß ich fast täglich eine komplette Packung Dickmanns statt saurer Gurken. Fred massierte zum Glück täglich meinen Bauch, sonst hätte ich wahrscheinlich Schwangerschaftsstreifen vom Feinsten bekommen.

Wenn wir die Straße überquerten, hielt mich Fred fest im Arm, denn es wäre zu gefährlich gewesen, auf dem Eis auszurutschen, und ich watschelte dann langsam wie eine Ente hinüber.

Mit dem 6. Januar kam der errechnete Entbindungstermin, und Fred drückte vorsichtig auf meinen Bauch und sagte: »Hallo du, raus mit dir, du musst doch heute rauskommen!« Und tatsächlich – morgens um fünf war es dann auch so weit: Die Fruchtblase platzte und die Wehen setzten ein. Ich nahm noch ein Bad zur Entspannung und gegen neun Uhr machten wir uns auf den Weg in die Klinik.

Der Kreißsaal dort war voll und man hörte immer wieder Schreie der Gebärenden, was mich natürlich nicht beruhigte. Die Wehen wurden heftiger und es schien mir, als würde ich nach jeder einzelnen vor Schmerz um fünf Jahre altern. Fred empfand das wohl ähnlich, aber nach seinen Worten später waren es ganze 30 Jahre, na, auch sehr nett. Ich konnte die Schreie der anderen Frauen fast nach Nationalitäten ordnen und fragte mich, warum die wohl so ein Drama aus dem Vorgang machten. Zugegeben, es konnte sicher erleichternd sein, sich so gehen zu lassen, ich aber gab keinen Mucks von mir, obwohl ich Schmerzen hatte bis zum Umfallen.

Das Ganze zog sich jetzt schon bis in die Mittagszeit. Als sich der Muttermund dann zehn Zentimeter geöffnet hatte, durfte ich endlich auch in den Kreißsaal. Ich bat die Hebamme, die mich betreute, mir doch auf jeden Fall einen Dammschnitt zu machen, aber sie meinte nur trocken: »Nee, das machen wir nicht immer!« Also stellte ich weitere Fragen ein und dachte, sie würde es wohl besser wissen. Währenddessen saß Fred hinter mir und ich zog bei jeder Wehe heftig an seinen Haaren. Und siehe da – es dauerte gar nicht allzu lange, und der kleine Engel war geboren. Ich war überrascht, als man mir sagte, es sei ein Mädchen, da ich mit meinem Spitzbauch immer mit einem Jungen gerechnet hatte. Nicht überrascht war ich darüber, dass ich genäht werden musste, weil natürlich doch alles gerissen war.

Fred und ich waren auf jeden Fall überglücklich mit dem kleinen Wesen, das direkt nach der Geburt einen Kopf hatte, als sei es aus einem Conehead-Film entsprungen, und auf meine beunruhigte Frage, ob das denn jetzt so bliebe, antwortete die Hebamme ganz lakonisch: »Nö, nö, das geht schon wieder zurück!« Wenigstens damit hatte sie recht. Das Baby hatte sogar schon viele Haare auf dem Kopf und sah damit natürlich allerliebst aus.

Während Nathalie – und damit hatten wir endlich unseren Namen! – gesäubert wurde, verlegten sie uns in ein Nebenzimmer. Dann brachten sie sie in Tücher gewickelt zu uns und wollten, dass ich sie anlege und stille. Mir war total schleierhaft, wie denn jetzt auf einmal Milch aus der Brust kommen sollte, ich versuchte es aber und – tatsächlich, wie durch ein Wunder kam die Milch angeschossen und Nathalie konnte trinken.

Nach der Geburt und diesen ersten Minuten mit meinem Kind war ich allerdings fix und fertig und wollte nur noch schlafen. Drei Wochen später konnte ich mich noch immer nicht schmerzfrei hinsetzen, selbst auf einen Gummiring. Meine drei Brüder kamen mich besuchen und machten große Augen, als sie ihre kleine Schwester zum ersten Mal mit großem Busen im Bett liegen sahen. Auch mein Vater war zur selben Zeit im selben Krankenhaus und wollte kommen, aber das war mir wirklich zu viel und ich sagte ihm über meine Schwägerin ab, die auf seiner Station als Krankenschwester arbeitete.

Immer wenn ich meine Nathalie zum Stillen aus dem Kinderzimmer holte, bemerkte ich die beobachtenden Blicke der Schwestern, die mich fast schon argwöhnisch musterten. Manchmal fragten sie mich dann auch direkt: »Ist das denn tatsächlich *Ihr* Baby?«, und dann antwortete ich jedes Mal voller Stolz: »Ja, ist es, das ist wirklich meins!« *Kein Wunder*, dachte ich dann, denn bei den 4370 Gramm auf dem Arm und dem dünnen Hering, der sie mitnahm, wäre sogar ich vorsichtig gewesen.

Als ich entlassen wurde, zogen Fred und ich mit unserer Tochter in eine neue 2-Zimmer-Penthousewohnung, die meine Mutter und meine Brüder für uns gekauft hatten. Obwohl unser Verhältnis ja alles andere als gut war und die Kontakte reichlich spärlich, war ich ihnen dafür wirklich dankbar. Die Wohnung war ein Traum – ich konnte über ganz Eislingen und weiter bis zu den Bergen sehen. Unten war ein Einkaufs- und Bürozentrum mit einem Supermarkt, einer Apotheke, einigen Ärzten und einer Krankenkasse. Neben uns gab es noch weitere Wohnungen und ein großes Architektenbüro. Alles kam mir vor wie in einem Traum: Wir hatten ein schönes neues Zuhause mit riesiger Terrasse und einem gesunden Baby, das mein Ein und Alles wurde.

Ich tat jetzt alles, um eine gute Mutter zu werden, indem ich sogar Brot selbst backte und uns gesund ernährte. Nie gab ich Nathalie aus der Hand oder ließ sie allein. Ich wollte um keinen Preis, dass sie in irgendeiner Form leiden musste, so wie ich in meiner einsamen Kindheit. Anfangs stand ich sogar immer an ihrer Wiege und wartete so lange, bis sie wach wurde. In den ersten Wochen schlief sie erstaunlich viel, und wenn sie dann aufwachte, strahlte ich sie an und begrüßte sie, wie ich es mir früher auch immer gewünscht, aber nie erlebt habe: »Hallo, Mäuschen!«, und dann strahlte sie zurück und lachte – das war mein Leben.

Hätte ich das zu dieser Zeit schon gewusst, hätte ich viel mehr Zeit in mich selbst investieren können und müssen, doch mit gerade mal 22 war mir das einfach nicht klar, und so wurde Nathalie zu meiner Suchtverlagerung. Natürlich war ich trotz der zurückliegenden Therapie immer noch hochgradig suchtgefährdet, denn die Zeit auf dem Bauernhof hatte noch längst nicht ausgereicht, um die Sucht an der Wurzel zu packen. Ich hatte nichts Wesentliches an mir verändert, und obwohl ich gerade gar kein Verlangen nach Drogen hatte, füllte Nathalie in der ersten Zeit nur einen Bruchteil der Leere aus, die entstanden war. Niemals hätte ich mir da allerdings träumen lassen, dass auch dies je wieder kippen könnte.

So nahm ich deshalb einmal wöchentlich an einer Frauen-Selbsthilfegruppe teil, in der vorwiegend ältere Frauen mit Alkoholproblemen waren. Sie hielten mir immer wieder vor Augen, dass unser Leben als Familie früher oder später scheitern würde, wenn Fred nicht arbeitete, und damit hatten sie in gewisser Weise recht: Zum einen war ich froh, dass er den ganzen Tag bei uns sein konnte, zum anderen aber wusste ich auch, dass er eine Beschäftigung brauchte, damit er nicht wieder auf dumme Gedanken käme.

Weiße Magie

Und die »dummen Gedanken« kamen tatsächlich zurück in Freds Leben, wie ich es befürchtet hatte, und zwar geballt. Schon immer hatte er sich mit der sogenannten weißen Magie beschäftigt, und ich schätze, er wusste zu dem Zeitpunkt selbst noch nicht, dass damit untrennbar auch die schwarze verbunden war. Mir gefiel es überhaupt nicht, dass er begann, viel Zeit und Geld in teure Bücher wie *Necronomicon* zu investieren, das eigentlich verboten war. Vornehmlich abends, wenn Nathalie im Bett war, las er darin, stellte sich meinen barock verzierten Schminkspiegel auf einen Glastisch und beschwor irgendwelche – angeblich guten – Geister.

Obwohl ich mich sehr unwohl fühlte bei all dem, wagte ich dennoch nicht, ihm da reinzureden, und ließ mich zumindest auf keines der Gespräche ein, die er mit mir darüber führen wollte.

Lieber schrieb ich hin und wieder Tagebuch, um die schönsten Momente unseres Familienlebens festzuhalten. Allerdings zog neben dem Thema Magie zu dieser Zeit schon längst ein weiterer dunkler Schatten über uns auf, den ich in seiner Gefährlichkeit aber ebenfalls lange nicht wahrhaben wollte. Tapfer hatte ich fast ein Jahr lang Freds immer wieder geäußerte Bitte ignoriert, ihm doch wieder Speed zu besorgen, aber langsam merkte ich, dass auch mein Verlangen nach Heroin in der Alltagsroutine immer stärker wurde.

Alles auf Anfang?

Und so war es eines Tages passiert: Unser Wille war gebrochen, wir wollten Stoff, und von da an war das Asylantenheim, das nur unweit von uns an der gleichen Straße lag, unser Zielort. Mir war es total unangenehm, mich in diese befremdlichen Gefilde zu begeben, um uns einzudecken. Lange hatte ich nicht mehr gedealt und wollte als junge Mutter auch nicht in Schwierigkeiten kommen – aber genau die begannen hier und jetzt.

Eine Odyssee des Leidens brach über uns herein. Fred gab seinen Wunsch nach Speed auf und wollte Heroin wie ich. Erst redete ich mir ein, wenn ich nicht deale, werde ich auch nicht so sehr abhängig, und das traf zumindest in der ersten Zeit auch zu. Nicht gerechnet hatte ich aber mit der Tatsache, dass dafür die *Beschaffung* der reinste Horror war. Ich fühlte mich so elend wie der letzte Straßenjunkie, wenn ich mit dem Fahrrad dorthin radelte, denn einen Führerschein hatte ich bis dahin ja immer noch nicht – zu Recht übrigens.

Langsam und vorsichtig fuhr ich dann also in die Siedlung rein bis zu einem bestimmten Wohncontainer. Darin wohnte Mamadu, ein Farbiger mit ewig langen Rastas. Mit ihm in dem kleinen Zimmer wohnte seine Freundin, die ihn unentwegt anwinselte, ihr doch endlich was zu geben (natürlich Heroin). Sie tat mir irgendwie leid, ich glaube, dass sie auch Mutter eines Kindes war, das man ihr aber weggenommen hatte. Ich versuchte, all dies immer aus meinem Kopf zu streichen, wenn ich an diesem Ort war, an dem sich vorwiegend Farbige und Russen tummelten. Sie wurden schon mit einem großen Beutel begrüßt, den sie an die Abnehmer bringen sollten. Meist wurde das Zeug um die Container herum versteckt.

Eines Tages aber wurde Mamadus Freundin verhaftet und wir machten uns auf, sie im Frauengefängnis von Schwäbisch Gmünd zu besuchen. Sie war nun schwanger von ihm und nicht gerade glücklich darüber, wie man sich leicht vorstellen kann. Komischerweise hatte Mamadu ab da ziemlich viel Besuch von Frauen, die alle kein Geld hatten und sich ihm für ihre Dosis Heroin hingaben. Ich war deshalb immer umso froher, wenn ich so schnell wie möglich wieder draußen war, um mir Weiteres zu ersparen. Die Weiber umgarnten ihn immer wie einen Rockstar, er schien es zu genießen und so gefielen sich beide Seiten in ihren Rollen. Ich traf dort auf jeden Fall bereits die Frauen, mit denen ich später dann auch Geschäfte machte. Einmal luden sie mich zum Essen in die Gemeinschaftsküche ein, wo sie ein riesiges Blech mit Hühnerreis gemacht hatten. Ich aß hauptsächlich mit ihnen, um sie nicht zu verletzen, mit den Händen, was mich einiges an Überwindung kostete. Es gelang mir aber, all die Bakterien auf ihren Händen auszublenden, die sich da wahrscheinlich millionenfach tummelten.

Einmal kam ich in Mamadus Zimmer und traute meinen Augen nicht, als ich sah, dass er *meinen* Ring trug. Den hatte mir Tage zuvor ein Typ geklaut, der bei mir zu Hause gewesen war. Ich war so sauer, dass ich ihm die Geschichte erklärte, und er gab mir den Ring zurück. Ab da ließ ich nur noch selten, und wenn, dann nur für kurze Zeit, Leute zu mir nach Hause kommen. Ich hasste die Junkiefrauen, die mit jedem ins Bett sprangen und keinerlei Würde mehr in sich trugen, ja sie verachtete ich wirklich. Auch ich konnte eine Ratte sein, wenn es darauf ankam, das sah ich durchaus, aber in keiner Sekunde hätte ich *mich selbst* für den Stoff weggeworfen, da gab es für mich eine Grenze. Und vielleicht lag es auch an meiner Aura als junge Mutter, dass sie mich wenigstens in dieser Hinsicht in Ruhe ließen. Nur zweimal gab es eine brenzlige Situation, die fast gefährlich geworden wäre.

An einem Tag war Mamadu nicht da und ich musste mir den Stoff von seinem Freund holen. Wir liefen in den ersten Stock, wo sich der Waschraum befand. Dort erklärte er mir, dass ich den Beutel nur bekommen würde, wenn ich ihn küsse. Ich lachte nur und sagte: »Ja, ja, erst nur küssen und dann mehr und fummeln!«, und zum Glück lachte er auch und dann ging ich schnell raus. Obwohl ich Angst hatte, dass er den Raum vielleicht abschließen würde, tat ich in solchen Situationen instinktiv immer das Richtige. Ein anderes Mal kam ich ins Zimmer, als sie sich zu mehreren einen Porno angesehen hatten, und ich wusste sofort, dass nun absolutes Fingerspitzengefühl angesagt war. Ich konnte mir ausrechnen, dass sie alle spitz wie Lumpi waren, aber ich brauchte eben auch das Material. Also versuchte ich zunächst, etwas Zeit zu gewinnen, während sie die Glotze ausmachten und ihr Ständer in der Hose auf Halbmast ging, trotzdem gaben sie mir auch deutlich zu verstehen, dass ich doch bleiben sollte. Sobald ich aber das Heroin in der Hand hatte, sprang ich wie von der Tarantel gestochen auf und betete dabei, dass die Tür auch diesmal wieder rechtzeitig aufging. Das tat sie glücklicherweise dann auch gleich und zu meinem Glück kamen auch schon die anderen Tussis und der Deal war für mich erledigt.

Fred und ich hatten in dieser Zeit nicht sonderlich viel Geld, sodass wir immer irgendwelche Sachen verkaufen bzw. gegen Heroin einlösen mussten. So hatte sich Fred zum Beispiel auf Raten eine nagelneue Stereoanlage gekauft und trug dann quasi täglich ein Teil nach dem anderen zu den Dealern. Ich fand unseren Abstieg wirklich krass und verhökerte obendrein sogar noch den Ehering meiner Mutter, den sie ja nicht mehr brauchte (und der bis heute übrigens von niemandem vermisst wird). Ich ahnte langsam, wie es auch anderen schwer abhängigen Junkies erging, und fand unser Leben und die Abhängigkeit auch entsetzlich, hatte aber keine Kraft, das Rad für uns und unsere Tochter herumzudrehen.

Natürlich blieb auch meiner Mutter unser Zustand nicht verborgen, da unsere Hände und Arme komplett zerstochen waren. Ich war einfach gezwungen, zu drücken – so versuchte ich es vor mir zu rechtfertigen –, denn es reichte uns vorn und hinten nicht, nicht das Geld, nicht die Liebe, die uns mal verbunden hatte, und schon gar nicht die Willenskraft. Und eigentlich hatte ich auch bei jedem Druck Angst, es könnte wieder so schieflaufen wie vor zwei Jahren, aber dann ließ ich den Stoff im Zeitlupentempo in die Vene laufen, um vorzufühlen, ob es okay war.

Als mich das Filteraufkochen irgendwann mächtig zu nerven begann, beschloss ich, dass wir beide zu Hause entziehen würden. Was für ein grandioser Einfall, den man ebenso gleich hätte in den Mülleimer schmeißen können. Aber wir waren dumme, abhängige Junkies.

Einzig meine Mutter war immer heilfroh über unseren Vorsatz und übernahm in dieser Zeit meine Tochter. Ich schätze, wir machten so drei oder vier Anläufe, aber sie endeten letztlich alle gleich.

Familientherapie im Schwarzwald

Aus diesem Grund und wegen unseres Kindes war also die nächste Therapie fällig, bei der wir nicht mehr auf uns allein gestellt sein, sondern unter Aufsicht Unterstützung und Hilfe erfahren würden. Und so fuhr meine Mutter Fred, Nathalie und mich in eine psychosomatische Klinik in den Schwarzwald, die auch diesmal wieder ein Sammelbecken aller nur erdenklichen Patienten war: Magersüchtige, Bulimiekranke, Burn-out-Freaks und Depressive

waren ebenso vertreten wie Alkis und Drogenabhängige. Letzte-
re waren um die zehn oder 15 Patienten, die größtenteils von ihren Eltern geschickt worden und noch so jung waren, dass man ihnen ihr Verhalten dort fast nicht verübeln konnte: Sie kifften sich
die meiste Zeit die Rübe voll, ohne dass das Personal davon jemals
Kenntnis genommen hätte.

Allein schon aus diesem Grund setzte ich mich schon zum Frühstück an einen anderen Tisch, um mir unnötige Versuchungen zu
ersparen. Außerdem hatten Fred und ich getrennte Zimmer. Als
Mutter einer kleinen Tochter hatte ich wirklich andere Sorgen,
denn obwohl wir noch nicht allzu lange drauf waren, wurden die
Entzugserscheinungen im Lauf der Jahre nicht weniger oder mil-
der. Im Gegenteil, es ging mir ausgesprochen schlecht und ich hielt
von der Idee, eine Therapie mit Kind zu machen, nicht mehr allzu viel. Fred und ich waren so angeschlagen und schlapp, dass wir
genügend damit zu kämpfen hatten, uns einigermaßen aufrecht zu
halten, und es kostete mich jedes Mal unendlich viel Kraft, mich
zusammenzureißen und mich auch noch mit meiner Tochter zu
beschäftigen. So war ich ganz froh, dass es dort noch andere Kinder gab, mit denen sie spielen konnte.

Eines Tages machten wir einen langen Spaziergang durch den
Wald, der wie ein verwunschener Märchenwald aussah. An manchen Stellen wuchsen Fliegenpilze, die Fred gleich eifrig sammelte.
Ich hielt von dieser Idee gar nichts, konnte ihn aber auch nicht davon abbringen, noch andere halluzinogene Pilze zu sammeln, die
wir auf dem weiteren Weg fanden. Es war schon kalt in diesem
Herbst, ich fror sowieso unentwegt und selbst mein Mäuschen bekam eine Lungenentzündung. Natürlich war Nathalie mit in meinem Zimmer. Ich bekam die ganze Nacht kein Auge zu, sie hustete immer so lange, bis sie spucken musste, und es war schlimm für
mich, sie so leiden zu sehen.

Die Situation spitzte sich so zu, dass Fred und ich nur noch wegen seiner Pilze stritten und der bekannte Teufelskreis gerade so
weiterging, wenn auch ohne Drogen. Nathalie hatte einen Aus-

schlag rund ums Kinn bekommen, weinte, hustete und litt so sehr, dass ich sie abends und nachts nur beruhigen konnte, indem ich sie auf den Arm nahm und mit ihr auf und ab ging. Eines Abends schließlich hatte sie 40 Grad Fieber, das Personal jedoch, zu dem ich angesichts der Abläufe in der Klinik sowieso kein Vertrauen hatte, vertröstete mich bloß. Ich beschloss daher, ein Taxi zu rufen und mit ihr ins Krankenhaus nach Baden-Baden zu fahren. Die Pflege dort wusste sofort, was zu tun war, und so bekam Nathalie endlich die notwendige Versorgung. Als der behandelnde Arzt mir sagte: »Gut, dass Sie noch rechtzeitig gekommen sind!«, war ich innerlich so wütend auf mich, dass ich dem Personal der Therapieeinrichtung so lange vertraut hatte. Sie hatten mich immerhin zwei Wochen lang hingehalten und nicht erkannt, wie dringend das Kind kompetente Hilfe gebraucht hätte. Dank der Medikamente ging es Nathalie jetzt zum Glück von Tag zu Tag besser und ich konnte mich endlich beruhigen.

Viele Menschen fühlen sich in Krankenhäusern unwohl, sogar die überwiegende Mehrheit, aber bei mir ist genau das Gegenteil der Fall. Da ich ja meine ersten drei Lebensjahre fast ausschließlich in Krankenhäusern verbracht habe, betrachte ich diese Einrichtung als meine sichere Heimat: Man wird versorgt und bekommt ein warmes Essen – Dinge, die normalerweise in ein fürsorgliches Elternhaus gehören und die ich schmerzlich vermisst hatte. Zum Glück konnte ich bei Nathalie im Krankenhaus bleiben und schlafen und war so froh, als sie endlich das Bett wieder verlassen konnte. Fred und meine Mutter kamen uns einmal besuchen, um nach uns zu sehen, und nach zwei Wochen kehrten wir wieder in die Therapie zurück.

Dort allerdings wiederholte sich alles noch einmal, die Lungenentzündung kam zurück, und da packte ich meine Sachen, um das Haus nach insgesamt sechs Wochen endgültig zu verlassen. Inzwischen hatte ich gehört, dass Fred nachts bei einer anderen Patientin übernachtet und mit ihr auch Fliegenpilzsessions abgehalten hatte, was mich natürlich schockierte. Aber letztlich war es nicht sein

Verhältnis mit einer anderen, das zu unserer Trennung führte. Vielmehr fragte ich mich, wie man sich in einer ohnehin schon reichlich ausweglosen Situation schrittweise auch noch einen Schuhkarton voller Pilze einverleiben konnte. Außerdem machte ich mir schon genügend Vorwürfe wegen dieses Rückfalls – es waren vier oder fünf Monate gewesen, in denen ich nicht richtig für Nathalie da gewesen war.

Meine Mutter und ich ließen Fred gegen seinen Willen zurück, aber es ging einfach nicht mehr mit uns – ich konnte und wollte kein weiteres Risiko mehr eingehen. Ich musste gesund sein beziehungsweise werden für Nathalie, damit sie es auch sein konnte.

Und ich weiß es noch wie heute, es lief wie in einem Film vor mir ab: Wir packten die Sachen in den weißen Scirocco meiner Mutter und verabschiedeten uns dann von Fred. Wir fuhren los, er lief uns langsam winkend hinterher, und irgendetwas in mir war ganz sicher, dass wir ihn nie wiedersehen würden.

Ich war froh, den Abschied hier vollzogen zu haben, wo ich ihn noch in einem halbwegs geschützten Raum wusste, und dass ich ihn nicht vor die Tür setzen musste. Er lernte in der Klinik eine Frau kennen, die auch ein Kind hatte, und zog später in Freiburg bei ihr ein. Wir telefonierten noch das eine oder andere Mal miteinander und er fragte mich einmal, ob er wieder zurückkommen dürfe, aber ich gab ihm zu verstehen: »Nein, ich glaube nicht.« Das war das Letzte, was ich zu ihm sagte.

Drei Monate später kam ein Anruf von seinem Bewährungshelfer mit der Nachricht: »Fred ist tot.«

Es hallte sicherlich noch drei- oder viermal in meinen Ohren nach, bis ich es verstanden hatte und es in meinem Gehirn ankam; begreifen konnte ich es jedoch noch nicht.

In Gedanken trank ich eine Flasche Jacky auf ex aus, um das Gefühl, das in mir aufstieg, zu betäuben und nicht zulassen zu müssen. Es war wie ein Schlag mit dem Baseballschläger auf den Hinterkopf, aber ohne dass ein Gefühl des Schmerzes einsetzte. Ich war wie betäubt und weit weg von allem. All die Befürchtungen, die ich schon lange gehegt hatte, waren wahr geworden. Die Zeit danach war nicht sehr angenehm, aber ich habe mich damit abfinden können, dass Fred nun an einem besseren Ort ist.

Auch das Buch *Der Tod und das Leben danach*, das meine Freundin Tina mir schenkte, hat mir sehr dabei geholfen.

Freds Beerdigung fand in Freiburg statt. Seine damalige Freundin meinte, dass er gern auf dem Hauptfriedhof hatte begraben werden wollen, wenn er sterben sollte. Ahnte er das damals etwa schon?

Pit, Freds Freund aus der Therapie, war auch da und wir wunderten uns beide, warum der Sarg so klein war. Ich konnte nicht einmal weinen, es war irgendwie schlimmer und ging weit darüber hinaus. Fred hatte mal ein Bild gemalt mit ganz vielen Lichtstrahlen, das hatte ich mitgenommen. Ich hielt eine kurze Rede und las eine Passage aus dem Buch, die genau dieses Licht beschrieb. Währenddessen schaute Nathalie in das Grab hinunter und ich musste aufpassen, dass sie nicht hineinfiel. Sie war gerade zweieinhalb Jahre alt und sieht ihrem Vater auch heute noch sehr ähnlich, und das ist gut so.

Die Familie, bei der Fred wohnte, hatte ihn morgens in seinem eigenen Blut liegend gefunden. Er hatte ein Magengeschwür, das aufgeplatzt war, und lag auf dem Bauch, in schwarzem Blut.

Ich bin so froh, dass mir dieser Anblick erspart blieb.

Chris

Ich war also wieder clean, Fred war beerdigt und ich wusste nicht so recht, wohin mit mir. Nathalie war jetzt im Kindergartenalter und in den Stunden, in denen sie nicht da war, ging ich ab und zu in die Stadt und lief dort meist ziellos umher. Dabei machte ich einen riesigen Bogen um die Junkies, schielte nur von Weitem oft hin, um zu sehen, wer da war. Es war nichts Halbes und nichts

Ganzes, zwar zu wissen, von wem ich unbedingt Abstand halten musste, mich aber andererseits zu niemandem zugehörig zu fühlen. Zwangsläufig liefen mir Punks über den Weg und eines Tages auch Chris mit seinen neongrünen Haaren. Als wir uns sahen, strahlten wir sofort übers ganze Gesicht und ich war vom ersten Augenblick an froh, jemanden getroffen zu haben, den ich wirklich mochte. Ich wusste von ihm, dass er nichts mit Heroin am Hut hatte, und das war mir zunächst mal das Wichtigste.

In der Regel hassten Punks die Droge, aber später kamen trotzdem einige von ihnen drauf. Schnell stellte ich allerdings fest, dass Chris große Mengen Alkohol trank, was jedoch keine Gefahr für mich selbst war. Wenn ich abends mal ausgehen wollte und jemanden für Nathalie hatte, ging ich ins »Nachtwerk«, um zu tanzen. Doch so recht traute ich mich dann doch oft nicht und bestellte einige Jacky mit Cola. Es fiel mir gar nicht auf, dass ich den Abend nie ohne Alkohol überstand, und ich war immer noch der Meinung, mit Alk keinerlei Probleme zu haben. Chris und seine Kameraden dagegen ließen sich immer erst mal volllaufen, bevor sie überhaupt reingingen. Einmal durfte er, betrunken wie er war, auch gar nicht rein, bekam vom Türsteher eins voll auf die Zwölf und wurde mit gebrochenem Jochbein ins Krankenhaus gebracht. Zusammen mit seinen Kumpels besuchte ich ihn dort und im Zimmer ging das Saufgelage dann weiter. Zu allem Übel stellte sich heraus, dass er noch nicht mal versichert war und dann eine Rechnung von 1500 DM bekam.

Zu der Zeit hatten die Göppinger Punks gerade ein Haus besetzt und ich ging dort auch eine Weile ein und aus, fühlte mich allerdings äußerst unwohl dabei, immer auf der Hut sein zu müssen, ob jemand kam. Und da ich ganz grundsätzlich nicht in diese Schnorrerwelt der Punkerszene hineinpasste, nahm ich Chris schließlich mit zu mir nach Hause. Nathalie fand ihn auch sofort nett und war wohl ebenso froh wie ich, dass wir nicht mehr allein waren.

Ich stellte ihm ein Ultimatum: Wenn er mit uns zusammen sein wollte, war der Alkohol tabu – und Chris willigte ein. Tatsächlich hörte er von heute auf morgen mit dem Alkohol auf! Ich war beeindruckt, wieder mal verliebt und so verbrachten wir die erste gemeinsame Zeit in meiner Wohnung, solange Nathalie im Kindergarten oder bei Freunden war, ausschließlich im Bett. Das bedeutete zwar wieder, von einer Sucht in die andere zu taumeln, aber was sollten wir den lieben langen Tag auch anderes machen? Keiner von uns hatte eine Ausbildung oder eine Vorstellung von Arbeit und mir fehlte seit jeher jeglicher Ehrgeiz. Dabei wurde ich von Chris sogar noch übertroffen. Irgendwann nach seinem Einzug hatte er dann eine Gerichtsverhandlung, weil er einige Zeit zuvor mit seinen Kumpels die Kreissparkasse angezündet hatte. Dafür wurde aber nur er zu einem Jahr Gefängnis verurteilt. Fast noch härter traf ihn jedoch, dass seine Kameraden ihn beschuldigten, sie verraten zu haben.

Wir waren noch nicht allzu lange zusammen, aber trotzdem verlobte ich mich mit ihm auf einem Flohmarkt, um ihm zu zeigen, dass ich auf ihn warten würde. Genau das tat ich dann auch und fuhr sogar alle zwei Wochen nach Ulm, um ihn zu besuchen. Einmal haben wir es dabei auf der Toilette getrieben, so verliebt waren wir. Er hatte sich in der Zelle selbst den Arm tätowiert, und da er keine Vaseline hatte, schmierte er tatsächlich Motorenöl darauf. Der Arm schwoll daraufhin natürlich an wie ein Ballon.

Insgesamt war für mich auch diese Zeit nicht einfach, aber ich war froh, dass es wenigstens mit Nathalie halbwegs gut ging. Ich erzählte ihr, dass Chris bei der Bundeswehr sei, und nahm sie auch manchmal mit zu ihm. In den letzten Wochen durfte er dann am Wochenende zu Hause schlafen, das war echt klasse – die Rückfahrten ins Gefängnis waren dann aber umso schwerer.

Doch genau einen Monat, bevor er dann wieder rauskam, wurde ich rückfällig – ich weiß noch nicht mal mehr, wie und wann es passierte, aber der Grund war, dass ich einfach keine Ahnung hatte, wie es nach seiner Entlassung mit uns weitergehen sollte. Meine Familie lehnte Chris rigoros ab und ich durfte ihn auf keine Feier mitbringen. Allerdings möchte ich ihm keinesfalls die Schuld für den Rückfall geben, denn ich war wohl insgesamt noch längst nicht lange genug clean und vor allem innerlich nicht genügend gefestigt, um die unsicheren Zukunftsaussichten auszuhalten.

Natürlich erzählte ich ihm gleich davon. Er war sichtlich geschockt und meinte, er würde mit mir Schluss machen, wenn ich nicht wieder aufhören würde. Und tatsächlich gelang es mir auch für kurze Zeit, noch mal aufzuhören. Aber als er schließlich aus dem Gefängnis entlassen wurde und wieder bei uns war, war nichts mehr wie vorher, und die Sucht meldete sich mit Macht zurück. Eines Abends nach einem Punkkonzert saßen wir im Auto und kifften. Es war allerdings ein so unbefriedigender Turn für mich, dass ich davon noch mehr Suchtdruck bekam, und so ging ich am nächsten Tag oder am darauf folgenden in die Stadt, um was zu kaufen. Dabei war ich auch ein letztes Mal bei Richie, dem es zu der Zeit schon sichtlich schlecht ging. Von seiner letzten Spanienreise hatte er eine verschleppte Lungenentzündung mitgebracht. Seine Freundin öffnete mir die Tür, und als sie mir erzählte, dass er sogar schon neben die Toilette pinkeln würde, tat er mir unglaublich leid. Ich ersparte mir dann auch, ihn noch nach Stoff zu fragen.

Irgendwo in der Stadt konnte ich dann aber was auftreiben und fuhr damit nach Hause. Chris, der Heroin auch schon im Gefängnis probiert hatte, war jetzt komischerweise gar nicht mehr dagegen, und so rauchten wir beide den ganzen Nachmittag davon. Ich bekam totale Heulkrämpfe, weil ich schon wieder genau so dasaß, wie ich aufgehört hatte. Zug um Zug sog ich das fischig riechende Heroin in mich hinein und konnte mein schlechtes Gewissen und das schlechte Gefühl trotzdem nicht wegrauchen. So verzweifelt war ich lange nicht mehr gewesen, denn ich wusste, was ich meiner kleinen Tochter damit antat und dass nun die Jahre des Cleanseins wie weggeblasen waren, als hätte es sie nie gegeben. Es gab kein Zurück mehr, und das spürte ich ganz genau. Ich fühlte mich erbärmlich und konnte nicht mehr aufhören zu heulen. Heute spricht man in so einer Situation von einem Rückfallschock.

Zu dieser Zeit hatte ich übrigens endlich meinen Führerschein gemacht – uff. Von Chris' Bruder bekam ich einen Mitsubishi geschenkt, der natürlich zum Dealen, mit dem ich jetzt wieder begann, wie gerufen kam. Chris und ich lernten nun schnell immer neue Leute kennen. Es war erstaunlich, wie viele Bekannte von früher mittlerweile fest zum Heroin übergegangen waren, sogar ein Typ aus meiner Schule, dem man es wirklich nie zugetraut hätte. Seine Freundin und er kamen später täglich nach der Arbeit zu uns. Dann war da René, dem ich von Anfang an nicht traute, weil er schon mal jemanden verraten hatte, und Elke, der hoffnungslose Fall, die ja schon seit ewigen Zeiten auf den Strich ging.

Und so brachten wir es tatsächlich fertig, den ganzen Sommer lang vor der Playstation zu sitzen und *Resident Evil* zu spielen, wobei wir nebenher Heroin auf Alu rauchten. Das wurde mein tägliches Brot, und ich rauchte davon mehr als Zigaretten: beim Baden, neben dem Spülen, beim Autofahren, beim Essen – Hunger hatte ich dann natürlich keinen mehr. Es war so befriedigend wie immer, wir brauchten jeden Tag fünf Gramm zu zweit, für 500 bis 700 DM. Diesen Betrag musste ich natürlich auch immer reinholen, deshalb war es an der Tagesordnung, dass wir ständig »Besuch« hatten oder ich irgendwohin losfahren musste.

Anfangs fuhr ich stets nach Wäschenbeuren zu einer ausländischen Familie, deren Stoff allerdings mit der Zeit immer schlechter wurde, weil der Mann ihn streckte, was mich maßlos nervte. Daheim siebte ich dann den Beutel immer erst mal durch, um die Brocken rauchen zu können. Oft bedrängte er mich auch, wollte Sex von mir und sagte, dann bräuchte ich nichts dafür zu zahlen. Immer wieder fragte er, ob ich nicht eine Frau kennen würde, die so was macht, und so erzählte ich ihm dann irgendwann von Elke. Das war leider auch mein größter Fehler, denn damit hatte ich meine beste Kundin verloren – wie dumm von mir. Seine Frau tat mir immer total leid. Er schlug sie oft und einmal ging auch die Stereoanlage entzwei, als er betrunken nach Hause kam.

Manchmal nahm ich sogar Nathalie mit dorthin, die dann mit dem Sohn der beiden spielte. Im Sommer grillten sie immer draußen und luden uns dann zum Cevapcici-Essen ein. Einmal kaufte ich ihm eine größere Menge auf Kommission ab, was aber total schiefging. Ich machte eine Menge Miese und hatte kaum noch Kohle, um ihn zu bezahlen. Da ging er doch tatsächlich noch mit mir zum Bankschalter, um auch den letzten Groschen von mir zu holen – oh, ich habe ihn so gehasst und trotzdem nie verraten! Ich habe nur gebetet, dass es ihm mal genauso ergehen möge, und eines Tages geschah das auch wirklich.

Wenn er selbst nicht da war, gab mir seine dicke Mutter den Stoff. Sein größter Fehler war jedoch, dass er mit Kohle nur so um sich schmiss und einen fetten Mercedes fuhr. Er selbst nahm nie was und bereicherte sich nur, deshalb war es nur eine Frage der Zeit, bis er schließlich verraten wurde und für vier Jahre in den Knast ging.

Auf dem Weg zu ihm fuhr ich oft bei einem netten Pärchen in Bartenbach vorbei. Sie hatten ungefähr zehn Perserkatzen und Nathalie wollte da unbedingt immer mit. Während sie spielte, rauchten wir Großen unsere Folien. Sie und ich, die wir eine Katzenallergie hatten, mussten die Tiere trotzdem immer streicheln und fuhren dann erst Stunden später mit geschwollenen Augen wieder nach Hause. Ich fuhr immer über kleine Landstraßen, das war am sichersten, und raste zurück zu Chris, der schon auf uns wartete. Nathalie sagte dann immer, ich solle nicht so schnell fahren, aber es machte mir einfach riesigen Spaß, mit dem Auto richtig zu heizen. Schon jetzt hörte ich die kleine Stimme im Kindersitz längst nicht mehr so deutlich wie in Nathalies ersten Lebensmonaten, als nur sie allein mein Leben bestimmt hatte, und irgendwann hörte ich sie gar nicht mehr.

Überwachung

Immer wieder hörte ich bereits zu dieser Zeit von Kunden, die hin und wieder mit der Polizei in Kontakt kamen, dass dort auch an meiner Person reges Interesse bestand. Ich war immer schon äußerst vorsichtig gewesen, aber dennoch schlich sich mit der Zeit eine gewisse Paranoia in mein Leben als Dealerin ein. Für den Fall eines Falles musste ich ständig im Voraus denken, alles doppelt und dreifach einpacken, absichern und auf der Hut sein.

So fuhr ich also eines Tages zu dem Dealer, der meine Quelle für das Material war. Vorher führte ich nur ein kurzes Gespräch, ob er zu Hause sei, und das war's. Ich hatte zu dieser Zeit schon ein untrügliches Gespür für solche Tage entwickelt, die nicht reibungslos vonstattengingen. Außerdem konnte ich bereits riechen, dass meine Handys abgehört wurden, denn es knackste des Öfteren in der Leitung.

Auf dem Rückweg nach Hause jedenfalls, ich fuhr am Ortseingang von Eislingen gerade in die Kurve hinein, wurde ich plötzlich von der Polizei herausgewinkt. Ich hielt an und ärgerte mich sofort, dass ich diesmal nicht bessere Vorkehrungen für die Situation getroffen hatte, aber auch wenn einen die Sucht fest im Griff hat, ist man schon mal nachlässig. Die Beamten durchsuchten mein Auto also peinlichst genau und es dauerte ewig. Ich war das mittlerweile schon gewohnt und setzte mich auf den Bordstein.

Da fuhr plötzlich meine Mutter an mir vorbei, die auf dem Weg in ihren Laden war, drehte sofort um und kam auf uns zu. Sie schaute mich an und ihr Blick fragte mich, ob ich wohl was dabeihätte, und ich nickte ihr zu. Sie fuhr aber weiter und ich überlegte, wie ich das Heroin am besten loswerden konnte, ohne dass es jemand mitbekam.

Die Beamten signalisierten mir, dass ich mein Auto stehen lassen und erst mal im Polizeiwagen mit auf die Wache kommen musste. Schon beim Einsteigen wollte ich unauffällig in meine Hosentasche greifen, was sich aber schwierig gestaltete, da ein Wachposten neben mir saß. Der hätte es zwar nicht bemerkt, aber sein Kollege hatte davon Notiz genommen, stieg ein und bemerkte kurz: »Wenn Sie etwas dabeihaben, Frau S., werden wir es mit Sicherheit finden!« Oh je, ich war also gewarnt und musste nun etwas schneller überlegen, denn ich hatte nicht mehr viel Zeit bis zum Revier.

So versuchte ich zum Beispiel, im Mund Spucke zu sammeln, um die Riesenplombe verschlucken zu können, befürchtete allerdings, dass ich das nicht schaffen würde, weil sie es a) bemerken und mich dann später röntgen würden und ich b) vorher sowieso schon daran ersticken würde.

Also verwarf ich diesen Gedanken und mir wurde immer mulmiger zumute, je näher wir der Wache kamen. Es gab nur noch eine Lösung. Wir stiegen so gut wie alle gleichzeitig aus dem Auto und ein Polizist lief vor mir, der Fahrer hinter mir her. Zuerst behielt ich meine Arme ein paar Schritte normal locker am Körper, dann aber, auf halbem Weg, steckte ich die rechte Hand wirklich blitzartig in die Hosentasche und warf die Plombe, so weit das Auge reichte, mit einem Schwung weg. Das war die letzte Chance gewesen, und ich wartete schon auf die Reaktion meines Hintermannes – aber es kam nichts. Er musste wohl gerade in dem Moment einen Blick auf meinen Platz im Wagen geworfen haben, um sicherzugehen, dass dort nichts liegen blieb. Leider kam genau in diesem Augenblick der Hausmeister oder irgendein Angestellter um die Ecke – und er *musste* meinen grandiosen Weitwurf doch erspäht haben?! Es grenzte an ein Wunder, aber er sah uns nur mit weit aufgerissenen Augen an und reagierte in keiner Weise, gar nicht, null.

Noch nie in meinem Leben habe ich mich so schnell und gerne auf einer Wache ausgezogen wie an diesem Tag.

Natürlich mussten sie mich laufen lassen, und natürlich musste ich dann noch mal los, um was Neues zu besorgen. Was für ein Kraftakt. Eine knappe Woche später sind Chris und ich dann nachts vor dem Polizeipräsidium herumgeschlichen, um den weggeworfenen Beutel zu suchen. Chris stand immer Schmiere, um sicherzustellen, dass uns keiner der Beamten bemerkte. Dasselbe veranstalteten wir dann am folgenden Tag noch mal, aber wir hatten kein Glück: Es gab da eine Baustelle und wir konnten den Beutel absolut nicht mehr wiederfinden.

Nun wusste ich sicher, dass meine Handys abgehört wurden, und war noch mehr auf der Hut als sonst. Es war also kein Wunder und überraschte mich nicht, dass sie mich zwei Wochen später an derselben Stelle wieder rauszogen. Bevor ich also in die Kurve reinfuhr, kurbelte ich das Fenster auf der Beifahrerseite herunter, sodass ich, wenn die Polizei dort stand, mein Heroin schnell noch rausschmeißen konnte. Diesmal sollte es wohl wie eine normale Verkehrskontrolle aussehen, denn sie zogen auch andere Autos an dieser Stelle raus. Denen gaben sie aber gleich wieder grünes Licht zur Weiterfahrt, mir dagegen nicht. Stattdessen stürzten sie sich zu viert oder fünft auf mich wie die Hyänen. Von der anderen Fahrbahnseite kam dann ein weiterer Polizist in Zivil und gab den anderen zu verstehen, dass er nichts gesehen habe, was ich vielleicht aus dem Fenster geworfen hätte. Das aber hatte ich diesmal schon 300 Meter vorher getan und dachte mir, als er fragte, warum das Beifahrerfenster offen sei: *Tja, das hättest du mal besser näher hinterfragt!*

Diesmal ließ es sich Monsieur Oberdrogendezernent nicht entgehen, sich höchstpersönlich mit mir zu beschäftigen. Vielleicht ging es ihm ja auch schon an die Nieren, dass sie bei mir nie etwas finden konnten. Die Polizisten durchsuchten mein Auto eine halbe Stunde lang, und sie fanden zur Abwechslung auch diesmal wieder – nichts!

Als dann aber der Boss selbst einen Blick in mein Auto warf und ich schon an seinem Schnauben erkennen konnte, dass er äußerst sauer war, riss er plötzlich die komplette Verkleidung vorn am Beifahrersitz herunter. Das ging noch eine Weile so weiter, natürlich auch ohne Erfolg. Zuletzt ließ er es sich nicht nehmen, mir mit spitzen Fingern meinen Führerschein zu zeigen und mir zu sagen: »Der wandert so langsam, aber sicher auf das Landratsamt zurück!«

Nachdem ich endlich zu Hause angekommen war und Chris alles erzählt hatte, fuhren wir zurück in eine Seitenstraße, er stieg aus und holte das Päckchen genau von der Stelle wieder, an der ich es rausgeschmissen hatte.

Und obwohl mich all diese Ereignisse als Dealerin immer erfahrener und gerissener werden ließen, schränkten sie gleichzeitig mein Leben, das sowieso schon zum Scheitern verurteilt war, mehr und mehr ein. Mein Misstrauen wuchs Woche für Woche und ich ließ irgendwann so gut wie niemanden mehr zu mir nach Hause kommen, was meiner Bequemlichkeit natürlich gar nicht entgegenkam. Deshalb bin ich öfter tagsüber losgefahren, um meine Kunden zu beliefern.

Für meine Begriffe habe ich nie im großen Stil gedealt, sondern lediglich meinen und Chris' Tagesbedarf herbeigeschafft, mehr nicht. Alles, was darüber hinausging, lehnte ich dankend ab, denn ich wusste, dass dafür auch die Zahl an Knastjahren wesentlich höher angesetzt wurde, und so lange wollte und konnte ich auf keinen Fall von meiner Tochter getrennt werden.

Marion und Rinne – Alltagsleben

Ich war deshalb froh, als ich in dieser Zeit Marion kennenlernte, eine Frau aus der Punk-Clique. Ihre Tochter war ein Jahr jünger als Nathalie, und die beiden konnten öfter miteinander spielen. Marions Freund Rinne kannte ich schon länger. Er hing auch meist mit den Punks rum und hatte ein Alkoholproblem. Ihn mochte ich eigentlich nicht besonders, aber das war okay so. Für uns galt wohl das klassische Klischee, dass sich Junkies und Alkis einfach nicht vertragen. Marion trank nur wenig Bier, kiffte aber dafür jeden Abend, wenn ihre Kleine im Bett war.

Ab und zu gingen Chris und ich auf Punkkonzerte in unserer Gegend. Ich war mal so stolz auf ihn gewesen, dass er für uns von heute auf morgen mit dem Trinken aufgehört hatte. Das galt bei solchen Gelegenheiten allerdings nicht mehr. Im Gegenteil, da war es jedes Mal dasselbe mit ihm: Er trank gleich zu Anfang erst mal immer so um die fünf Bier, um vor seinen Kumpels das Gesicht zu wahren, schätze ich, und alles, was darüber hinausging, endete in einem Desaster – einem torkelnden, manchmal am Boden kriechenden Haufen Elend. Ich habe mich immer in Grund und Boden geschämt für ihn, wenn die anderen mich beobachteten, um meine Reaktion zu sehen. In diesen Situationen war ich einfach machtlos und musste das so hautnah miterleben, dass ich irgendwann keine Lust mehr darauf hatte und lieber zu Hause blieb, um sie mir zu ersparen.

Außerhalb dieser Geschehnisse war Chris ein sehr ruhiger, verträglicher und lustiger Geselle. Auch Nathalie mochte ihn sehr und wir gingen oft zusammen spazieren. Manchmal fuhr sie auf ihrem Fahrrädchen mit den Stützrädern hinter uns her, bis mir Chris eines Tages gestand, er könne weder Fahrrad fahren noch schwimmen. Während ich ihm Ersteres beibringen konnte, ging das nicht mit dem Schwimmen, da er nicht in ein öffentliches Bad wollte.

Wenn Nathalie Geburtstag hatte, lief ich immer voll zur Hochform auf, indem ich eine Schwarzwälder Kirschtorte und eine Mandarinen-Biskuit-Rolle machte. Ich bastelte eine Überraschungskiste, in der sich verschiedene Süßigkeiten und kleine Spielzeuge befanden, und immer, wenn eins der eingeladenen Kinder ein Spiel gewonnen hatte, durfte es hineingreifen. Es war immer unglaublich schön mitanzusehen, wie sich alle darüber freuten. Einmal allerdings, als eine Freundin von Nathalie zur Tür reinkam und plötzlich Chris mit seinen Tätowierungen und Piercings gegenüberstand, fing sie vor Schreck an zu weinen.

Manchmal hatten wir auch mit Marion und Rinne einen Stand auf dem Flohmarkt, wo ich verschiedene Klamotten meiner Mutter verkaufen wollte, aber bevor es abends wieder ans Einpacken ging, schenkte ich sie meist der Standnachbarin. Wären die Standgebühren nicht so hoch gewesen, hätte es sich manchmal sogar gelohnt. So hat Nathalie zum Beispiel mal bei einem Kinderflohmarkt mitgemacht und richtig Geld damit verdient.

Alles in allem und bis auf gewisse Abstriche waren diese Jahre für mich eine sehr glückliche Zeit. Nathalie gegenüber allerdings häuften sich meine Unzulänglichkeiten und Versäumnisse, aber die Droge trübte meinen Blick dafür. Ich fühlte mich Chris unendlich verbunden und war froh, dass unsere Beziehung so harmonisch und reibungslos verlief. Im Grunde war er das Gegenteil von Nathalies Vater Fred, eine Seelenverwandtschaft, wie ich sie nie wieder fand und manchmal auch heute noch vermisse. Ich betrachtete es immer als Geschenk, wenn er mal von sich und seiner verkorksten Kindheit erzählte und dabei still und leise vor sich hin weinte. Manchmal weinte ich dann mit ihm, weil sein Schmerz genau auch meinen traf und ich nur zu gut wusste, wie er sich fühlte. Er schlummerte andauernd, jeden Tag und jede Nacht, in uns und war im Grunde wie ein Magengeschwür, das früher oder später aufzubrechen drohte, wenn er nicht irgendwann behandelt würde.

Doch auch dieses Familienleben war mir nicht allzu lange vergönnt, denn ein anderes »Magengeschwür« vergrößerte sich ebenfalls unentwegt: das Geldproblem. Der Aufbau einer sicheren und stabilen finanziellen Grundlage scheiterte immer wieder am Thema Arbeit, das keiner von uns ernsthaft angehen wollte. Schließlich bezahlte meine Mutter mir einen Nageldesign-Kurs, den ich an drei Wochenenden absolvierte, und Chris begann, in unserer Wohnung all seine Punkkollegen zu tätowieren. Ich arbeitete dann fast ein Jahr zum Teil als Nageldesignerin und half Chris nebenbei noch, die Vorlagen für die Tattoos zu optimieren, indem ich mir aus einschlägigen Zeitschriften Motive heraussuchte, die mir gefielen. Manchmal fügte ich dann Elemente zusammen und gab dem Motiv damit einen eigenen charakteristischen Schliff. Ich war so froh, dass Chris endlich ein Hobby oder besser eine Beschäftigung hatte und damit zumindest etwas Geld verdiente. Andererseits war es auch störend, den ganzen Tag die surrenden Maschinen hören zu müssen. Zum Glück brachten die Kunden immer ihr eigenes Bier mit, sodass sich zumindest die Ausgaben dafür in Grenzen hielten.

Wenn ich dagegen Fingernägel machte, dauerte das immer recht lange, und dann saß Chris so lange in der Küche und brachte uns ab und zu einen Kaffee. Doch die Tage, an denen wir beide irgendwelche Kunden hatten, wurden immer seltener, weil der Kreis der Interessenten langsam abgefertigt war, sodass wir auch davon nicht dauerhaft leben konnten. Da meine Mutter Chris verbot, sich über meine Wohnung bei der Behörde anzumelden, bekam er auch keine Sozialhilfe. Er war der Meinung, ohne Wohnsitzangabe wäre das nicht möglich, kümmerte sich aber auch nie darum, ob nicht trotzdem was ginge. Meine ganze Familie lehnte ihn nach wie vor ab, was ich ihr heute sogar nicht mal verübeln kann. Kein Familienmitglied hat je mit ihm geredet: Ihnen reichte schon sein aussagekräftiges Erscheinungsbild. Und für mich wurde es langsam auch immer schwerer, den Schein einer funktionierenden Beziehung aufrechtzuerhalten, denn auf beiden Seiten brach sich eine tiefe Unzufriedenheit Bahn. Wir saßen täglich aufeinander und merkten nicht, dass genau *das* Gift war.

Zum Glück war Nathalie durch den Kindergarten wenigstens einige Stunden des Tages richtig gut versorgt und je älter sie wurde, desto lieber ging sie dorthin. Für mich war es trotzdem schwer, sie gehen zu lassen, aber sie konnte es meist gar nicht abwarten, endlich losgehen zu können. Ich begleitete sie und freute mich auch für sie. Heute weiß ich, dass sie angesichts unseres chaotischen Familienlebens diese Zeit der *verlässlichen* Betreuung und Versorgung wirklich gebraucht und genossen hat. In mir dagegen entstand in jener Zeit eine große Leere. Wenn sie durch die Tür des Kindergartens ging, lief ich immer bis zum Garten am Zaun entlang, in dem die anderen Kinder schon fröhlich spielten. Ich sah dann, wie sie leicht und freudestrahlend dazusprang und wie glücklich sie war, und es trieb mir buchstäblich die Tränen in die Augen, schon eine so große und selbstständige Tochter zu haben. Durch den Rückfall in die tägliche Sucht hatte ich innerlich viel zu früh Abschied genommen von dem kleinen, abhängigen Wesen, das sie auch jetzt noch war, wenn auch etwas eigenständiger. Und sie brauchte mich anders als früher – wie sehr allerdings, war mir noch lange nicht wirklich klar.

Von da an schliefen Chris und ich wieder wie früher bis Mittag, bis sie zurückkam; was hätten wir auch sonst tun sollen?

Wenn wir mal in der Stadt waren, lief Nathalie immer den Tauben nach. Dann musste ich die gesamte Fußgängerzone hinter ihr her rennen, denn sie hörte dabei nie auf mich. Nach wie vor trafen sich die Junkies im Stadtzentrum, und wenn wir an ihnen vorbeikamen, wurde mir jedes Mal ganz mulmig. Denen, die ich dort kannte, warf ich dann einen verstohlenen Blick zu und nickte, ohne ein Wort zu verlieren. Wenn wir aber an ihnen vorbei waren, kam es mir vor, als hielte mir jemand den Spiegel des Todes vor und riss mich so aus meiner scheinbar heilen Welt.

Allein konnte ich deshalb so gut wie gar nicht in die Stadt gehen, das warf mich jedes Mal völlig aus der Bahn. Auch auf den Spielplatz nahe des Junkie-Treffpunkts ließ ich Nathalie nicht mehr, denn da lagen lauter Spritzen und andere Utensilien rum. Wenn ich das sah, verachtete ich die Junkies regelrecht, weil sie nicht mal auf die Kinder Rücksicht nahmen und ihnen selbst die total egal waren.

Blindman Ball 1997

Dies ist ein Ereignis aus dem Jahr 1997, ein Tag, den ich noch heute als einen sehr glücklichen Tag meiner damaligen Zeit in Erinnerung habe. Es war das Jahr, in dem Nathalie in die Schule kam und unser Leben nach immer wieder kurzen cleanen Phasen, in denen wir dachten, ihm eine dauerhaft saubere und gezielte Richtung geben zu können, unaufhaltsam weiter auseinanderfiel. Gerade waren wieder einmal alle Bemühungen vergebens gewesen und wir hatten uns der Sucht zum x-ten Mal ergeben.

Es war Hochsommer und ein ereignisreicher Festivaltag. Nathalie hatte ich zu meiner Mutter gebracht, wo es ihr immer sehr gefiel. Auf dem Cannstatter Wasen spielten Bands wie Marilyn Manson, Bush und Clawfinger, die Chris und ich unbedingt sehen wollten. Noch zu Hause drehten wir uns eine halbe Schachtel voll Heroinzigaretten. Wir stylten uns megamäßig auf und waren, als wir dort ankamen, auch wirklich das absolute Highlight. Zum Glück waren wir diesmal pünktlich und schlängelten uns durch die

Menge, um möglichst weit vorn zu sein. Die anderen Bands interessierten uns nicht so sehr; wir waren hauptsächlich wegen Manson gekommen. Ich war total aufgeregt und konnte es gar nicht erwarten, bis es endlich losging. Alle starrten uns schon von Weitem an und tatsächlich waren wir auch das abgefahrenste Supergespann weit und breit und passten hervorragend zusammen. Wir waren komplett in schwarzes Leder gekleidet und trugen die dazugehörigen weißen Kontaktlinsen. Als wir vorn an der Absperrung standen und ich feststellte, dass man nur mit einem roten Stempel da durch konnte, wenn man direkt vor der Bühne stehen wollte, wurde ich unruhig. Es ärgerte mich maßlos, vor dieser unüberwindbaren Security zu stehen und ohne Stempel nicht weiterzukönnen, also musste ich mir unbedingt was einfallen lassen.

Viele bettelten die Securityboys an, sie durchzulassen, aber so tief wollte ich nicht sinken. Schon konnte man die ersten Takte von Manson hören. Ich schaute mir den Stempel an den Armen der anderen an, die jenseits der Absperrung standen. Es war eine langgezogene kleine, rote Schrift. Die Gitarren dröhnten schon und ich war extrem aufgeregt. Ich kramte also meinen roten Lipliner heraus und wir stellten uns hinter ein paar Leute, damit wir von den Securitys nicht gesehen werden konnten. Schnell kritzelte ich die lange Schrift auf Chris' und meinen Arm und betete, dass es klappen möge. Dann rannten wir an der Security vorbei und streckten ihnen unsere Arme hin. Ich hoffte so sehr, dass sie uns nicht zurückrufen würden. Oh Mann, ich war so überglücklich, endlich drin zu sein und mir das Konzert aus allernächster Nähe reinziehen zu können. Manson hatte uns sogar reinlaufen sehen und behielt uns das ganze Konzert hindurch im Auge. Die Musik war absolut mitreißend, kein Wunder, wir konnten ja auch jedes Wort auswendig und packten unsere getarnten Spezialzigaretten aus, die wir fast auf ex durchzogen. Es war eine Affenhitze, aber das war uns egal – Manson in Stuttgart, das kam ja schon gleich nach einem guten Schuss! Wir standen direkt vor der Bühne und hatten Manson sozusagen fast für uns allein, echt megastark.

Die Kippen waren im Null-Komma-Nichts weggeraucht und das Konzert war einfach so unglaublich gut, dass ich es nie mehr vergessen werde. Als die Band irgendwann fertig war, liefen wir ein Stück weiter und hörten uns die anderen Auftritte noch von Weitem an. Sie interessierten uns aber nicht wirklich und so fuhren wir bald nach Hause.

Elke und Bimbambino

Ich kann mich nicht mehr genau erinnern, wie Elke und ich uns kennengelernt haben, aber sie wohnte oben bei den Kasernen, im sogenannten Gaisrain. Das galt als Armenviertel für Alkis und Junkies, und es ekelte mich immer immens an, dort hinfahren und den Stoff holen zu müssen und so das Elend hautnah mitzubekommen. Aber zu dieser Zeit war es nun mal die erste Anlaufstelle für Heroin.

Meistens wickelte ich alles im Auto ab, um mir nicht unnötig einen Ausschlag oder Ähnliches zu holen. Den allerdings holten wir uns trotzdem einmal, denn dafür reichte ja schon die Hand zur Begrüßung. Es dauerte eine Weile, bis wir begriffen hatten, dass es schon passiert war. Erst fingen die Hände an zu jucken und dann die Beine, und wir kratzten so lange, bis wir offene Stellen hatten. Chris versuchte noch, den Milben mit heißen Duschen den Garaus zu machen, aber vergeblich. So besorgte ich uns ein Mittel in der Apotheke, um Abhilfe zu schaffen, aber das war in der Tat nicht einfach. Es bedarf dabei einigen manuellen Geschicks und ist über lange Zeit eine irre aufwendige Geschichte und Prozedur – unglaublich. Nach diesem Angriff der »Killermilben« habe ich es tunlichst vermieden, noch irgendjemandem die Hand zu reichen, was aber schwierig war, weil mich alle Leute immer gleich umarmten. Das einzige Glück dabei war, dass Nathalie sich nicht damit angesteckt hatte.

Elke also ging täglich anschaffen und ihren dementsprechenden Verfall konnte ich von Jahr zu Jahr beobachten. Mir war dabei sowieso schleierhaft, wie jemand so was so lange über sich ergehen lassen konnte. Sie hatte dunkelblonde, mittellange Haare, eine ganz gute Figur und machte auf der Straße eine Menge Geld, das sie sofort in Drogen umsetzte. Tagsüber hatte sie ihre Stammfreier und nachts stand sie in Göppingen am Gaskessel. Dort standen auch immer noch andere Nutten, aus Ulm oder dem weiteren Umkreis. Sie waren immer total aufgetuned, mit hohen Lackstiefeln und so, und wurden von ihren Freiern mit dicken und teuren Autos abgeholt.

Als ich dann wieder dealte, kaufte sie nach der »Arbeit« bei mir ihr Heroin. Sie meinte, dass sie es bräuchte, um abschalten zu können nach dem Anschaffen. Eines Tages bekam sie von jemandem auf der Straße einen kleinen Yorkshiremischling geschenkt, den sie Bino nannte. Meine Tochter war natürlich hin und weg von dem süßen Zwerg, sodass wir ihn oft bei uns hatten. Er tat uns leid, weil ich wusste, dass sich Elke nicht richtig um ihn kümmern, sondern ihn nur nachmittags kurz rauslassen konnte. Deshalb klopfte ich immer schon so um 13 Uhr bei ihr und holte ihn bald jeden Tag zu uns, denn sie kam ja sowieso nachts vorbei, um ihr Heroin zu holen. Nathalie war so glücklich mit ihm und er mit uns, dass er das aus jedem Hundehaar ausstrahlte. Er wartete immer schon auf uns und im Auto durfte er mit stolzgeschwellter Brust auf meinem Schoß sitzen, wenn ich fuhr. Wir bürsteten ihn und manchmal schnitt ich ihm sein Fell zurecht, aber eines Tages gab Elke ihn der Mutter eines ihrer Freunde, und für uns entstand eine große Lücke. Wir hatten zu der Zeit drei Wellensittiche und einen Hamster. Später kamen dann noch zwei Siamfrettchen hinzu, aber der kleine Bino fehlte uns dennoch sehr und war durch nichts zu ersetzen.

Insgesamt war Elke eine Frau, der ich grundsätzlich und immer misstraute, da sie jedem gegenüber unehrlich war. Dabei war Ehrlichkeit ein wichtiges Kriterium, um langfristig gute Geschäfte miteinander zu machen, und ich brauchte sie, da sie jeden Abend

500 DM verdiente. Da wir uns zu der Zeit auch täglich wieder hochdosierten, war dies schnelles und sicheres Geld, um unsere Sucht zu finanzieren.

Andererseits wurden meine Bezugsquellen auch wieder umfangreicher und die Mengen, mit denen ich handelte, größer. Ich besorgte Chris und mir täglich fünf Gramm, meistens von ausländischen Dealern, die das Zeug noch nicht gestreckt hatten. Es war allerdings immer nur eine Frage der Zeit, bis auch sie dahinterkamen, wie man aus derselben Menge leicht das Doppelte machen konnte. Und so lief eine Zeitlang alles glatt und reibungslos, bis ich wie gesagt eines Tages den Fehler beging, meinem albanischen Dealer Elkes Namen zu nennen. Damit wollte ich ihn *mir* vom Hals halten und ahnte in meinem Kopf doch schon, was jetzt passieren würde. Nach einem heißen Abend mit ihr war sein hochheiliges Versprechen, ihr zumindest nichts von seinem *guten* Material zu geben, natürlich keinen Pfifferling mehr wert. Ich hatte mir also selbst in die Kniescheibe geschossen damit und bekam mal wieder die Quittung für meine Gutmütigkeit, die einen in Junkiekreisen nur Kopf und Kragen kostet.

Tja, Elke brauchte nun von einem auf den anderen Tag kein Heroin mehr von mir, und ich habe mich echt gehasst für diese Idiotie. Die Lage für mich war dadurch ziemlich brisant und heikel geworden, denn ich musste nun viel Zeit investieren, um andere Käufer zu finden, möglichst schnell und auch noch möglichst viele. Abgesehen davon hat mir der Albaner ab diesem Zeitpunkt auch noch das gestreckte Zeug verkauft. Nun hasste ich mich doppelt. Ich musste jetzt also a) erst mal an gutes Material kommen, das ich gut loswerden konnte, b) musste die Menge stimmen und c) musste sich das schnell rumsprechen, damit ich unsere tägliche Menge von fünf Gramm finanzieren konnte.

An dieser Stelle beauftragte ich endlich auch mal Chris, seinen Allerwertesten in Bewegung zu setzen, um den Stoff an den Mann zu bringen. Bis der allerdings abends um 18 (!) Uhr das Haus verließ, hatten die meisten Junkies ihre Ration schon gekauft. Zur

Krönung hat er den Stoff dann manchmal so gut wie verschenkt, wenn einer keine Kohle mehr hatte und ihm versprach, am nächsten Tag zu bezahlen. Was für ein Reinfall jedes Mal, aber Chris passierte das doch immer wieder. Als ich keine Nerven mehr für seine Verkaufsstrategien hatte, wies ich zwei meiner Kunden in die Praxis ein, indem ich ihnen jeweils eine gewisse Menge Heroin gab. Davon konnten sie sich die Hälfte nehmen, um mir für die andere Hälfte die Kohle zu bringen. Das lief auch eine Weile ganz gut, bis auch sie schwächelten und sich entschlossen, sich den Stoff lieber gleich selbst in die Arme zu schießen. So hatte ich in einem Monat komplette 10 000 DM verbraten, weil nichts so recht klappen wollte und ich selbst zu faul war, mich wie sonst auf den Weg zu machen, um zu dealen.

Das Einzige, was zu dieser Zeit Fortschritte machte, war meine Sucht. Sie wollte immer mehr und gab keine Ruhe. Ich lief den ganzen Tag mit meinem Blech durch die Wohnung, und gerade wenn man das Heroin raucht, wird die Sucht bald unersättlich. Man braucht Unmengen an Stoff und es dauert lange, einen gewissen Level zu erreichen. Im Grunde war ich von früh bis spät nur damit beschäftigt, Blech zu rauchen, und das blieb natürlich auch Nathalie nicht verborgen. Immerhin gelang es mir wegen ihr, nicht mehr mit dem Spritzen anzufangen, denn das wäre wohl noch viel schlimmer für sie gewesen.

Aufgrund meines großen Bedarfs machte ich noch einen letzten Versuch, einen Coup zu starten, der eventuell noch etwas retten könnte. Der besagte Albaner hatte eines Tages angeblich kein Material mehr und bat mich, doch woanders einzukaufen. Das tat ich dann auch, bekam jedoch in einer Nacht-und-Nebel-Aktion tatsächlich wieder denselben Mist angedreht, den er mir auch zuvor schon gegeben hatte. Den anderen Junkies war das gut genug und es reichte ihnen, nur mir nicht, denn ich war drauf wie ein Messer. Es dauerte eine Weile, bis das Zeug aufgebraucht war, das wir in einer Tiefgarage deponiert hatten, unterhalb der Schächte, in die von oben das Tageslicht strahlte und wo überall große Kieselsteine lagen. Dort vergruben wir das Material in jedem Gang unter den Steinen.

Irgendwann später mal erfuhr ich dann von einer anderen seiner Kundinnen, dass die Polizei ihn mitsamt seinem ganzen Drogenumfeld hochgenommen hatte. Es stand sogar in einer Zeitung, die ich aber nicht las, weswegen ich es nicht erfahren hatte. Eine Käuferin hatte ihn verraten und er ging für vier Jahre ins Gefängnis. Von dieser Kundin erfuhr ich auch, dass er immer *zwei* Sorten Heroin hatte, was die Ahnung, die ich immer schon gehabt hatte, noch bestätigte, und auch ich hätte nach dieser Erfahrung allen Grund gehabt, ihn hochgehen zu lassen. Aber das war nun mal nicht meine Art, allerdings leugne ich nicht, dass mich die Nachricht von seiner Verhaftung unglaublich gefreut hat. Die anderen Mitglieder des Rings, die nicht verhaftet worden waren, machten sich aus dem Staub, einer davon nach Belgien, von wo aus er eine Kundin weiter belieferte. Sie wohnte etwa 30 Kilometer entfernt von mir und wurde damit das nächste Ziel, das ich anfuhr.

Jochen

Jochen war ein Kunde, der eine Frau und einen kleinen Sohn hatte, um den hauptsächlich er sich kümmerte. Er vermittelte mir einen Typen namens Erol, mit dem ich weiter Geschäfte machen konnte. Mit ihm kam ich bestens klar und wir waren gute Partner. Er kam meist spät nachts zu mir und brachte mir eine gewisse Menge. Da das Zeug aber nicht sonderlich gut war, das heißt nicht gut genug *für mich*, hatte ich einen Käufer dafür im nächsten Ort gefunden. Erol wartete dann so lange mit Chris in der Wohnung auf mich. Es war jedes Mal die gleiche Prozedur: Ich lief runter in den Keller, packte meine Waage aus, kontrollierte den Stoff und packte ihn wieder ein. Die andere Hälfte ließ ich in dem Karton im Keller. Dann fuhr ich los, parkte mein Auto im sogenannten Ghettoviertel auf der anderen Seite der Häuser und lief dann noch über eine Brücke. So konnte ich sicher sein, dass mir niemand folgte. Es war immer stockfinster und deshalb nahm ich zur Sicherheit noch mein aufgeklapptes Messer mit. Trotzdem war die ganze Aktion immer total kräftezehrend und zermürbend, da ich sicher war, dass Jochen observiert wurde. Zu ihm kamen ja im Lauf des Tages auch sämtliche Junkies von der Straße, um sich ihr Material zu kaufen. Wenn also einer fällig war, dann er. Viele Kunden dachten, er sei ein Spitzel, weil er nie in den Knast kam, aber das dachten sie zum Teil ja auch von mir.

Fest stand, ich kannte ihn schon lange und er war mir nie ganz koscher. Na ja, jedenfalls stieg ich schon angespannt aus dem Auto und lief mit dem gezückten Messer in der rechten und einem Beutel in der linken Hand schnell zur Hinterhausreihe. Dabei betete ich, dass mir bloß niemand entgegenkommen möge. Ich lief hinter den Häusern an einer Wiese entlang, wo es dunkel war, also praktisch blind, damit man mich vorn auf der Straße nicht sah. Dann erreichte ich seinen Eingang, und erst dort kam die gefährlichste Etappe der Aktion, bei der mir das Herz immer bis zum Hals schlug. Ich schlich mich zur Ecke vor, kontrollierte, ob jemand längs des Gehsteigs im Auto saß, und wenn das nicht der Fall war, huschte ich mit einem Satz zur Haustür rein.

Der Verkauf war immer schnell abgewickelt, schließlich wartete er ja schon auf mich. Er ging in sein Schlafzimmer, wog das Material ab und gab mir das Geld. Und so, wie ich zu ihm hingelaufen war, musste ich dann natürlich auch wieder zurück, mit dem gleichen Herzklopfen, denn ich hatte ja eine Menge Kohle dabei und musste jetzt erst recht auf der Hut sein.

Wieder am Auto anzugelangen, war der erste Schritt, der zweite, die Kohle nun auch wieder an den Mann zu bringen. Deshalb teilte ich das Bündel Scheine in drei Teile und versteckte sie an verschiedenen Stellen meines Autos; so würde die Polizei im Fall einer Kontrolle nur an einer Stelle Geld finden und wäre wohl damit zufrieden. Nun machte ich noch mal zwei Teile und versteckte einen hinter der Landkarte und einen manchmal auch in meinem Slip, je nach Gefühl. Man musste immer davon ausgehen, dass die Bullen so lange suchten, bis sie das fanden, womit sie zufrieden waren, dann gaben sie Ruhe. Und einmal hatten sie mein Auto auf der Suche nach ihrer »Belohnung« ja auch schon sehr aggressiv auseinandergenommen.

Wenn ich dann zu Hause Erol das Geld gab, war er immer sehr zufrieden und froh über das gute Geschäft, und oft schenkte er Nathalie auch noch 10 DM. Das lief so lange gut, bis auch er wollte, dass ich ihm Geld vorstreckte, um was zu kaufen. Mir war zwar nicht wohl bei der Sache, ich tat es dann aber trotzdem – und sogar noch mit Nathalies letztem Geld auf der Bank, denn ich war überzeugt, es in den nächsten Tagen wieder einzahlen zu können. Als er mich bei dem Deal aber noch nicht mal ansah, wusste ich schon, dass etwas schieflaufen würde. Tja, und tatsächlich kam er dann auch nie wieder und ich war so wütend wie noch nie. Damit war wieder mal bewiesen: Man konnte wirklich *keinem* trauen in diesem Geschäft. Dennoch berappelte ich mich wieder und machte aus 50 DM binnen ein paar Tagen 500. Ich war eben eine wahre Meisterin der Vermehrung und verstand auch nie, warum die anderen Junkies immer so hoffnungslos pleite waren.

So konnten wir uns zu zweit unseren Turn genehmigen, indem wir noch etwas Methadon obendrauf gossen. Das hatte ich uns für den Fall des Falles beim Arzt besorgt, und dies war so ein Fall. Den Rest habe ich dann für schlechte Zeiten eingefroren, damit es nicht verdarb.

Nicht lange danach meldete sich Elke zurück und brauchte doch wieder was von mir. Ich machte ein großes Päckchen zurecht und fuhr damit nachts, nachdem sie fertig war, zu ihr an die Bushaltestelle. Ich bog eine Straße vorher ab, um dann so langsam weiterzufahren, dass ich das Päckchen rausschmeißen konnte, mitten auf die Straße. Sie war wenig befahren und es war sowieso stockdunkel. Um sicherzugehen, dass sie nicht observiert wurde, blieb ich kurz stehen, um die Gesamtsituation zu checken. Wenn ich ein paar Minuten gewartet hatte, holte ich sie ab und ließ sie bei mir einsteigen.

Dann lief das ganze Spiel rückwärts ab, ich fuhr langsam die Straße entlang, um das Päck dann beim Fahren wieder einzusammeln. Man muss sich natürlich immer wieder eine neue Stelle aussuchen, falls man verraten wird. Das muss man lange üben, und oft kommt auch was dazwischen wie Regen oder Zeitdruck, der einem dann die Pläne durchkreuzt.

Ich war nie ein Freund davon, den Stoff aufwendig zu verpacken und ihn bei mir zu haben. Ich fühlte mich immer sicherer, wenn ich nichts an oder bei mir hatte. Die Verpackungsprozedur überließ ich meist Chris, der konnte sich nämlich ewig damit beschäftigen, Plomben anzufertigen.

Neuer Anlauf zum Entzug

Angesichts unserer insgesamt so wenig hoffnungsvollen Situation startete ich ein weiteres Mal einen Anlauf, einen Entzug zu machen – mit der zündenden Idee, mich in Mariatal einweisen zu lassen. Fakt ist aber: Mache niemals einen Entzug, solange du noch zehn Gramm zu Hause hast, und schon gar nicht, wenn dein Freund weiter drauf bleibt.

Wieder einmal fuhr mich meine Mutter mit meinen Siebensachen in eine Klinik und hatte die Hoffnung, dass es doch diesmal endlich gut enden möge. Ich wollte so zwei bis drei Wochen bleiben, was für den körperlichen Entzug bei Heroin ausreichend sein würde. Bei einem Methadonentzug wäre das anders, aber so weit war ich ja noch nicht. Ich fand es immer klasse, wenn die Mitpatienten schon nach drei Tagen wohlauf waren und am Sport und dem ganzen restlichen Programm teilnehmen konnten, das Essen nur so in sich reinschaufelten und auch sonst schon wieder ganz fröhlich waren. Ich brauche wohl nicht zu erwähnen, dass ich auch dort und diesmal wieder mein Bett nicht verlassen habe und keinen Brocken zu mir nehmen konnte. Am meisten nervte es mich morgens, mich in das andere Haus schleppen zu müssen, um mir beim Therapiearzt das Okay zu holen, dass ich liegen bleiben durfte. An Schlaf war auch wieder nicht zu denken und ich fror den ganzen Tag wie ein Schneider. Wieder mal schleuste ich mir circa zwei Gramm rein, um das Schlimmste zu überstehen, denn einen kalten Entzug wollte ich ganz bestimmt nicht mehr machen. Geschickt in meiner Tempopackung untergebracht, genehmigte ich mir morgens auf dem Klo ein paar Züge. Abends, wenn wir unseren Baldriantee zum Fernsehen tranken, stand ich auf und antwortete den Mitpatienten auf die Fragen nach meinem Ziel noch frech: »Ich geh mir jetzt erst mal ordentlich was reinziehen!«, und lachte dabei, sodass es wie ein Scherz aussah. Das war es aber keineswegs, denn ich schloss mich tatsächlich auf dem Klo ein und nahm ein paar kräftige Züge.

Die Urinkontrollen, die ich abgeben musste, zeigten dann auch verdächtig lange »positiv« an … Als alles aufgebraucht war und es mir aber nicht wirklich besser ging, war es auch mit der Ruhe in meinem Zimmer vorbei. Sie steckten eine Frau auf Methadonentzug, die bald fürchterlich an zu jammern und später auch zu schreien anfing, ausgerechnet zu mir. Wow, ich war schon über eine Woche da, aber das gab mir nervlich den Rest. Die Gruppengespräche gingen mir auch auf den Zeiger, vor allen Dingen die mit den Kids, jungen Leuten, die gar nicht wussten, warum sie denn da waren. Mein Hals schwoll richtig an, als einer sagte: »Also, ich bin nur hier, weil meine Mutter es so wollte, ich will eigentlich gar nicht clean werden!« Ich sagte dann: » Dann wäre es doch viel besser für dich, wenn du wieder gehst, damit die Leute, die ernsthaft auf einen Platz hier warten, auch die Chance haben, noch rechtzeitig einen zu bekommen, denn leider schaffen es nicht alle bis hierher!«

In den letzten Tagen überlegte ich dann, ob ich abbrechen sollte, denn ich bekam immer noch kein Auge zu. Nachts verlangte ich Troxal, ein Schlafmittel, das mir aber nichts weiter brachte, als dass ich es über meine Leggings auskotzte. Meine Zimmergenossin war so nett, es wegzuwaschen, aber als ich die Hose zwei Tage später richtig waschen wollte, war sie komplett zerfressen und an den Stellen, an denen ich mich über sie übergeben hatte, mit kleinen Löchern übersät.

Das Troxal brachte mir also nichts, Aponal war der reinste Witz, also dachte ich ernsthaft über Abbrechpläne nach. Die anderen, die ich morgens traf, rieten mir davon ab, aber als ich sowieso keine Urinprobe abgeben konnte, musste ich gehen. Ich bat darum, mir ein Taxi zu bestellen, weil ich nach Hause wollte, denn ich würde meinen Koffer nicht einen Meter weit tragen können, weil ich zu schwach war. Die Therapeuten sahen mich groß an und sagten, das würde 350 DM kosten, aber ich sagte nur: »Na, dann ist ja alles bestens!«

Meine Zimmergenossin bettelte, ich solle sie doch mitnehmen, aber ich lehnte ab und sagte, ich wolle schließlich nicht mit dafür verantwortlich sein, dass sie nun auch abbricht. Als sie aber meinte, dass sie sowieso gehen würde, entgegnete ich: »Also los, dann pack deine Sachen, das Taxi kommt gleich.«

Die Fahrt von Ravensburg nach Göppingen schien ewig zu dauern, aber als wir nach drei Stunden endlich zu Hause eintrudelten, machte ich mich gleich auf die Suche nach Chris. Zum ersten Mal fuhr ich affig mit dem Auto zu meinem Dealer und ich glaube, ich bin noch nie im Leben so schlecht Auto gefahren wie da. Als ich Chris dann endlich bei meinem Dealer gefunden hatte, genehmigten wir drei uns erst mal eine fette Runde – aaaahh …

Nathalie

Wenn ich in dieser bewegten und schicksalhaften Zeit der neunziger Jahre, in der ich zigmal hintereinander an wichtigen Lebenskreuzungen mit sicherem Schritt die *falsche* Abbiegung nahm, einen klaren Moment hatte, wurde mir unendlich schmerzhaft bewusst, was ich meiner kleinen Tochter mit meiner Sucht antat. Es gab diese verstörenden Augenblicke der Klarheit immer wieder, aber nie hatten sie die Kraft, die enorme Abhängigkeit zu beenden. Heute weiß ich, dass ich dafür eine dauerhafte professionelle Begleitung gebraucht hätte, und selbst dann wäre ein Erfolg nicht sicher gewesen.

Wenn ich heute in Fotoalben Bilder aus jenen Jahren anschaue, sehe ich ein Kind, das nur als Baby bis zum Krabbelalter ein fröhliches Lachen im Gesicht hat und offensichtliches Wohlbehagen ausstrahlt. Danach wirkt Nathalie auch auf Bildern von Feiern und fröhlichen Anlässen ernst und allzu früh erwachsen geworden. Es ist nur noch ihr Mund, der lächelt, die Augen aber blicken den Betrachter unendlich traurig und verloren an.

Ernsthafte und anhaltende materielle Sorgen hatten wir nie, denn meine Familie war im Hintergrund immer für uns da und ich habe in meiner Zeit als Dealerin meistens so viel eingenommen, dass es uns an nichts gemangelt hat. Durch die Secondhand-Boutique meiner Mutter wurden Nathalie und ich stets mit modischer Kleidung versorgt und so zeigen die Fotos eine top gestylte Mutter und ein süßes, gepflegtes Kind. Fast jedes Bild lässt jedoch erkennen, wie sehr sich beide aneinanderklammern und wie sich Nathalie etwa bei Familienfeiern an meine Brüder schmiegt, Hilfe und Schutz suchend. In ihrer Kindergartenzeit und den ersten Schuljahren gab es äußerlich keine Auffälligkeiten: Sie hatte Freundinnen, die auch gern zu uns nach Hause kamen oder zu denen sie nachmittags zum Spielen ging.

Heute ist mir klar, dass sie mehr als äußere und materielle Dinge echte Nähe gebraucht hätte, aber gerade diese konnte ich ihr aufgrund der Sucht nicht geben.

Ich konnte emotional nicht für sie da sein, und das ist es, was mich mein Leben lang mit Schmerz und großen Schuldgefühlen begleitet. Das Heroin verschleierte meine Gefühle und ließ mich immer glücklich sein, andererseits aber auch unerreichbar für *ihre*

Sorgen und Nöte, ihr Bedürfnis nach Sicherheit, Stabilität und verlässlicher Geborgenheit. In all den Jahren seit ihrer Geburt führte ich ein Doppelleben: Nach außen hin verstand ich es überaus gut, mich darzustellen, die besten Klamotten zu tragen, zeitweise sogar ein Cabrio zu fahren und vieles mehr. Es gab in dieser Hinsicht also keine Angriffsfläche für andere Eltern, meine Familie oder gar das Jugendamt – wir waren immer gepflegt und nett. Es gibt Straßenjunkies, die nichts mehr auf die Reihe bekommen, außer den ganzen Tag das Geld für ihren Schuss aufzutreiben, und Edeljunkies, die den ganzen Tag Zeit für die augenscheinlich wichtigen Dinge hatten. Deshalb nutzte ich auch die Nacht für meine Geschäfte, aber Nathalie hätte es lieber gesehen, wenn ich wie die anderen Eltern *tagsüber* gearbeitet hätte. Unter anderem deshalb habe ich den Nageldesign-Kurs gemacht, denn sie war so stolz, dass ich dadurch »richtig« arbeitete, und wollte mir auch immer dabei helfen, indem sie zum Beispiel den Nagelstaub der Kundinnen mit dem Pinsel entfernte.

Ihre schulischen Leistungen in den ersten Jahren waren mittelmäßig und ich mache mir heute noch Vorwürfe, ihr die Wichtigkeit und Bedeutung des Lernens nicht nahegebracht zu haben. Stattdessen habe ich ihr eine große Last aufgebürdet, indem ich ihr erklärt habe, dass sie mit niemandem über meine »Krankheit« reden dürfe, da sonst die anderen Eltern ihren Kindern verbieten würden, mit ihr zu spielen. Wie alle Kinder, die ihre Eltern brauchen und von ihrer Liebe und Fürsorge abhängig sind, hat auch sie immer großes Verständnis für meine »Krankheit« aufgebracht, ohne zu wissen, was genau ich hatte. Sie hat sich Sorgen gemacht, wenn ich nicht aß, und mich wie eine Erwachsene immer ermahnt, doch meinen Teller leer zu essen. Oft konnte ich aber nur mühsam ein paar Gabeln essen, und das auch nur ihr zuliebe.

Als sie dann wusste, was Drogen waren, habe ich ihr immer wieder versprochen, damit aufzuhören – und immer wieder habe ich sie enttäuscht. Wenn ich abends wegfuhr, um den Stoff zu verkaufen, stand sie jedes Mal Todesängste aus, es könne mir etwas pas-

Glückliche Jahre am Plüderhausener See.

In der 5. Klasse. Ich hatte schon damals die Lederhosen an!

Mit 15 Jahren in Amsterdam – und bereits auf Heroin.

Während meiner Ausbildung zur Arzthelferin litt ich sehr unter meinem herrischen Chef. Immer öfter schoss ich mich weg.

An meinem 17. Geburtstag. An diesem Tag hatte ich viele Gäste zu bewirten. Keiner ahnte, dass ich voll mit Heroin war.

Richie war eine gute Seele. Er war 20 Jahre drauf und ist leider verstorben.

Ich habe es immer schon geliebt, mich zu verkleiden. Als Grufti konnte ich in eine ganz andere Rolle schlüpfen.

Im Jahr 1990 während meiner ersten Therapie auf einem Bauernhof in Bayern.

Hochschwanger Ende 1990.

Hier scheint die Welt noch in Ordnung – Familienporträt mit Fred und Nathalie, ca. 1991.

Nathalie ist mein Leben. In der Zeit nach ihrer Geburt war ich ohne Drogen glücklich.

Nathalie mit Chris.
Er wurde zu ihrem
Vaterersatz und sie hat
ihn sehr geliebt.

Fotoshooting 1995, ich war wieder rückfällig. Es war ein heißer Sommertag und die Wärme des Heroins machte mir zusätzlich zu schaffen.

Heroin gab mir das Gefühl, wieder in Sicherheit zu sein, und doch war ich verloren.

Obwohl ich drauf war, konnte ich einigermaßen am Leben teilhaben, und in manchen Momenten waren wir sogar so etwas wie eine glückliche Familie.

Gemeinsam mit Nathalie bei einem Besuch im Krankenhaus, nachdem einer meiner Brüder Vater geworden war.

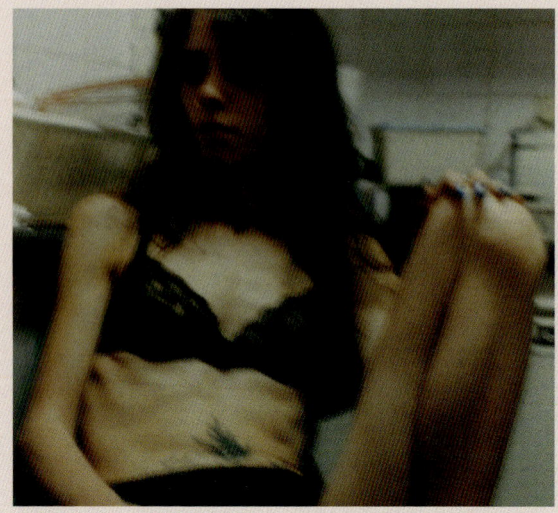

Öfter gab es Tage, an denen ich nichts aß. Heroin nimmt einem den Hunger.

Sichtlich abgemagert und geschwächt bemühte ich mich, äußerlich den Schein zu wahren.

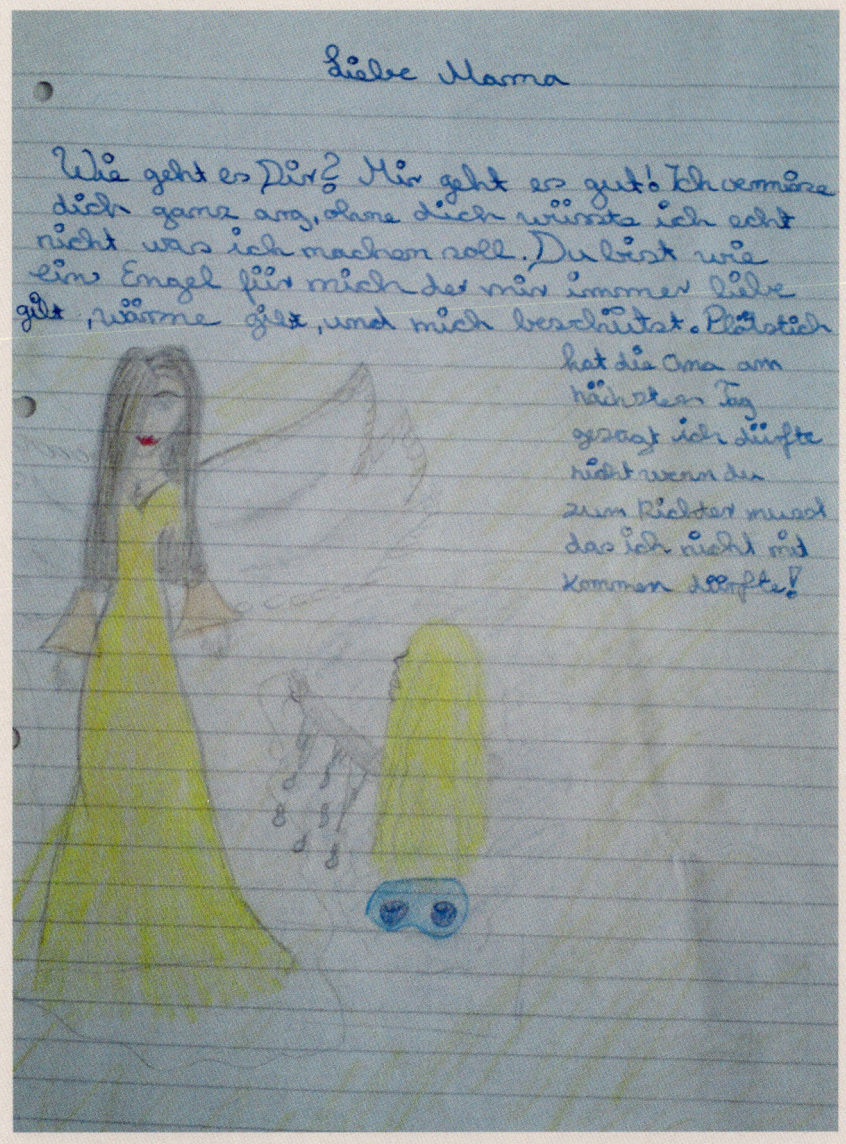

Liebe Mama

Wie geht es Dir? Mir geht es gut! Ich vermisse dich ganz arg, ohne dich wüsste ich echt nicht was ich machen soll. Du bist wie ein Engel für mich der mir immer Liebe gibt, Wärme gibt, und mich beschützt. Plötzlich hat die Oma am nächsten Tag gesagt ich dürfte nicht wenn du zum Richter musst das ich nicht mit kommen düpfte!

Diesen Brief schrieb mir meine Tochter 2001 ins Gefängnis.
Es brach mir das Herz.

Diese Kohlezeichnung von Marilyn Manson habe ich 2002 während der Therapie angefertigt.

Bei einem Ausflug mit meiner Therapie-gruppe auf den Berg Ipf im Jahr 2002.

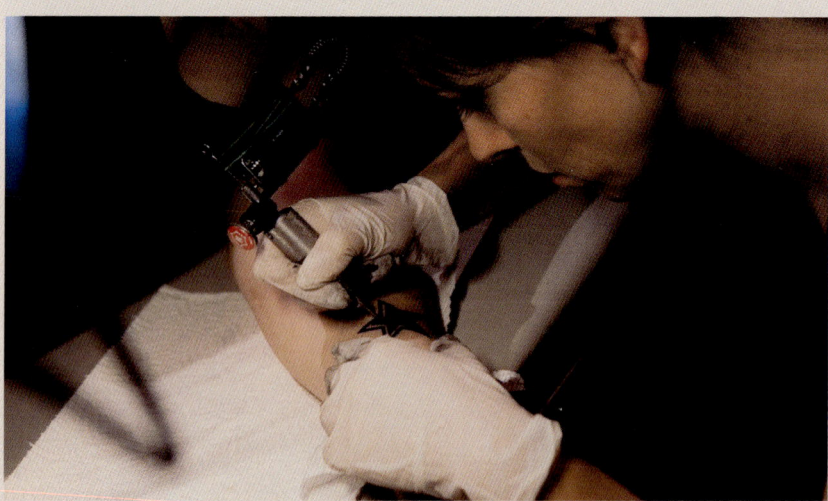

Von 2003 bis 2011 tätowierte ich in meiner Freizeit Freunde und Bekannte. Chris hatte es mir beigebracht.

Zu meinem 8-jährigen Jubiläum des Cleanseins malte mir meine Tochter diese Urkunde. Ich konnte es kaum glauben, es so lange geschafft zu haben, aber es machte mich stolz, dass es meine Tochter stolz machte.

Meine Leidenschaft für Gothic lebt weiter in mir.

Bei einem Ausflug mit Andreas an den Zürichsee,
in die Zukunft blickend.

Oben und nächste Seite: Fotoshooting für das Cover dieses Buches, 2012.

sieren, und diese Ängste sind mit Sicherheit auch heute noch tief in ihr verankert.

So habe ich entgegen all meiner guten Vorsätze und der Willenskraft, die mir die Nachricht von meiner Schwangerschaft damals verlieh, durch das Heroin meiner Tochter die Möglichkeit einer glücklichen und unbeschwerten Kindheit genommen und sie stattdessen die ersten zehn Jahre ihres Lebens auf einem Boden aufwachsen lassen, der quasi ständig durch ein mehr oder minder schweres Erdbeben erschüttert wurde und nie fest und sicher war. Ich war nicht für sie da und habe sie allein gelassen, obwohl ich nach der Erfahrung der Einsamkeit und Verlassenheit in meiner eigenen Kindheit gerade diese Entwicklung vermeiden wollte.

Das ist für immer unverzeihlich und daran werde ich mein Leben lang tragen.

Schorndorf

Nachdem Ende der neunziger Jahre meine ausländische Quelle gefasst wurde, steuerte ich jetzt fast täglich Schorndorf an. Ich heizte jedes Mal wie ein Henker die Strecke hin und her, wenn ich die Kohle zusammen hatte. Es war eine Superconnection, Leute in meinem Alter, auf die Verlass war, und die Qualität stimmte auch. Einzig der Preis war zu hoch – aber war er das nicht immer?

Jedenfalls ging das dort recht lange gut, auch auf freundschaftlicher Ebene, wenn man das Wort »Freundschaft« in diesem Metier überhaupt verwenden darf. Nathalie konnte ich öfter mitnehmen, damit sie mit den Kindern dort spielen konnte. Manchmal erledigte ich auch eine Kurierfahrt nur für fünf Gramm, aber was macht man nicht alles für den Stoff.

Wir waren sozusagen eine große Familie geworden, bei der die Leute raus und rein marschierten. Über drei Ecken vertickte ich die geklauten Errungenschaften von René zu Pulver, vom Laptop bis zum Scanner. Wegen des Laptops musste ich ihn allerdings einmal mitnehmen, was sich im Nachhinein als fataler Fehler herausstellte. Alles und wirklich jedes Wort von damals hat er später vor Gericht wiedergegeben – Judas.

Schlimm für mich war allerdings immer das Bild von Mutter und Tochter, die »baseden«, das heißt Crack rauchten, und ich hoffte dann jedes Mal, selbst niemals in eine solche Situation zu kommen. Ansonsten waren die Leute in meinem Alter und wir fühlten uns sicher, weil alles immer privat ablief.

Manchmal blieb ich auch den ganzen Tag dort, ging einkaufen oder erledigte irgendwas. Chris wartete immer zu Hause auf mich, bis ich mit dem Material wiederkam. Darin hatte er wirklich Ausdauer, und nur manchmal nahm ich ihn mit. Zu unserem ersten kaufte ich noch ein zweites Frettchen dazu, damit Freddy, das Männchen, jemanden zum Spielen hatte. Hin und wieder saßen wir auch mit den Nachbarn und den Kindern, die spielten, im Garten. Ich verlor immer mehr an Gewicht und konnte bald nichts mehr anziehen, in dem ich noch einigermaßen gut aussah.

Gemeinsam einsam

Chris und ich hatten schon seit Jahren keinen Sex mehr, aber wir hatten ja das Heroin und vermissten ihn auch gar nicht. Die Tage schlichen an uns vorüber und wurden zu Jahren, zu acht Jahren genau – tagein, tagaus auf dem großen runden Sofa, neben uns Zigaretten, Alufolie, Feuerzeug, Aschenbecher und genügend Heroin. Wir schliefen bis Mittag, bis Nathalie von der Schule kam und ich ihr aufmachen musste. Sie schmiss ihren Ranzen und ihre Klamotten durch die Gegend und meistens gab ich ihr Geld, damit sie sich am Imbiss was zu essen kaufen konnte. Ich war schon lange keine gute Mutter mehr und legte mich komatös wieder aufs Sofa. Ich erinnere mich, dass ich ständig maßlos müde war und am liebsten nur schlafen wollte. Später dann konnte ich genau das leider jahrelang nicht mehr. Nachdem Nathalie gegessen hatte und spielen wollte, kam ich immer noch nicht aus dem Quark. Erst gegen 15 Uhr, wenn ich genügend geraucht hatte, konnte ich aufstehen und das Nötigste tun. Chris brauchte immer weniger als die Hälfte von mir, was ich nie verstand. Eine Weile konnte ich noch mit meiner Tochter Karten spielen, aber sie spürte genau meine Lustlosigkeit und sagte oft: »Jetzt spiel doch mal richtig, ich mag nicht immer gewinnen!«

Irgendwie war mir zu dieser Zeit schon noch bewusst, dass sie mich jetzt am meisten gebraucht hätte, aber hier habe ich auf ganzer Linie versagt, weil ich es einfach nicht spüren konnte. Ich dachte immer nur, Hauptsache, es ist jemand da, weil ich als Kind ja immer allein war, aber schlimmer als das ist es noch, zwar anwesend, aber nicht fähig, lebendig und ein Vorbild zu sein. Täglich schaute ich meine Blumen auf der Terrasse an und sah den Sonnenschein, war aber durch den Wind gezwungen, drin zu rauchen, weil er das Heroin sonst weggeblasen hätte. Oft machte ich es schon vorher heiß, damit das nicht passiert, doch das Rein- und Rauslaufen wurde mir schnell zu anstrengend und man hätte mich auch leicht sehen können. Es war nicht dran zu rütteln: Die Sucht sperrte mich sogar in meiner eigenen Wohnung ein.

Chris und ich waren sehr kreativ, aber leider nur in Gedanken. Wie gern hätten wir in einer Band gespielt, Chris an der Gitarre und ich als Sängerin. Ich hielt meine Einfälle oft auf Papier fest und wir glaubten wirklich daran, sie bald zu verwirklichen. Heroin macht blind und absolut handlungsunfähig. Manchmal habe ich mich so vollgedröhnt, dass ich abends sogar schon gegen 19 Uhr eingeschlafen bin. Wir machten den Tag zur Nacht und die Nacht zum Tag. Und abends, wenn ich Nathalie ins Bett brachte, fragte sie mich immer wieder dasselbe: »Kommst du auch wieder zurück, Mama?« »Aber natürlich komme ich wieder, ich hole nur Geld!« Nie habe ich damals verstanden, warum sie das fragte, und nie habe ich ihre Angst um mich gesehen. Und dass ihre Befürchtungen eines Tages tatsächlich auch eintreffen könnten, hätte ich schon gar nicht gedacht.

Im Sommer fuhr ich sie manchmal gegen 15 Uhr ins Freibad, kam gegen 17 Uhr wieder, wenn ich mich fit geraucht hatte, und verbrachte dann die restliche Wartezeit auf Nathalie im Wickelraum, um mein Blech rauchen zu können. Es war zu einer Vollzeitbeschäftigung geworden, aber ich wollte zumindest nie wieder spritzen.

Von den Kindern immer wieder gefragt, wieso ich so dünn sei, reagierte ich immer mit demselben Spruch: »Wieso bist du denn so dick?« Auf der Straße drehten sich die Leute oft nach mir um, und das war wirklich beschämend. Einzig das Heroin verhalf mir dann dazu, mich trotzdem gut und in Ordnung zu fühlen und die Wahrnehmung meines Aussehens, die mir auch von Bildern entgegenkam, zu verbessern.

Schließlich konnte ich nicht mal mehr an langen Ausflügen teilnehmen, weil ich die Kraft nicht hatte und dann außerdem keine Zeit, zwischendrin mein Blech zu rauchen. Einmal machten wir mit meiner Familie einen Ausflug mit Übernachtung, da konnte ich morgens noch im Bad rauchen. Tagsüber musste ich mir aber im Café die Nasenlöcher regelrecht vollstopfen, damit es mir gut ging.

In meiner Familie wussten es alle schon lange, jedoch hat mich nie jemand darauf angesprochen. Nathalie schämte sich für mich, wenn ich in meinen Hausklamotten, Jogginghose und T-Shirt, noch schnell zum Supermarkt sprang, um neue Feuerzeuge zu kaufen. Von denen hatten wir übrigens eine riesige Tüte voll, und ich wollte damit mal ganz kreativ eine durchscheinende Mosaikwand gestalten – ja, von diesen Visionen gab es unzählige.

Der Wendepunkt

Es war schließlich mein Nachbar, der mich eines Tages darauf hinwies, unten beim Supermarkt schlichen Zivilbullen herum. Am

Nachmittag des 27. April 2001 wollte Elke noch Heroin von mir holen, aber ich sollte erst abends wieder Stoff bekommen. Die Zivilbeamten passten sie also unten am Eingang ab und nahmen sie mit. Sie selbst hatte außer ein paar Krümeln Haschisch nichts bei sich. Obwohl sie deshalb keinesfalls in den Knast gemusst hätte, packte sie an diesem Nachmittag alles über mich und Chris aus. Das las sich dann später so: »Nun bleibt mir ja nichts anderes mehr übrig.«

Daraufhin planten die Beamten einen Scheinkauf mit ihr, um mich anschließend endlich zur Strecke zu bringen. Also rief mich Elke wie sonst auch abends an und ich fuhr gegen Mitternacht zu ihr. Sie hatte die Polizei schon im Vorfeld darüber informiert, dass ich immer etwas später kam, was dann auch zutraf. Ich hielt unten vorm Haus und pfiff hoch. Nach einem Blick aus dem Fenster kam sie die Treppe herunter und stieg in mein Auto ein. Es war seltsam, und irgendwie spürte ich, dass etwas nicht stimmte. Dennoch versuchte ich, den Deal über die Bühne zu bringen. Ich spuckte meine Plomben aus und gab ihr zwei Gramm. Merkwürdigerweise hatte sie das Geld nicht wie sonst zerknüllt in ihren Hosentaschen, sondern hielt es mir steif ausgebreitet entgegen, was bis zum Himmel stank. Anstatt mir die Kohle zu geben, stieg sie dann völlig weggetreten damit wieder aus – sie konnte wohl selbst kaum fassen, was sie da gerade tat. Da ich das Geld dringend brauchte, meinte ich: »Äh, und die Kohle?« Verwirrt sagte sie nur: »Ach ja, da!« Ich steckte es in die Fahrertürseite und fuhr los, als ein Auto vor und eines hinter mir anhielt. Ich wusste sofort, was los war, und stieg aus. »Frau S., Sie sind verhaftet!« Am liebsten hätte ich Elke noch »Du dumme Schlampe!« nachgeschrien, riss mich aber zusammen, denn dafür war es jetzt sowieso zu spät. Ich übergab der Polizei die markierten Geldscheine und Elke verschwand.

Im Anschluss fuhren wir im Polizeiauto zur Wache und ich wurde in eine Zelle gebracht. Ich musste meinen gesamten Schmuck abgeben, damit ich mich nicht verletzen konnte. Den sah ich übrigens nie wieder – das hatte ich mir auch anders vorgestellt.

In der Zelle legte ich mich auf die Pritsche und ließ den weiteren Verlauf wie die Zuschauerin eines Films vor mir ablaufen – nur, dass dies tatsächlich kein Film war, sondern meine Realität. Sie hatten mir sogar mein Handy gelassen, aber das checkte ich erst am nächsten Morgen und rief deshalb auch erst dann meine Mutter an. »So, haben sie dich nun endlich erwischt?«, sagte sie und lachte. Sie schien die Lage in keinster Weise zu begreifen und schon gar nicht, dass sich mein und vor allem ihr Leben von jetzt an dramatisch verändern würde.

Des Weiteren verständigten die Bullen meinen Bruder Gerald, der noch in der Nacht Nathalie aus unserer Wohnung abholen musste. Später brachte er sie dann zu meiner Mutter.

Meine Tochter begriff sofort, dass ihre ständigen Befürchtungen jetzt bittere Wahrheit geworden waren, und weinte von da an jede Nacht um mich. Besonders das ist etwas, was ich mir nie verzeihen kann. Natürlich machte ich mir in diesen Stunden furchtbare Sorgen um sie, während jedoch gleichzeitig ein Entschluss in mir heranreifte.

Später kreuzte die Polizei noch mit Hunden in unserer Wohnung auf. Sie fanden aber weiter nichts außer Chris, den sie natürlich auch gleich mitnahmen.

Am nächsten Morgen sollte ich eine Aussage machen, aber ich sagte den Beamten immer wieder, dass sie nichts gegen mich in der Hand hätten und dass sich mein Rechtsanwalt um ihre Forderungen kümmern würde. Es war nicht das erste Mal, dass ich auf einer Wache mit Fragen gelöchert wurde, und noch immer hoffte ich, auch diesmal wie bisher aus dem Albtraum wieder rauszukommen. Aber sie bohrten ständig weiter: »Wir wissen alles, Frau S., also raus mit der Sprache!« Ich entgegnete nur: »Na, wenn Sie doch schon alles wissen, brauche ich ja nichts mehr dazu zu sagen!« Irgendwann blubberte einer, dass sie immerhin zwei Aussagen gegen mich hätten, woraufhin ich entgegnete, dass ich die gern sehen würde. Immer noch hoffte etwas in mir, das alles sei nur ein böser Traum.

Dann bekam ich allerdings den Ordner mit den Aussagen von René, und während ich diese las, lief es mir heiß und kalt den Rücken hinunter. Die Buchstaben verschwammen vor meinen Augen, und ich konnte das, was ich da sah, einfach nicht glauben. »Diese Aussage haben wir schon seit zwei Jahren, aber erst jetzt haben wir die zweite bekommen. Und den Beweis haben Sie uns mit dem Scheinkauf selbst geliefert. Sie werden wohl eine Weile hinter Gitter müssen, wenn Sie nicht kooperieren. Denken Sie an Ihre Tochter!« An dieser Stelle musste ich keine Sekunde überlegen und entgegnete das, was mir in der Nacht zuvor klar geworden war, als ich den Ernst der Situation erkannt hatte: Wollte ich es in meinem Leben je schaffen, *dauerhaft* clean zu werden, konnte ich dies nur an einem Ort fern von zu Hause und fern der ganzen schmutzigen Drogenszene, selbst wenn das bedeutete, längere Zeit von meiner Tochter getrennt sein zu müssen.

Einige Monate zuvor hatte ich durch meinen Arzt bereits die Aufnahme in ein Methadonprogramm erwirkt, weil die Dealer, meistens Osteuropäer, um Weihnachten immer Urlaub in ihrer Heimat machten und das Geschäft in dieser Zeit ins Stocken kam. Das bedeutete erhebliche finanzielle Einbußen für mich. Außerdem kam es dadurch zu Engpässen in meiner eigenen Versorgung und ich wollte Entzugserscheinungen vermeiden. Als Langzeitabhängige wurde ich auch sofort in das Programm aufgenommen. Heroin jedoch brauchte ich trotzdem noch – man nennt das Beikonsum. Auf diese Weise hatte ich also in zweierlei Hinsicht vorgesorgt, ohne zu ahnen, dass mir das jetzt zugutekommen sollte.

Und so sagte ich dem Beamten in entschlossenem, scharfem Ton: »Hören Sie, was bringt es mir denn, wenn ich Ihnen jetzt Namen nenne, aber weiterhin drauf bleibe? Ich gehe jetzt in den Knast und werde clean! Und dabei denke ich nur an eins: an meine Tochter!«

Der Mann sah mich mit großen Augen an und meinte: »So etwas hab ich ja noch nie gehört, das wollen Sie wirklich?« In seinem Blick lag eine Menge Respekt und damit war das Gespräch beendet.

Hotel Gitterblick

Noch heute, im Nachhinein, ist es jedes Jahr das Gleiche, wenn das Datum der Verhaftung näher rückt: Meine Stimmung ist schlecht, die Erinnerung ist klar und schmerzt, und obwohl ich doch stolz darauf sein kann, es so weit geschafft zu haben, übermannt mich stets aufs Neue die Trauer darüber, dass alles so weit kommen konnte.

Jene Nacht der Verhaftung ist noch immer wie ein schlechter Film für mich, den ich damals wie von fern und ohne äußere Gefühlsregungen durchlebte. Ich fragte mich, in welcher Verfassung ich wohl am Morgen sein würde, denn spätestens dann würde ich die nächste Dosis Methadon brauchen. Glücklicherweise brachte mir ein Beamter morgens auch meine Ration und so klärte sich wenigstens dieses Problem.

Auch heute noch belastet mich der Gedanke schwer, welchen Kummer ich meiner Tochter mit meiner Sucht bereitet habe, aber die Abhängigkeit hatte mich damals ausweglos im Griff. So begann an diesem Tiefpunkt meines Lebens, der Verhaftung, für uns alle sogar noch einmal ein neuer und ganz anderer Leidensweg. Auf jeden Fall wurden Chris und ich am nächsten Tag dem Haftrichter vorgeführt, der uns beim Reden noch nicht mal in die Augen sah, und nachdem ja aufgrund der Aussagen klar war, dass wir tatsächlich nicht unschuldig waren, brachte man Chris nach Stammheim und mich nach Schwäbisch Gmünd.

Wir sahen uns zum letzten Mal an und es war für uns beide okay. Wir verloren nicht mehr viele Worte. Ich wollte ihm schnell noch was von meinem Methadon geben, aber er sagte, dass es ihm gut ginge und ich es doch sicher selbst bräuchte. Dann zeigte er mir das große Päckchen, das ich am Vortag noch geholt hatte und das er tatsächlich immer noch bei sich trug. Ich war schwer beeindruckt – ja, das war mein Chris.

Auf dem Weg in die Haft durfte ich an der Tankstelle noch eine Stange Zigaretten und etwas zu trinken kaufen. Die Bullen waren so weit ganz nett und ließen mich ohne Handschellen gehen, nachdem ich ihnen zu verstehen gegeben hatte, dass ich für Sperenzchen weiß Gott nicht mehr die Kraft hatte.

Als wir uns dem Gefängnis näherten, erkannte ich die hohen Mauern wieder, die mir noch in Erinnerung waren, seit ich Chris vor Jahren versehentlich mal in den falschen Knast gefahren hatte. Der Eingang war ein riesengroßes Tor, das einen fast erschlagen konnte.

Es war ein weiterer Wendepunkt in meinem Leben, dort anzukommen und zu wissen, dass sich nun alles ändern würde und dass keiner wusste, wohin die Reise ging. Ich trat durch die kleine Stahltür neben der großen und wurde auf der anderen Seite von einer Frau abgeholt. Wir liefen über den Hof und ich war erstaunt, wie »normal« da noch alles aussah – irgendwie wie ein großer Schulhof. Wir gingen zum Zugangshaus, wo meine Personalien aufgenommen wurden und ein Foto von mir gemacht wurde. Dabei sagte die Frau noch zu mir: »Nun lächle doch mal, du schaust so ernst!«

In der Tat hatte ich auf den Polizeifotos vorher immer gestrahlt und gelächelt, weil ich mir dabei gedacht hatte: *Ihr Dummköpfe kriegt mich ja sowieso nie!* Nun aber war es anders: Ich hatte keinen Grund mehr zu lächeln, denn jetzt hatten sie mich gefasst.

Ich bekam einen Haufen abgelegter Kleidung und musste mich unter Aufsicht umziehen. Alles, was ich bekam, wurde abgezählt, Klamotten, Geschirr und auch alles andere. Wenn davon hinterher was fehlt, sagte man mir, müsste ich es bezahlen! *Heieiei*, dachte ich, *die haben Probleme* – als ob von *diesen* Sachen jemand je was mit nach Hause nehmen wollte!?

Danach gingen wir die Treppen zum Hospital hoch und ich wurde der Ärztin vorgeführt. Sie fragte mich, ob ich im Methadonprogramm sei, und ich bejahte. Da das jeder hätte behaupten können und ich keinen Methadonausweis dabeihatte, rief sie meinen Methadoc an, dessen Praxis am Freitagnachmittag natürlich schon geschlossen hatte. So langsam wurde die Sache brenzlig für mich und ich bat sie deshalb, in der Apotheke anzurufen und dort zu fragen. Meine Güte, das Wochenende stand an und die Aussicht, dass ich dann ohne die Ersatzdroge sein könnte, versetzte mich regelrecht in Panik. Gott sei Dank ging dort jemand dran und die Ärztin sprach lange mit der Apothekerin, die mich gut kannte. So wurde ich langsam wieder ruhiger und wusste, jetzt wird alles gut. Die Apothekerin war wohl ganz bestürzt darüber, dass ich verhaftet worden war, da es doch nie negative Vorkommnisse mit mir gegeben hatte und sie fest geglaubt hatte, dass ich ganz vom Heroin weg sei. Das war mir in der Tat peinlich, denn jetzt war der Mantel der Unschuld, der bis dahin noch fast jeden Außenstehenden geblendet hatte, auch an dieser Stelle weg. Aber dann dachte ich daran, dass ich niemanden kannte, der im Methadonprogramm keinen Beikonsum hatte. Schließlich ist es bei 98 Prozent aller Abhängigen so, dass sie nebenbei noch koksen oder anderen Unfug treiben.

Nach dem Gespräch sagte mir die Ärztin, dass ich statt Methadon jetzt Polamydon bekäme. Vor meinen Augen goss sie also meine mitgebrachte Wochenration in den Ausguss, während sich meine Gedanken darüber, wie viel Geld da gerade davonschwamm, zu einem wirren Brei vermischten. Meine Erfahrung sagte mir, dass es mit Polamydon kaum weniger schwierig werden würde als mit Methadon.

Danach gab auch sie mir wieder ein Röhrchen mit, in dem ich eine Stuhlprobe abgeben sollte. Diesbezüglich regte sich bei mir allerdings mal wieder tagelang gar nichts mehr, wie gehabt. Alle anderen auf Entzug hatten immer Durchfall, nur ich nach wie vor nicht.

Untersuchungshaft

Nun wurde ich in eine Fünf-Personen-Zelle geführt. Vom ersten Moment an kam es mir so vor, als ob sich hier alle die versammelt hätten, für die es auf der Straße keinen Platz mehr gab: Jede Insassin hatte ihre ganz eigene Macke und ich mit meiner mittendrin, was für eine Mischung! Die Toilette war im selben Raum und nur durch einen Vorhang abgetrennt. Schon das war unvorstellbar für mich, aber ich hatte ja Glück und musste nie ein Geschäft verrichten. Unter den Zelleninsassinnen war neben mir noch eine BTM-Frau – also eine, die wegen Betäubungsmitteldelikten einsaß –, mit der ich mich wenigstens ein bisschen austauschen konnte.

Sie meinte, dass man nur zwei Wochen in dieser Fünferzelle verbringe. Anschließend wechsle man in eine Zweierzelle. Sie fragte auch gleich, ob ich dann mit ihr in diese Zelle gehen wolle. Ohne zu überlegen, sagte ich zu, denn hier kam ich mir vor, als sei ich in der Klapse gelandet. Allein schon mit Frauen zusammenzuwohnen, die sich nicht waschen, grenzt an Körperverletzung.

Da war zum Beispiel eine junge hübsche Frau, die sie die »Cabriomörderin« nannten. Wenn wir sie nach dem Hergang der ihr zur Last gelegten Tat fragten, fiel sie regelmäßig in einen Zustand, der einer Ohnmacht ähnelte. Wir waren alle der Überzeugung, dass sie simulierte, aber nachdem sie diese Aussetzer auch an anderer Stelle hatte oder aus heiterem Himmel die Schließerinnen beschimpfte, war ich mir da nicht mehr so sicher. Die Frau war auch noch schwanger von ihrem Mittäter und Freund, der in Stammheim in Sicherungsverwahrung saß. Sie schrieben sich täglich ellenlange Briefe und von ihren Eltern bekam sie ständig Kohle.

Eines Tages wurde der genaue Tathergang dann im Fernsehen beschrieben und ich war fassungslos, wie man so was zustande bringen konnte. Sie allerdings beteuerte immer wieder, nicht dabei gewesen zu sein.

Das Paar hatte sich auf eine Zeitungsannonce gemeldet, in der ein Mann sein Cabrio zum Verkauf anbot. Als die beiden ihn in seiner Wohnung aufsuchten, überwältigten sie den armen Mann und brachten ihn um. Seine Leiche umwickelten sie einschließlich des Kopfes mit Plastikfolie und Klebeband. Davor stopften sie ihm Socken in den Mund, um ihrer Sache ganz sicher zu sein. Danach fuhren sie mit seinem Cabrio ungerührt zum nächsten Bankschalter und hoben mit der Karte ihres Opfers dessen Geld ab. Immer wieder beteuerte die Täterin in der Zelle ihre Unschuld, aber merkwürdigerweise haben sich alle Mitinsassinnen irgendwann so verhalten – immer waren sie »völlig unschuldig«. Selbst ich hatte Anflüge solcher Gedanken, wenn ich die Schwere der Verbrechen um mich mitbekam und selbst doch »nur« mit Heroin gedealt hatte.

Es kam die erste Nacht in dieser Zelle und natürlich konnte ich, wie immer, nicht schlafen. Irgendwann gegen sechs Uhr früh klingelte ich dann, weil ich völlig fertig war, aber es kam niemand. Ich fror und wurde immer affiger, verhielt mich dennoch still, weil ich niemanden wecken wollte. Es kotzte mich voll an, ich war unruhig und saß erst mal ewig in meine Bettdecke eingehüllt an der Zellentür. Es war lange her, dass ich das letzte Mal auf dem Affen gewesen war, aber ich wusste sofort wieder, was jetzt auf mich zukam. Meine Augen tränten unentwegt und ich fing an, wie ein Pavian dabei zu gähnen. Das war, wie üblich, der lausige Anfang und mehr wollte ich davon auch gar nicht haben.

Um acht schloss eine Wärterin dann die Zellen auf. Ich war inzwischen wirklich wütend und sagte, dass ich dringend mein Polamydon bräuchte. Die gute Frau, völlig relaxed: »Aber wir haben doch Wochenende, da gibt es das immer erst eine Stunde später.« »Ach ja, bei Junkies gibt es leider kein Wochenende!« Ich musste mich echt beruhigen und schaffte es mit Müh und Not, mich zur Einnahme zu schleppen.

Mit mir gingen noch ein paar andere hoch ins Hospital, um das Pola zu schlucken, und es kam mir wie eine Ewigkeit vor, bis alle aus ihren Zellen draußen waren. Keine von ihnen schob auch nur im Geringsten einen Affen und nicht nur das, sie liefen auch noch total schläfrig vor sich hin, während Schlaf für mich inzwischen kaum mehr vorstellbar war. Toll, das nun jeden Morgen erleben zu dürfen. *Prima Katja, das hast du dir verdient.*

Zusätzlich zu diesen Begleiterscheinungen wurde ich immer aggressiver, wenn ich auf ungewollten Widerstand traf, und manch-

mal selbst dann, wenn alles nur »normal« ablief. Ich war extrem
dünnhäutig und beim geringsten Anlass brach für mich eine Welt
zusammen. Ich hasste alle, denen es besser ging, ich hasste meine Situation, mehr als je zuvor, und vor allem hasste ich zum ersten Mal auch *mich selbst*. Ich war nicht nur in dieser Zelle, sondern
auch *in mir* gefangen, konnte niemand anderem die Schuld dafür
geben, niemanden sonst zur Rechenschaft ziehen oder verprügeln.
Beim kleinsten Schubser wäre ich zusammengeklappt wie ein Kar-
tenhaus, und auch das machte mich wütend: dass ich noch nicht
mal mehr die Kraft hatte, mich aufrecht zu halten.

Ich hoffte inständig, dass es mir bald besser gehen würde, doch
erst mal gings rasant bergab. Nachdem ich mich die vielen Treppen hochgeschleppt hatte und sie mir das Polamydon mit einem
Orangensaft gegeben hatten, dachte ich erst, so wirkt das nie. Ich
schluckte das verdünnte Zeug und wurde wieder in meiner Zelle
gebracht. Dann musste ich noch mal eine knappe Stunde warten,
bis das Medikament schließlich doch seine Wirkung zeigte. Erst
dann fühlte ich mich wieder wie ein Mensch und ging es mir einigermaßen gut.

Ich saß in Untersuchungshaft und wusste nicht, wie lange es
dauern würde, bis meine Verhandlung stattfinden würde. Bis dahin
durfte jedoch höchstens ein halbes Jahr vergehen. Erst später wurden mir die Unterschiede zwischen U- und Strafhaft klar und auch
die Tatsache, dass beides Vor- und Nachteile hat.

Im Moment durfte ich jedenfalls nicht telefonieren und die
Briefe, die ich schrieb, gingen erst an den Richter, der sie durch-
las, bevor sie weitergeschickt wurden. Das dauerte jedes Mal genau einen Monat. Ein Vorteil der U-Haft jedoch war, dass man in
dieser Zeit nicht arbeiten musste, was mir in meiner Entzugssitu-
ation (das Polamydon bekam ich nur zwei Wochen lang) auch gar
nicht möglich gewesen wäre. Man durfte für 300 DM monatlich
Dinge für den persönlichen Bedarf einkaufen, auch das ein wah-
rer Luxus, sofern man Geld hatte. Und ich hatte zum Glück noch
Reserven.

Die meisten anderen dagegen waren total abgebrannt und schnorrten immer Tabak, was mir total widerstrebte. Die Tage ließen sich einigermaßen aushalten, aber wenn ich um circa 17 Uhr langsam wieder affig wurde, ahnte ich schon, wie es weitergehen würde. Da einige Mitinsassinnen Medikamente für die Nacht bekamen, fragte ich nach, ob nicht auch ich etwas zum Schlafen bekommen könnte. Das war ohne ärztliche Anordnung allerdings nicht möglich und so blieben die Nächte der reinste Horror für mich. Am schlimmsten war es am Wochenende und wenn die Ärztin nicht im Haus war. Ich hätte laut schreien können, aber wie üblich verkniff ich mir das. Ich bekam kein Auge zu und ärgerte mich die ganze Zeit nur, dass es so weit gekommen war.

Alle anderen in dem Fünferzimmer schliefen dagegen gut und friedlich und der Mief hing überall. Wenn man affig ist, riecht man alles doppelt so stark, aber das war jetzt auch egal – gestunken hat es auf jeden Fall. Wenn die anderen wach wurden und aufstanden, war ich so gerädert, als hätte mich ein Panzer überfahren. Ich kam mir vor wie auf Haldol, jede Bewegung brauchte Minuten, meine Augen hingen auf Halbmast und oft wurde es selbst nach dem Polamydon nur unwesentlich besser.

Was für ein übler Film, wenn ich mit all den Weibern aus meinem Stock im Esssaal Platz nehmen musste – für mich wahrlich die Hölle. Ich hing da wie ein Zombie, alle starrten mich an und ich dachte mir, dass sie eine so fertige und kaputte Frau wie mich sicher nie zuvor gesehen hatten. Irgendwie waren sie bestürzt über meine Verfassung, das konnte ich an ihren Blicken ablesen, aber trotzdem ließen sie es sich nicht anmerken. Und während alle normal aßen, löffelte nur ich meine Suppe in Zeitlupe in mich hinein. Dieses Bild kannte ich ja noch aus der Klapse, in der ich mit 17 gewesen war, vom Haldol gelähmt und unfähig zu sprechen – mit dem Unterschied, dass ich jetzt nur Polamydon intus hatte.

Mir gegenüber saß eine dicke Rumänin, die sich sogleich als Oberhaupt ihrer Gruppe zu erkennen gab. Sie versuchte äußerst dreist, ihr Revier zu verteidigen, und wusste nicht, wie sie mit mir umgehen sollte. So zog sie urplötzlich ihr T-Shirt hoch und fragte mich: »Sollen wir ficken?« Der Anblick ihrer riesigen Möpse, die in einem hässlichen, vormals weißen BH kaum Platz fanden, ließ mich kurz erstarren. Dennoch schaute ich unbeeindruckt wieder auf meinen Teller. Einige am Tisch lachten kurz, fanden es dann aber wohl doch nicht so lustig. Vielleicht konnten sie meine Gedanken erahnen – *dich mach ich fertig, warts nur ab!*

Alter Schwede, dachte ich in der Tat bei mir, *sobald ich wiederhergestellt bin, bekommst du verdammt noch mal Ärger mit mir!* Ich weiß nicht mehr, was hinter meinem Rücken ablief, aber ich glaube, eine ältere Mitinsassin hatte der Aufsicht Bescheid gesagt, denn ich durfte in meine Zelle zurückgehen. Auch am nächsten Tag musste man sich zum Essen anstellen. Da ich bei meinem Tempo zwangsläufig die Letzte in der Schlange war, ging ich in die Hocke, als ich mich einfach nicht länger aufrecht halten konnte. Alle schauten mitfühlend zu mir herunter und einige boten mir Hilfe an, die ich auch dankend annahm. Von da an brachte mir immer jemand das Essen in die Zelle, aber ich hatte sowieso keinen Hunger. Fast zwei ganze Wochen – das heißt während der Zeit mit Polamydon – aß ich so gut wie nichts, bekam einfach nichts runter und nahm dementsprechend noch weiter ab.

Am folgenden Montag bekam ich erstmals eine Diazepam für die Nacht, die ich auch gleich nahm. Zum ersten Mal seit langer Zeit nickte ich leicht ein und freute mich schon auf eine geruhsame Nacht – wow, es gibt noch etwas, das anschlägt bei mir, was für eine Erlösung! Pustekuchen, nach einer halben Stunde wachte ich wieder auf, als wäre nichts gewesen. Beim nächsten Mal kippte ich das schon aufgelöste Mittel wieder in den Becher zurück und gab es meiner Zellengenossin, die sich sehr darüber freute. *Schön*, dachte ich, *wenigstens eine, die was davon hat.* Die Ärztin probierte dann noch weitere Medikamente für die Nacht mit mir durch, doch ich schien gegen alle resistent zu sein: von Antidepressiva wie Stangyl, Aponal und Neurocil bis was weiß ich, wie sie noch alle hießen. Jedes Mal hing ich bei der Ärztin auf Schippe sieben und immer sagte sie zu mir: »Sie machen das ganz prima!« Ich bin weiß Gott kein Jammerlappen, aber als sie dann eines Tages doch sagte: »Also, wir haben jetzt wirklich alles ausprobiert, jetzt weiß ich auch nicht mehr weiter!«, gab ich die Hoffnung ebenfalls auf, was die Nächte betraf.

Über mein Gewicht war sie auch nicht erfreut. Ich hatte 38 kg gewogen, als ich reingekommen war und hatte in der Haft noch mal zwei Kilo abgenommen. Ab 35 kg ist man jedoch haftunfähig und die Ärztin meinte, wenn ich nicht bald wieder zulegen würde, müsste ich in die Gefängnisklinik auf den Hohen Asperg. Die Geschichten, die man von dort hörte, beunruhigten mich allerdings sehr und so unternahmen wir einen letzten Versuch mit Astronautennahrung. Die hatte ich bei meinen vorigen Entzügen auch schon bekommen und sie schien das Einzige zu sein, was ich noch zu mir nehmen konnte. Wieder war ich zwei Wochen nicht auf der Toilette gewesen, um die verlangte Stuhlprobe abgeben zu können – da klappte absolut gar nichts, noch nicht mal mit Abführmitteln.

Mein Allgemeinzustand war jenseits von Gut und Böse und ich fühlte mich, als befände ich mich in einer Art Zwischenwelt. In der Emotionslosigkeit allen Dingen und Ereignissen gegenüber – ich hatte lediglich Hassattacken gegen all jene, die mir dumm kamen – schwang trotz allem immer noch die Hoffnung mit, mein Zustand möge sich bald ändern. Nie werde ich vergessen, was mir die Russin Olga später einmal sagte: »Katja, weißt du, wie du hast ausgesehen? Wie Zombie mit Batterie!« Dem war nichts hinzuzufügen, denn damit hatte sie das Innere und Äußere genau getroffen.

Ausgerechnet in dieser Zeit der schlimmsten zwei Wochen bekam ich Besuch von meinem Bruder und meiner Tochter, der meine Mutter erzählt hatte, ich wäre in einer Ernährungsklinik. Noch nie hatte mich Nathalie in solch einem Zustand gesehen und ich riss mich wirklich noch zusammen. Sie war jetzt zehn Jahre alt und völlig schockiert und verunsichert von meinem Anblick. Irgendwann hatte sie große Krokodilstränen in den Augen und fragte mich, warum ich denn noch mehr abgenommen habe. Obwohl bei diesem ersten Treffen eine Aufsichtsperson dabei war, versuchte ich, die Karten auf den Tisch zu legen, so gut es ging. Ich erklärte ihr, dass es mir wegen der Medizin (und damit meinte ich das Polamydon), die ich nehmen müsste, gerade nicht so gut ginge und dass ich deshalb gar keinen Hunger mehr hätte. Es würde aber nicht mehr lange dauern, bis es mir besser ginge und ich wieder Appetit bekäme, das sei ganz normal so.

Dabei kam ich mir so unendlich nackt und schäbig vor, dass ich am liebsten mitgeheult hätte, aber ich musste doch stark sein! Und so war es dann auch die gesamte Haftzeit hindurch: Die Freude darüber, Nathalie wenigstens sehen und ein bisschen mit ihr sprechen zu können, gab mir jedes Mal die Kraft für die Etappe bis zum nächsten Besuch. Gleichzeitig musste ich aber das Wissen um *ihren* Schmerz und das, was ich ihr aufbürdete, so gut es ging verdrängen. Jahrelang sah ich sie nur von Weitem aufwachsen und konnte nicht den Alltag mit ihr teilen, sondern musste sie mit allen Konsequenzen der Obhut meiner Mutter überlassen, der ich nach wie vor ablehnend gegenüberstand. Obwohl ich wusste, dass ich das Ziel, das ich mir selbst gesteckt hatte, nur um diesen hohen Preis dauerhaft erreichen konnte, ließ sich das alles nur ertragen, indem ich während der gesamten Haftzeit eine Distanz zwischen mir und meinen Mitmenschen aufbaute, die meine wahren Gefühle verbarg. Das schien mir der einzig mögliche Weg zu überleben.

Während meine Mitinsassinnen weinten, war ich davon meilenweit entfernt. Nur einmal geschah es, dass ich die Mauer durchbrach und tatsächlich weinen musste. Das war, als ich eines Morgens nach dem Aufschluss aus meiner Zelle rausging. Da schlossen sie gerade die Fünferzelle gegenüber auf und mir kam eine befreundete Dealerin entgegen. Ich traute meinen Augen kaum, nahm sie in den Arm und da schoss es schon aus mir heraus. Die Umstehenden schauten ungläubig, vor allem die Rumäninnen, aber das war mir in diesem Augenblick egal. Ich war selbst überrascht, dass ich noch so schluchzen konnte. Endlich ein vertrautes Gesicht, endlich eine, die mich und die auch ich kannte. Es war ein so merkwürdiges Gefühl der Überraschung, dass auch sie hier gelandet war. Sie war etwas älter als ich und wog sogar noch weniger, deshalb war sie zuvor schon in der Klinik gewesen. Bei unserer Begegnung hatte ich den Eindruck, dass es ihr psychisch schlechter, aber trotzdem körperlich besser ging als mir. Sie wurde recht schnell in die Strafhaft verlegt, während ich das volle halbe Jahr in U-Haft bleiben musste – was mir allerdings entgegenkam, denn noch hätte ich keinesfalls irgendwas arbeiten können.

Ob ich in dieser Zeit der Untersuchungshaft überhaupt je geschlafen habe, weiß ich nicht. Ich erinnere nur, dass ich Nacht für Nacht wie auf Speed in meinem Bett wachlag, als wäre ich lebendig begraben. Pünktlich um vier Uhr fingen die Vögel an zu zwitschern und je lauter sie wurden, desto aggressiver machten sie mich. Nicht selten wünschte ich mir ein Gewehr, um sie abzuschießen, so sehr gingen sie mir auf den Geist.

Ich fragte mich oft, wie es sein konnte, dass die anderen Mädels, die wegen Verstößen gegen das BTM-Gesetz da waren, nach kürzester Zeit schlafen, aufrecht stehen und das Essen nur so in sich hineinschaufeln konnten. Die Antwort konnte ich mir allerdings auch gleich selbst geben: Das Ausmaß meiner Sucht war einfach nicht zu übertreffen. Vielen Dank, das war die Quittung – ich hatte mein vegetatives Nervensystem wohl komplett weggeraucht. Halbwegs beruhigend war lediglich die Tatsache, dass ich weder HIV-positiv war noch Hepatitis C hatte. Dies durfte ich bei allen Schwierigkeiten nicht vergessen und dafür musste ich wirklich dankbar sein.

Die Tage wurden jetzt langsam wärmer, doch mein Körper war selbst in der prallen Sonne ständig von einer Gänsehaut überzogen. Ich war inzwischen längst in eine Zweierzelle gewechselt. Eines Tages fragte mich eine ältere Mitinsassin, die wegen Mordes einsaß, warum ich ausgerechnet mit Sabine das Zimmer teile. »Na«, sagte ich, »weil wir die gleichen Probleme haben!« Das verstand sie zunächst nicht recht, bis sie mir einmal während des Hofgangs erzählte, dass Sabine HIV-positiv sei. Da gingen bei mir urplötzlich

die Lichter aus und ich war stocksauer, dass mir das keiner gesagt
hatte. Dabei war es nicht die Tatsache der Infizierung selbst, die
mich schockierte, sondern dass mich die Wärterinnen nicht darüber aufgeklärt hatten. Natürlich fragte ich auch Sabine, warum sie
es mir verschwiegen hatte, und sie meinte, sie hätte sich nicht ge-
traut, es mir zu sagen. Das nährte mal wieder mein Ur-Misstrau-
en und von da an hing sie auch die meiste Zeit mit einer anderen
rum, mit der sie lesbische Spielchen spielte – na ja, jede, wie sie es
braucht. Im Anschluss wollte dann eine Jugoslawin zu mir in die
Zelle, die vor den anderen Frauen und speziell vor einer Axtmörde-
rin Angst hatte. Sie zog schon am nächsten Tag bei mir ein und Sabine war über meine Entscheidung ähnlich überrascht wie ich zuvor über sie.

Meine neue Mitbewohnerin war ein etwas unruhiger Geist und
es machte sie rasend, dass die Zellentüren immer so lange verschlossen waren. Mich dagegen störte das gar nicht. Sie jammerte
viel rum wegen ihres Affen, der im Gegensatz zu meinem Gorilla
aber lächerlich war. Nach einiger Zeit ging mir ihre dauernde Unzufriedenheit langsam, aber sicher auf die Nerven, denn während
sie nachts wunderbar schlafen konnte, lag ich wach und hielt trotzdem meinen Mund. Ihr Vergehen schien dem meinen zunächst
total ähnlich zu sein, aber als ich dann ihre Anklageschrift lesen
durfte, eröffnete sich mir eine andere Sicht der Dinge. Ständig jammerte sie rum, dass sie zu viel geredet habe, und ärgerte sich darüber, ausgepackt zu haben. *Oh Mann*, dachte ich, *da sitze ich nun
mit dieser Tussi auf der Zelle. Und wegen so einer bin ich ja hier gelandet.* Sie war sozusagen meine »Elke«, eine Verräterin. Schon wieder ging mir ein Licht auf und ich stellte fest, dass ich so ziemlich
die Einzige war, die nicht ausgepackt hatte. Die anderen BTMler
um mich herum hatten alles gesagt in der Hoffnung, dann milde-
re Urteile zu bekommen – für mich ein Ding der Unmöglichkeit,
und das, obwohl ich um das Leiden meiner Tochter wusste. Es ist
schwer zu erklären und vielleicht noch schwerer zu verstehen, aber
einen Tod musste ich auf jeden Fall sterben. In der Drogenwelt

konnten meine Kunden immer auf mein eisernes Schweigen und meine absolute Verlässlichkeit vertrauen. Diese Eigenschaften hatten mich jahrelang vor einem noch schlimmeren Abstieg bewahrt und so konnte ich sie auch jetzt nicht einfach aufgeben.

Mit der neuen Erkenntnis über meine Mitbewohnerin fühlte ich mich jedenfalls in meiner Zelle nicht mehr wohl, weil die Jugoslawin ständig rumzickte, wieso ich zum Beispiel immer mein Essen stehen ließ, um es am Abend dann wegzuschmeißen. Verständlich, aber ich wusste ja nie, ob und wann ich Hunger bekam, und meistens kam er eben überhaupt nicht.

Auf dem Stock war ich die Einzige, die eine Stopfmaschine besaß, mit der man losen Tabak in Zigarettenhülsen füllen konnte. Eine junge Insassin hatte sie jemandem abgezockt und mir dann gegeben, bevor sie in die Strafhaft kam. Um dieses Gerät beneidete mich die ganze Etage, da sich beim Einkauf niemand sonst eines leisten konnte. Als ich jedoch mitbekam, dass meine Zellengenossin sie einmal der dicken Rumänin ausgeliehen hatte, während ich gerade im Besucherraum war, fasste ich den Entschluss, mich nun zu rächen. So langsam wurde ich etwas kräftiger und bereitete mich innerlich darauf vor, denen, die meine Schwäche ausgenutzt hatten, Paroli zu bieten. Insgesamt geschah das wohl eher seelisch, denn körperlich war ich den anderen immer noch weit unterlegen. Trotzdem versuchte ich tapfer, mit zwei jämmerlichen Milchtüten meine Muckis auf Vordermann zu bringen, aber selbst dafür war ich noch zu schwach und obendrein zu träge.

Gleichwohl war es bald so weit, dass ich der rumänischen Anführerin zurückgeben konnte, was sie mir an meinem ersten Tag mit ihren Brüsten zugemutet hatte. Dabei war mir klar, dass sie mich nur verstehen würde, wenn ich mich auf ihre Ebene begab und mich der gleichen primitiven und vulgären Ausdrucksweise bediente wie sie. Es kam also der Tag, an dem ich wieder mal Besuch von meiner Tochter bekommen sollte. Zuvor kam der Bulldozer noch in meine Zelle und fragte mich, ob ich ihr die Stopfmaschine geben könne.

Bis dahin hatte ich in keinster Weise zu sagen vermocht, was bei einer solchen Begegnung mit ihr passieren würde. Nun antwortete ich ihr ruhig und gelassen: »Weißt du, was ich mache? Ich nehme die Stopfmaschine, schiebe sie mir in die Fotze und gehe dann zu meinem Besuch!« Dann wartete ich gespannt auf ihre Reaktion. Jetzt war alles möglich und ich war auf alles gefasst, aber es passierte – überhaupt nichts. Auf diese Worte von mir war sie nicht vorbereitet gewesen, das las ich in ihrem Gesicht, und entsprechend sprachlos und verwirrt verschwand sie aus meiner Zelle.

Da ich nun wenigstens wieder aufrecht gehen und meine Zelle verlassen konnte, hatte ich auch mehr Kontakt mit anderen Mithäftlingen, und der verlief sehr unterschiedlich. Da war zum Beispiel eine Frau, die ihren Mann zerstückelt hatte. Es war Abendbrotzeit und jede musste ihre Kanne für den Tee mit in den Speisesaal nehmen. Ich, ganz schlau, hatte meine Sachen jeweils mit einem Aufkleber »Finger weg, sonst Finger ab!« gekennzeichnet, und es kam, was kommen musste. Die Frau, die ihren Mann ermordet, zerlegt und in alle Windrichtungen verteilt hatte, griff ganz unverblümt nach meiner Kanne, was ich aber erst merkte, als ich Tee einschenken wollte und die Kanne weg war. Da aber nur sie in der Küche stand, sprach ich sie darauf an, obwohl ich nicht genau wusste, ob sie tatsächlich meine Kanne in der Hand hielt. Lauthals blökte sie zurück: »Nix deine Kanne, ist meine Kanne!« Jetzt wurde es mir doch etwas zu bunt. Ich schaute nach, ob mein Aufkleber drunter war – und ja, das war er. Ich blaffte zurück: »Was, *deine* Kanne? Das ist *meine* Kanne!?!«, und zeigte ihr die Markierung. Sie stand mit offenem Mund da und ich riss ihr das Ding aus der Hand.

Da ich ausnahmslos allen Mithäftlingen körperlich unterlegen war, musste ich meine Stellung eben mit meiner spitzen Zunge behaupten, und das hat meistens auch funktioniert. Das Dumme daran war lediglich, dass ich – so meinte ich jedenfalls – gezwungen war, ebenfalls in die Vulgärsprache der anderen zu verfallen, wenn ich mir Respekt verschaffen wollte. Aber das hatte ich mit 13 ja gut drauf, und es bewährte sich jetzt.

Auf jeden Fall wollte ich so schnell wie möglich weg aus diesem Klima des Wahnsinns und schrieb einen Antrag auf Verlegung in den unteren Stock, wo wenigstens ein paar normale Frauen untergebracht waren. Auch das klappte glücklicherweise recht schnell, und als die Meute eines Tages vom Hofgang zurückkam, war ich verschwunden. Nun war ich unter Menschen, bei denen man seine Ruhe hatte. Es waren zwar auch hier einige Gewaltverbrecherinnen darunter, aber die waren zumindest halbwegs umgänglich und konnten bis zehn zählen. Und ich durfte auch wieder in eine Zweierzelle, juchhu.

Im Erdgeschoss konnte man endlich auch die Natur wieder wahrnehmen. Zum ersten Mal seit langer Zeit konnte ich wieder Gras riechen und auch die anderen Sinnesorgane schienen zu ihrer ursprünglichen Funktion zurückzukehren. Wenn die Sonne unterging, ließ ich meine Füße durch die Gitterstäbe baumeln und beobachtete die riesigen Ratten, die vor mir ihr Unwesen trieben. Ich genoss die Sonnenstrahlen und hatte das Gefühl, langsam wieder ins Leben zu finden. Mein Appetit kam wieder und ich verstand mich gut mit den anderen. Eine nette kleine Thailänderin (die im wirklichen Leben allerdings ihren Mann erstochen hatte) kochte hin und wieder etwas Leckeres und rief mir dann zu, ich solle doch auch kommen und mitessen. Das waren die glücklichen Momente im Knast, in denen ich trotz der Umstände das Gefühl des Zuhauseseins und der Gemeinschaft erlebte. Und obwohl das wahrscheinlich einer der letzten Orte sein dürfte, an denen man sich zu sein wünscht, lernte ich hier viel fürs Leben. Zum Beispiel, dass nicht alle Frauen, die jemanden umgebracht haben, blindwütige Furien sind, die ihre Männer aus Lust und Laune verhäckseln. In jedem Fall, den ich kennenlernte, waren sie vorher jahrelang so missbraucht und misshandelt worden, dass es für sie irgendwann nur noch die Lösung gab, ihren Peiniger zu ermorden, um ihren Qualen ein Ende zu bereiten. Es waren Frauen darunter, denen ich ein solches Verbrechen niemals zugetraut hätte, die freundlich und hilfsbereit waren und die

Letzten zu sein schienen, die an diesen Ort gehörten. Eine fast paradoxe Situation war es dann auch, diese Frauen abends im Fernsehzimmer zusammensitzen und kleine Püppchen stricken zu sehen. Wenn sie mir dann stolz zeigten, was sie gemacht hatten, wusste ich gar nicht, wie ich reagieren sollte. Dann steckte ich manchmal sämtliche Stricknadeln in die Gebilde und sagte: »Als Vodoopuppen gefallen sie mir besser!«

Obwohl es mir insgesamt etwas besser ging, war ich innerlich unruhig und fahrig. Meine Hände wollten unablässig Beschäftigung, weil es zum ständigen Blechrauchen zuvor keinen Ausgleich gab. Das Ritual fehlte mir sehr und so fing ich aus lauter Verzweiflung an, Bananenfäden zu trocknen, um sie dann auf einem Stück Schokoladen-Alufolie zu rauchen. Das hatte natürlich keinerlei Wirkung, aber wenigstens konnte ich damit ein bisschen die Zeit totschlagen. Ich sammelte daher das Silberpapier von Schokoladentafeln, um Vorrat zu haben.

Irgendwann wollte dann eine Lesbe zu mir in die Zelle, weil sie nicht allein sein wollte. Ich willigte ein. Sie sah aus wie ein Junge und verhielt sich auch so: immer eine große Klappe, aber sobald sich die Zellentür schloss, zahm wie ein Kätzchen. Es war komisch, denn bei mir war sie innerlich viel weiblicher, als wenn man sie mit anderen reden hörte. Manchmal gab ich ihr Tipps zu Beziehungsfragen, aber sobald sie aus der Zelle raus war, verhielt sie sich wieder wie *Hulk* – John-Wayne-Gang, rasiermesserscharfe Klingen unter den Achseln und den Colt im Anschlag, einfach zum Wegschmeißen.

Sonntags ging sie immer in die Kirche, um zu checken, was denn wieder an Frischfleisch gekommen war oder ob jemand aus der Strafhaft dabei war, den sie kannte. Einmal fragte sie mich, ob ich mitginge, und das tat ich dann auch. Allerdings sah ich kein bekanntes Gesicht und aus Langeweile zeichnete ich die Ornamente im Holz der Bänke ab. Als die Messe zu Ende war, konnten wir uns noch kurz mit den anderen unterhalten, dann wurden wir wieder getrennt. Das sollte eine mögliche Ausbruchsplanung oder Absprache mit eventuellen Mittäterinnen aus anderen Abteilungen verhindern. Ich stand gerade gelangweilt in der Gegend rum, als plötzlich eine Frau auf mich zukam und sagte: »Ah, du bist also die Katja, bei dir habe ich öfter gekauft!« Hallo, hatte ich da irgendwas nicht mitbekommen? Ich war mir sicher, diese Frau noch nie gesehen zu haben, was aber – wie sich gleich darauf herausstellte – daran lag, dass sie nie bei mir in der Wohnung gewesen war, sondern immer im Auto gewartet hatte. In diesem Augenblick dachte ich nur: *Au backe, bei diesen vielen Mitwissern hätte ich ja eigentlich schon viel früher hier landen müssen!*

Ja, das waren Schlüsselerlebnisse, die ich sehr bedeutsam fand.

Dann kam die Zeit meiner Lachattacken. Damit ich nämlich nicht ganz abstumpfte, versuchte ich wie früher in meiner Schulzeit, andere zu veralbern, um die Atmosphäre etwas aufzulockern. Eine Mitinsassin beispielsweise war in Haft, weil sie mit einer Spielzeugpistole einen Blumenladen überfallen hatte. Egal ob es stimmte oder nicht, als ich diese Story hörte, brach ich vor Lachen fast zusammen. Ich stellte mir die Situation vor und immer, wenn sie mir über den Weg lief, sagte ich zu ihr: »Halt, Hände hoch und her mit den Blumen!« Außerdem hatte sie eine Oberarmtätowierung mit dem Schriftzug *»la famiglia«*, was heißen sollte, dass sie zur Mafia gehörte – oh Mann, schon wieder ein Fall für meine Lachmuskeln. Sie schien mir wie vom Himmel geschickt, denn die Storys, die sie uns allen auftischte, waren so was von erstunken und erlogen, dass sie förmlich danach schrie, auf den Arm genommen zu werden.

Zellenleben

Wenn man frisch entzieht, ist es immer so, dass sich auch die Libido wieder aus dem Dornröschenschlaf zurückmeldet. Da ich phasenweise auch allein in der Zelle war und nachts ohnehin nicht schlafen konnte, holte ich deshalb nach, was ich schon seit meiner Pubertät versäumt hatte, nämlich meinen eigenen Körper zu erforschen. Mit 13 kam ich mir dabei immer beobachtet vor, und das war mir unangenehm. Als ich dann feststellte, dass ich mir mit Drogen viel einfacher und schneller noch länger anhaltende Glücksgefühle verschaffen konnte, verlor ich erst das Interesse an Sex mit mir selbst und später auch schnell an dem mit Jungs beziehungsweise Männern.

Nach der Kirchgängerin kam dann mal ein Neuzugang in meine Zelle, so groß wie ich, aber völlig kahl. Mit Fragen nach dem alltäglichen Ablauf versuchte sie, mit mir Kontakt aufzunehmen. Bald wurden unsere Gespräche jedoch persönlicher und sie blieb mittags mit mir in der Zelle. Für mich war es zunächst eine willkommene Abwechslung, mich mit ihr zu unterhalten, aber als ich dann erfuhr, dass sie eine Vollblutlesbe war und außerdem Hepatitis C hatte, war ich nicht mehr so entzückt. Jeden Morgen um sechs brachte sie mir nach dem Aufschluss einen Kaffee ans Bett. Einerseits schmeichelte mir das natürlich, andererseits war ich als Nachtmensch vor zwölf Uhr mittags eigentlich gar nicht ansprechbar.

Nachdem wir also Tage des Redens verbracht hatten und eines Abends auf meinem Bett saßen, um fernzusehen, war mir das schon nicht mehr ganz geheuer. Als sie dann bald auch ihre Hand auf meinen Oberschenkel legte, erstarrte ich innerlich, rührte mich keinen Millimeter und hörte in meinem Kopf immer nur den Satz: »Katja, sie sieht ja toll aus, aber sie ist eine *Frau* und hat Brüste – *Brüste*!?! Musst du denn wirklich alles mitgemacht haben??« Es verstrichen Minuten der Regungslosigkeit, die Luft zwischen uns knisterte und brannte und trotz des laufenden Fernsehers war es totenstill. Mit angehaltenem Atem wartete ich, was als Nächstes kommen würde.

Nach einer Weile jedoch nahm sie ihre Hand zurück – endlich! – und ich atmete auf, heilfroh, dass ich mich nicht gerührt und nicht reagiert hatte.

Traumatisiert von den vielen nackten Frauenkörpern in den Gemeinschaftsduschen hatte ich anfangs auch schnell beschlossen, jeweils als Letzte zu duschen, um möglichst meine Ruhe zu haben. Die Bilder all der Frauen, die zeitgleich duschten, hatten sich in mein Gehirn gebrannt, unförmige Körper, rasierte und langhaarige Muschis in allen Formen und Farben – selbst wenn ich wegsah, war ich doch so gefangen wie ein Vogel im Käfig. Für andere war es das Paradies, für mich aber der Vorhof zur Hölle und ich fühlte mich förmlich wilden Tieren zum Fraß vorgeworfen. Deshalb wartete ich, bis alle fertig waren, und huschte dann schnell in den Waschraum, bevor er wieder abgeschlossen wurde. Samstags aber genoss ich in vollen Zügen ein ausgedehntes Bad. Leider konnte man das Badezimmer in der Haft nicht abschließen, und als Madame Skinhead einmal plötzlich mit einem Kaffee vor mir stand, wurde ich stocksauer und machte ihr klar, dass sie das Bad nie wieder betreten solle, wenn ich drin war. Völlig erschrocken entschuldigte sie sich mehrmals und hielt sich danach auch daran. Überhaupt blieb sie dann nicht mehr lange in Schwäbisch Gmünd, sondern wurde verlegt und ich war froh, dass ich mir in diesem Punkt – Sex mit einer Frau – treu geblieben war.

Ich hatte mittlerweile endlich die Biografie von *Marilyn Manson* bekommen, pauste und malte die Bilder daraus ab und hängte sie an meine Zellenwand. Ich wusste, dass sie auf einen Normalsterblichen düster, abschreckend und furchteinflößend wirkten, aber die Meinung meiner Mitgefangenen dazu war mir herzlich schnurz.

Eine Mitgefangene, die ich die »russische Kalaschnikow« nannte, weil sie in einem Feuergefecht auf ein paar Leute geschossen hatte, hielt mich übrigens für den Teufel, was mich amüsierte, denn *sie* musste das gerade sagen. Irgendwann brachte sie von einem Besuch leckere Windbeutel mit, und nachdem ich endlich wieder richtigen Appetit hatte, wäre ich dafür fast gestorben. Allerdings war mir klar, dass sie dem »Teufel« wohl kaum welche abgeben würde, und so heckte ich einen Plan aus. Ich schickte eine Mitgefangene in ihre Zelle, um uns ein paar abzustauben. Gesagt,

getan, das gelang ihr auch und wir ließen sie uns genüsslich mun-
den. So ging das ein paar Mal hin und her, wir freuten uns diebisch
und ich kam mir wirklich wie ein Teufelchen vor, während wir uns
das Gebäck schmecken ließen.

Nach drei oder sogar fünf Monaten erst bekam ich dann endlich meinen Ghettoblaster wieder, den sie bis dahin gründlich gefilzt und verplombt hatten. Dafür nehmen sie sich richtig Zeit.
Nachdem ich von der russischen Dudelmusik der anderen Frauen
die Nase sowieso schon reichlich voll hatte, konnte ich jetzt endlich mal wieder die Musik hören, die ich liebte und die mir so viel
bedeutete – wow, über was man sich im Knast alles freuen muss!

Meine Familie hatte mir inzwischen zu verstehen gegeben, dass
sie kein Geld für einen Rechtsanwalt für mich hätte. Also bat ich
meine Mutter, mein Erspartes dafür zu nehmen, denn ich wollte
schließlich auch mal wieder raus. Hätte ich diese Reserve nicht gehabt, wäre ich wohl im Knast versauert.

Ich suchte mir also selbst einen BTM-Anwalt, denn so langsam
war mir das Ausmaß meiner Taten klar geworden. Letztlich kostete er mich ein Vermögen, aber ich hatte ja keine Wahl. Bei seinem
ersten Besuch in meiner Zelle dachte ich zunächst, er mache einen
Scherz, als er mit zwei riesigen Aktentaschen beziehungsweise -kof-
fern vor mir stand, aber das Lachen verging mir schnell, als er sagte: »Na, was glauben Sie, was ich hier drin habe? Das ist *Ihre Akte*,
und die ist ganz schön schwer!«

Als ich anfing, die Akte zu lesen, rechnete ich mit einer Gefäng-
nisstrafe von mehreren Jahren und bald noch mehr, denn ich stellte fest, dass sie zu einem großen Teil aus den Protokollen meiner
Handygespräche bestand. Meine Handys waren vier Monate lang
abgehört worden und allein in diesem Zeitraum hatte ich mit 23
Leuten – Junkies und anderen Dealern – Kontakt gehabt. Mir wurde schlecht und ein kalter Schauer lief mir über den Rücken, doch
diesmal kam er nicht vom Entzug.

Außerdem gab es die Aussagen von Elke und René, wegen denen
ich jetzt vor Gericht stand. Die Ermittlungen waren noch nicht ab-

geschlossen und eigentlich konnte ich mich auch gleich erschießen.

Zum ersten Mal heulte ich wirklich Rotz und Wasser, denn ich wusste nicht, was mir noch alles bevorstand, und kam mir so hilflos und ausgeliefert vor, dass ich ganz verzweifelt war. Und wie lange würde mich Nathalie angesichts dieser Fakten noch vermissen müssen?

Bis ich meine Akte durchgelesen hatte, verging fast ein Monat, in dem ich viele neue Dinge erfuhr. Anhand der Akte und der niedergeschriebenen Telefonprotokolle konnte ich die Geschehnisse rekonstruieren und das, was trotz des Umstands, dass ich nie explizit über Drogen gesprochen hatte, hinter meinem Rücken abgelaufen war. Unter jedem Gespräch stand dort: »Es ist davon auszugehen, dass es sich um BTM-Geschäfte handelte.« Auf jeden Fall bekam ich mächtig Angst und betete zu Gott, dass er mir beistehen möge. 23 Leute waren einfach 23 zu viel, denn was würde wohl passieren, wenn sie von denen noch weitere ins Visier nehmen würden und die über mich auspackten?

Wenn Hofgang war, stellte ich mir oft vor, dass jetzt ein Hubschrauber über uns hinwegfliegen und eine Leiter herunterlassen würde, an der ich hochklettern könnte, um mich aus dem ganzen Elend zu befreien. Und dennoch – je näher der Tag der Verhandlung rückte, desto mehr war ich entschlossen, für meine Taten geradezustehen. Ich war bereit zu gestehen, dass ich die Drogen nur wegen meines Eigenkonsums weiterveräußert hatte, und dazu hätte ich im Grunde nicht mal einen Anwalt gebraucht. Es blieb mir also nichts anderes übrig, als auf die Verhandlung zu warten. Mein Anwalt hat die 3000 Euro Honorar von mir wohl vorwiegend am Kopierer verdient, denn darüber hinaus war er mir kaum von Nutzen.

Währenddessen kamen immer wieder mal Neuzugänge, die oft zu mir gelegt wurden, da ich als umgänglicher Mensch galt. Eines Morgens um fünf, als ich gerade meine Kurz-vor-knapp-Wegnickphase hatte, wurde elend laut aufgeschlossen, bis ich dachte, sie bekämen die Tür nie auf. Das grelle Neonlicht ging an und eine

Mitinsassin kam hereinspaziert, von der ich wusste, dass sie auch im Methadonprogramm war. *Na toll*, dachte ich, *ich muss wohl mal wieder die Aufpasserin spielen*, aber solange die Leute ruhig waren, war es okay für mich.

Das Neonlicht stand übrigens ganz oben auf meiner Hassliste. Im Haus erzählte man sich, dass einem davon die Haare ausgingen, und das schien tatsächlich zu stimmen. Die Neue laberte mich sofort zu, während sie gleichzeitig fast einschlief. Da sie das aber im Stockbett über mir dauernd mit der brennenden Kippe in der Hand tat, war es mit meiner Ruhe auch vorbei. Irgendwann hatte ich natürlich auch ihre Asche in meinem Bett und sie hatte sich die Klamotten verbrannt. Ich bat noch am selben Tag, die Frau in eine andere Zelle zu verlegen, denn auf so was hatte ich keine Lust.

Währenddessen schien die Welt draußen weit entfernt zu sein – meine Familie, Chris in Stammheim und sogar Nathalie –, und hätte ich die Gelegenheit dazu gehabt, hätte ich mir in dieser Zeit mit Sicherheit wieder die Rübe zugezogen. Ich übte mich darin, den Gefängnisalltag möglichst unberührt zu ertragen. Einzig die Briefe meiner Mutter und meiner Tochter, die in größeren Abständen eintrafen, gingen mir jedes Mal mächtig an die Nieren. Meine Mutter machte mir ständig Vorwürfe, wieso ich »die anderen« nicht verraten würde, um schneller wieder bei Nathalie sein zu können, und setzte mir damit heftig zu. Die herzzerreißenden Hilferufe meiner Tochter aber machten mir deutlich, wie sehr sie mich liebte, brauchte und vermisste. Ihre verzweifelten Worte verfolgten mich nächtelang. Beide konnten das nicht begreifen: Mich *musste* man wegschließen, sonst würde ich es nie schaffen. Meine Mutter verstand es nicht, weil sie viel zu wenig von mir wusste, und Nathalie war noch zu klein für eine solche Einsicht. Mir dagegen war sie umso deutlicher – ich musste ihnen diesen Schmerz antun, um der Sucht entkommen zu können.

Die Briefe von Nathalie waren auch deshalb besonders verzweifelt, weil meine Mutter, ihre Oma, schon kurz nach meiner Verhaftung alles weggeschmissen hatte, was ich besaß. Der gesamte Inhalt meiner Wohnung, Fernseher, Musikanlage, Möbel und vieles mehr, landete in zwei großen Baucontainern. Meine Mutter war wohl förmlich ausgetickt und hatte sich nicht mal vor meiner Tochter zusammenreißen können. Auch unsere Tiere und sogar die Frettchen: ab in den nächsten Zooladen. Nathalie weinte und weinte, ich hatte eine Scheißwut und doch waren mir die Hände gebunden. Und alle Briefe wurden ja auch noch vom Richter gelesen, wie taktvoll. Natürlich war das alles meine Schuld und ich begriff erst jetzt, in welche Lebensbereiche auch völlig unbeteiligter Menschen sie hineinreichte.

Es dauerte Jahre, bis ich diesen Hass auf ein normales Maß runterfahren konnte. Um mit der Situation wenigstens einigermaßen klarzukommen, sagte ich mir oft: »Wenn meine Mutter schon keine Zeit für mich hatte, muss sie jetzt wenigstens welche für Nathalie aufbringen.« Aus dem Teufelskreis dieser furchtbaren und schmerzhaften Zwänge, die sich gegenseitig bedingten, schien es keinen anderen Ausweg zu geben.

Verhandlung und Urteil

Mittlerweile war ein halbes Jahr vergangen und der Tag der Verhandlung rückte näher. Bald würde ich Chris wiedersehen. Der Gedanke, dann auch den beiden Verrätern gegenüberzustehen, brachte mein Blut in Wallung. Am Morgen des Verhandlungstages durfte ich meine eigenen Kleider anziehen und wurde zum Gericht gefahren. Ich war mächtig aufgeregt, als ich die Treppen hinauflief, und hatte starkes Herzklopfen. Dann stand ich oben und rauchte mit den Beamten und in Handschellen noch eine Zigarette.

Als Chris kam, konnten wir uns wegen der Handschellen noch nicht mal richtig umarmen. Wir freuten uns beide so riesig, dass wir fast sprachlos waren vor Glück. Die Beamten wurden dabei so unruhig, als wären wir Terroristen, die ein Bombenattentat aushecken könnten, und trennten uns gleich wieder.

Als René und Elke eintrafen, hätte ich ihnen am liebsten die Augen ausgekratzt, ließ mir die Wut aber nicht anmerken. Beide waren dicht bis in die Haarspitzen und tuschelten miteinander. René versuchte sogar noch ein Begrüßungslächeln in meine Richtung. Innerlich führte ich einen Dialog mit Gott: »Warum bin *nur ich* hier eingesperrt, wieso lässt du das zu? Bitte zieh doch auch die beiden zur Rechenschaft, sonst ersticke ich vor Zorn!« Dass ich als Dealerin natürlich maßgeblich dazu beigetragen hatte, dass es zu dieser Situation im Gerichtssaal gekommen war, konnte ich in diesem Moment nicht einsehen, dazu war ich viel zu aufgewühlt.

Ich versuchte also, mich zu beruhigen, und es blieb mir auch gar nichts anderes übrig, sonst wäre ich untergegangen.

Meine Mutter und mein Bruder Gerald waren auch da. Sie wollten wohl einerseits den Anschein von Familienzusammenhalt erwecken, andererseits würde es nach meiner Verurteilung aber auch um das Sorgerecht für Nathalie gehen. Seelisch geholfen hat mir ihre Anwesenheit allerdings nicht.

Dann endlich betraten wir den Gerichtssaal und Chris und ich nahmen neben unseren Anwälten Platz. Auf die Frage, wie ich denn damals zu meiner Drogensucht gekommen sei, antwortete ich, dass es meine eigene Entscheidung gewesen war und es den sprichwörtlichen schwarzen Mann nie gegeben habe. Dabei stieß mich mein Anwalt in die Seite und sagte: »Ihre Ehrlichkeit in allen Ehren, aber jetzt ist es auch gut!« Dann ging der Richter Schritt für Schritt die Anklagepunkte durch und der Staatsanwalt sah dabei nicht besonders gut gelaunt aus. Der Richter dagegen, der schon etwas älter war, schien mir wohlgesinnt. Ihm gefiel anscheinend, dass ich nichts verheimlichte und den Aussagen von René offen zustimmte.

René nickte während der Verhandlung übrigens immer wieder mal ein, so sehr hatte er sich vorher zugedröhnt. Das zu sehen, war das Sahnehäubchen, das ich an diesem Tag noch brauchte.

Am Ende forderte der Staatsanwalt jedenfalls dreieinhalb Jahre für mich, was ein wirklich herber Schlag war – so unendlich lange getrennt von meiner Tochter, wie sollte ich das überstehen? Der Richter jedoch war zum Glück gnädig und entschied auf zweieinhalb Jahre.

Chris bekam nur anderthalb Jahre, da er mit dem Verkauf der Drogen weniger befasst gewesen war.

Ich entschied mich dafür, die ausgesprochene Strafe nach dem Modell »Therapie statt Strafe« zu verbüßen. Dies bedeutete, dass ich nach einer Zeit der Strafhaft, über deren Länge der Staatsanwalt befinden würde, den Rest der Strafe in einer therapeutischen Einrichtung verbringen und dort mein Suchtproblem bearbeiten würde. Das halbe Jahr der U-Haft würde darauf angerechnet werden. Somit wäre die Zeit der Strafhaft auf jeden Fall verkürzt. Für die Zeit, die das dauern würde, bekam meine Mutter das Sorgerecht für Nathalie zugesprochen. Das war hart für mich, aber diese Kröte musste ich wohl oder übel schlucken, wollte ich je wieder gesund und meiner Tochter eine gute Mutter werden. Und natürlich war es mir auch lieber, Nathalie in der Obhut meiner Familie zu wissen als in der fremder Menschen.

Nach der Urteilsverkündung durfte ich noch kurz mit meiner Mutter reden. Viel lieber hätte ich ein paar Worte allein mit Chris gewechselt. Als sie ihn wieder abführten, bedauerte ich es, dass wir uns nur so wenig hatten sagen können.

Der Richter reichte mir auf dem Flur noch die Hand und wünschte mir von ganzem Herzen Glück. Irgendwie hatte meine Ehrlichkeit also doch geholfen, und es schien fast so, als hätten wir echten Respekt füreinander.

Strafhaft

Schließlich packte ich meine Siebensachen und zog um in das Haus, in das die Neuzugänge der Strafhaft kamen. Ich hatte Glück und wurde in die Arbeitsvorbereitungstherapie aufgenommen. Als ich die großzügigen Zellen sah, die früher mal Mutter-Kind-Zellen gewesen waren, ging es mir gleich besser.

Wir waren acht Frauen dort, alle BTM-Häftlinge. Na ja, nicht ganz, eine von ihnen hatte aus Fahrlässigkeit zwei Kinder verbrennen lassen und dafür nur zwei Jahre bekommen, da sie die Schuld dafür auf die Drogen geschoben hatte.

Die Frauen waren alle ganz okay, ich lebte mich schnell ein und wieder gab es eine, die zu mir in die Zelle wollte. So hatte ich wenigstens Gesellschaft. Irgendwie schienen sich hier auch alle so gut zu verstehen, dass sehr viel Nähe spürbar war und mir das manchmal fast schon zu viel wurde.

Eine Frau jedoch bekam regelmäßig Besuch von ihrer Mutter, die ihr auch was zu rauchen, das heißt zu kiffen, mitbrachte. Alle anderen waren davor auch immer schon aufgeregt und konnten den Besuch kaum erwarten. Auch ich sollte unbedingt mitrauchen, aber das war ganz und gar nicht mein Plan. Ich war ja so schon schlapp und den ganzen Tag träge genug. Kiffen hätte das nur noch verstärkt. Außerdem hatte ich Paranoia wegen der unangekündigten Urinkontrollen, die sie nur in unserer Abteilung durchführten. Ich wollte jetzt nichts mehr riskieren, denn der Film, in dem ich gerade steckte, und das, was bis dahin schon hinter mir lag, waren schon gruselig genug.

Es fiel mir schwer, morgens aufzustehen und zur Arbeitstherapie zu gehen, da ich nach wie vor nicht schlafen konnte. Ich war mächtig sauer und schlecht gelaunt und ließ dann öfter einen lauten Schrei los. Meine Mitbewohnerin amüsierte das immer sehr, besonders wenn ich sagte: »Nicht zu fassen, die Schweine haben mich nicht nur verraten und hierher gebracht, nein, sie haben es sogar geschafft, dass ich hier arbeiten muss!« Es dauerte ewig, bis ich das akzeptiert hatte, ich glaube, das ging sogar bis zum Ende meiner Haftzeit so. Manchmal saßen Tauben auf dem Sims vor unserem Fenster, die mich zusätzlich ärgerten. Dann riss ich am Vorhang und schrie: »Hier wird nicht ausgeruht!!« Zack, waren sie weg und manchmal sind sie auch so erschrocken, dass sie fast abstürzten. In der Arbeitsvorbereitungstherapie fertigten wir Dinge aus Holz, Spiegelsteinen und Ton an. Wenn ich das übliche morgendliche Tief überwunden hatte, fand ich sogar Spaß daran, mich hier kreativ zu entfalten. Wenn ich dann noch an die anderen dachte, die stupide Arbeiten verrichten mussten wie Schrauben sortieren oder Kulis zusammenschrauben, wusste ich diese Beschäftigung noch mehr zu schätzen. Viele hatten sich hierfür beworben, aber es gab nur Platz für acht. Nach der Fertigstellung konnten wir die Sachen in einem Schaufenster zum Verkauf an die Mithäftlinge auslegen, und so glich unser Arbeitsbereich eher einem schönen Kindergarten als einem Raum in einer Haftanstalt. Manchmal, wenn es was zu feiern gab, kochten wir Ente und backten Plätzchen, die wir dann schön dekorierten. Wenn die Frauen der anderen Abteilungen dann an uns vorbeiliefen, kam ich mir immer komisch vor, weil sie uns teils neidische, teils verächtliche Blicke zuwarfen.

Obwohl es in dieser Phase meiner Haft nicht angenehmer hätte sein können, war ich oft todunglücklich. An Weihnachten oder an Nathalies Geburtstag nicht für sie da sein zu können, um mit ihr zu feiern, war besonders schlimm. Die anderen freuten sich immer über ihr Geschenk, das sie von unserem Arbeitstherapeuten bekamen, und nur ich dachte: *Was für eine Scheiße,* und weigerte mich sogar, meines entgegenzunehmen und auszupacken. Es stand mir förmlich ins Gesicht geschrieben, dass ich nie wirklich fröhlich an etwas teilnehmen konnte, ja ich konnte noch nicht mal so tun, als ob.

Außerdem hatte ich fast ständig Migräne, was mir bis heute geblieben ist, und in meinem Kopf herrschte nur Chaos. Hass, Aggression, Wut, Trauer, Ohnmacht – ein Wechselbad der Empfindungen, das mich völlig überforderte.

Wenn ich in den Hof hinuntersah, wurde mir fast schlecht von dem trostlosen Anblick, deshalb nahm ich nur selten am Hofgang teil. Wenigstens schaffte ich es, solange es noch warm war und die Sonne schien, von Zeit zu Zeit rauszugehen. Beim Blick aus dem Fenster sehnte ich mich täglich nach der Freiheit. An den Gedanken, dass es auch Frauen gab, die hier schon Jahre verbracht hatten, konnte ich mich gar nicht gewöhnen. Allein das Wissen darum, machtlos eingeschlossen zu sein, machte mich krank. Gedanken an meine Tochter versuchte ich zu verdrängen, aber das gelang mir nur selten. Die Zeit verging, doch ich stand still – kaum auszuhalten.

Als es kälter wurde, legte ich mich mitsamt meiner Kleidung und Winterjacke ins Bett, denn an Schlafen war noch immer nicht zu denken. Es war jede Nacht dasselbe Spiel, ich fing schon an, die Milben in der Matratze zu hören, und stand kurz vor dem Wahnsinn. Da die Matratze nie gereinigt wurde, packte ich sie komplett mit gelben Säcken ein, um dem Gewusel ein Ende zu setzen. Klar raschelte es nun bei jeder Bewegung, aber wenigstens wusste ich von da an, dass das nur von mir kam. Wenn meine jeweilige Mitinsassin nachts aufs Klo ging, sagte ich auch gerne zu ihr: »Ha, hab ich dich erwischt!« Sie erschrak jedes Mal aufs Neue.

Eines Morgens bekam ich die Mitteilung, dass mein Bruder mich besuchen wolle, aber ich hatte keine Nerven dazu und so schickten sie ihn wieder weg. Noch immer hatte ich genug damit zu tun, die Entzugserscheinungen auszuhalten – nach den zwei Wochen Polamydon am Anfang der U-Haft nahm ich nun gar nichts mehr –, wozu sollte ich mir also das Leben noch schwerer machen, indem ich mir wieder nur Vorwürfe anhörte? Ich war noch lange nicht bereit, einem Mitglied meiner Familie ruhig gegenüberzutreten, ohne das Gefühl zu haben, ihm an den Hals springen zu müssen.

Mein einziger Lichtblick waren die Besuche meiner Tochter alle zwei Wochen. Von ihr wusste ich, dass sie mich so liebte, wie ich war, und niemals machte sie mir auch nur einen Vorwurf. Im Gegenteil, sie baute mich auf, so gut sie konnte, und ich musste mich jedes Mal zusammenreißen, nicht loszuheulen. Sie war der einzige Mensch, der die Tür zu meinem Herzen öffnen konnte. Meine Mutter hatte ihr inzwischen die langen Haare abgeschnitten, und als ich das sah, war ich wirklich getroffen. Damit hatte sie mir klar vor Augen geführt, dass *meine* Mutterrolle gerade auf Eis lag und mein Wille in Bezug auf Nathalie nichts mehr zählte.

An dem Tag, als meine Tochter mir berichtete, dass meine Familie unsere gesamte Wohnungseinrichtung weggeschmissen hatte, konnte ich nicht anders und zündete mir eine Zigarette an, um mich zu beruhigen. Das war verboten, und obwohl Nathalie noch keine zehn Minuten da gewesen war, stürmten die Beamten in den Besucherraum, als würde gleich eine Bombe hochgehen, und schickten sie wieder nach Hause. Da weinte sie große Krokodilstränen und wieder war das allein meine Schuld.

»Sie bekommen eine Meldung und Ihre Tochter muss wieder gehen!« Ich war sprachlos. Nathalie war doch erst elf Jahre alt. Als ich sie umarmte, konnte ich ihr auf die Schnelle nur noch den Knastspruch zuflüstern: »Was uns nicht umbringt, härtet uns ab!«

Manchmal dachte ich auch, der Albtraum fände nie ein Ende, und es war mir unmöglich, je an eine unbeschwerte Zukunft zu denken. Ständig schossen mir Fragen durch den Kopf, die ich mir nach und nach alle selbst beantworten musste, indem ich hinschaute, in mich hineinhorchte und still vor mich hin litt. Nie kam ein Gefühl des Glücks in mir hoch und immer wieder hoffte ich vergebens darauf, die körpereigenen Endorphine würden sich so regenerieren, dass ich wenigstens einen Hauch von Zufriedenheit spüren könnte. Aber Fehlanzeige. *Bis sich bei mir mal was regeneriert,* dachte ich, *bin ich sicher schon tot.* Die einzige Überlebensstrategie hieß Aushalten. Aushalten und Durchhalten.

Einzig wenn ich Musik hörte, konnte ich meine Trauer etwas verarbeiten. Durch die Musik von Marilyn Manson konnte ich tief ein- und ausatmen und danach ging es mir meistens besser. Je dunkler und depressiver die Inhalte, desto mehr berührten sie mein Innerstes. Langsam lenkte ich meinen Blick darauf, das Beste aus meiner Lage zu machen, indem ich die Dinge so nahm und annahm, wie sie kamen.

Da nun Weihnachten vor der Tür stand, fertigte ich Geschenke aus Ton an. Für meine Tochter modellierte ich ein naturgetreues Frettchen. Ich gab mir große Mühe und es sah toll aus, doch beim Brennen des Tons platzte leider der Kopf, denn ich hatte vergessen, auch dort Luftlöcher reinzustechen. Oh Mann, wie mich das an-kotzte, nun musste ich alles noch mal machen, obwohl ich fast keine Nerven dazu hatte.

Dann formte ich noch einen Hexer und sogar eine Vase für meine Mutter. Später fertigte ich mit meiner Mitinsassin Verena ein großes Relief an, das uns beide voll in Anspruch nahm. Davon weit weniger begeistert war allerdings der Arbeitstherapeut, denn als Thema hatten wir »Abgrund« gewählt. Super Sache, also mussten wir uns gleich noch ein anderes aussuchen und unser Konzept über den Haufen schmeißen. Erst fiel es uns schwer, uns etwas »Normales« aus den Fingern zu saugen, aber dann war das Ergebnis eine Unterwasserwelt mit verschiedenen Fischen darin. Allerdings arbeiteten wir daran mit großer Lustlosigkeit und in dem Wissen, dass wir in dem anderen Thema völlig aufgegangen wären.

Überhaupt war Verena eine Mitinsassin, die voll auf meiner Wellenlänge lag und mit der ich mich bestens verstand. Es stellte sich sogar heraus, dass sie einen Mitpatienten aus meiner ersten Therapie kannte. Wir sprachen oft von der Zukunft, was wohl werden würde, und versicherten uns, dass wir den Kontakt zueinander unbedingt halten wollten. Daran glaubten wir fest, aber dann kam doch alles ganz anders.

Als das bei mir wieder einigermaßen möglich war, hatten wir bei Arbeit, Sport und Spiel eine Menge Spaß miteinander. Wenn wir Sport hatten, spielten wir meistens Indiaca, und obwohl wir das nie zuvor getan hatten, waren wir hier bei den Besten. Wir hörten laute Musik dabei und peitschten uns förmlich hoch. Sie war etwas größer als ich und nahm die Bälle von oben an, während ich oft mit einem Satz auf die Knie hechtete, bis sie grün und blau waren. Aber das nahm ich in Kauf, so viel Laune machte das Spiel.

Wenn der Ball bei den Gegenspielerinnen war, tanzten wir derweil zur Musik, bis sich die anderen so aufregten, dass sie gar keinen Ball mehr abbekamen. Am witzigsten war es, wenn »russisch Kollega« ihre Musik in den Rekorder getan hatte, dann flippte ich zu diesem Gedudel völlig aus und war wieder voll in meinem Element als Klassenkasper – ich mochte es eben schon immer, andere zum Lachen zu bringen.

Drei Jahre später besuchte ich Verena einmal bei ihrer Schwester und erkannte sie nicht wieder. Sie hatte fast 30 Kilo abgenommen, war wieder voll drauf wie früher und ich fand es verdammt schade um sie. Später kam auch ihre Schwester in den Knast und es schien, als seien sie beide verloren.

In dieser Phase der Haft hatten wir länger Aufschluss, das heißt offene Zellen, als noch zuvor in der U-Haft und oft versammelten wir uns dann alle in der riesigen Küche. Wir setzten uns an die großen Tische und schrieben Briefe an unsere Lieben. Meistens liefen Black Sabbath oder die Böhsen Onkelz dazu, bis ich alle Text auswendig konnte. Mittlerweile war es ein schönes Gefühl für mich, mit einigen Frauen eine so gute Zeit erleben zu dürfen. Komischerweise hätte ich mich nirgendwo geborgener fühlen können, wie paradox. Manchmal hielt ich beim Schreiben inne, um das Bild um mich herum in mich aufzunehmen. Melanie zum Beispiel bat mich oft, ihr bei den Bildern zu helfen, die sie für ihre Kinder malte. Meine Zellengenossin las mir regelmäßig ihre ellenlangen Briefe vor, die sie an andere, männliche Häftlinge schrieb. Sie hatte bestimmt acht solcher Brieffreunde. Als ich sie einmal fragte, ob sie denn noch wüsste, *wem* sie *was* alles schon geschrieben habe, antwortete sie: »Nee, eigentlich nicht.« *Ist ja im Grunde auch völlig wurscht*, dachte ich nur, *Hauptsache, man kann jemandem schreiben.*

Irgendwann bekamen wir von einer Schließerin eine Kamera und ich machte Fotos von den anderen. Sie brezelten sich mit abgefahrenen Outfits auf und räkelten sich in lasziven Posen. Auch das machte einen Heidenspaß.

An Silvester verkleideten wir uns und tanzten in der Küche zu lauter Musik auf den Tischen. Wir machten einen solchen Radau, dass es mir fast schon zu viel war. Wir hatten uns eine alkoholfreie Bowle aus frisch gepresstem Orangensaft und Mandelaroma zubereitet und spielten bis zur Erschöpfung *Risiko*. Als das Feuerwerk begann, schauten wir gemeinsam durch die Gitterstäbe. Für mich hätte das Jahr 2002 an keinem anderen Ort besser beginnen können als in diesem cleanen Rahmen. Die gute Stimmung hielt bis zum Ende des Abends an, während eine andere Gruppe auf Koks war und richtig übel draufkam. Um ein Uhr mussten dann alle wieder in ihre Zellen zurück.

Nach der Arbeitstherapie saßen wir oft zusammen und philosophierten über alles Mögliche: dass jede bis zum Ende ihre Therapie durchziehen und dass wir alle in Briefkontakt bleiben würden. Wenn wir das geschafft hätten, würden wir eine Band gründen, weil wir alle Musikfanatikerinnen waren.

Auch wenn das alles letztlich nicht klappte, gaben uns diese Pläne zu der Zeit doch neue Hoffnung. Sie bewirkten, dass wir besser drauf waren und eine positive Lebensperspektive entwickelten. Dabei weiteten sich unsere Spinnereien täglich mehr aus.

Wegen des Staatsanwalts, der ja über die Länge meiner Strafhaft entschied und mich bisher noch nicht gehen lassen wollte, hatte ich schon zwei Aufnahmetermine für die Therapie verpasst. Ich weigerte mich nach wie vor, ihm weitere Namen zu nennen, deshalb war er mächtig sauer auf mich. Manchmal wusste ich in der Tat nicht, ob er mich überhaupt jemals rauslassen würde. Die Bullen »besuchten« mich sogar hier im Knast, um noch irgendetwas von mir in Erfahrung zu bringen. Aber sie bissen auf Granit und gingen mir nur auf den Geist.

Im Folgenden standen noch sechs Verhandlungen an, bei denen ich als Zeugin anwesend sein sollte, und das alles nur wegen René. Es war nicht zu fassen, wie viele Leute er allein angeschwärzt hatte, obwohl er sie nicht mal persönlich kannte. In vielen Fällen hatte er sie nur deshalb verraten können, weil ich ihn manchmal mitgenommen hatte, und das bereute ich sehr.

Die Verhandlungen verliefen allerdings überwiegend entspannt und keiner der Angeklagten machte mir Vorwürfe. Die meisten bekamen nur Auflagen, was mich sehr beruhigte.

Ich wünschte mir nichts sehnlicher, als dass der Verräter selbst auch hinter Gittern landete, und bei der letzten Verhandlung war es dann so weit. René spazierte mit Knastkleidung und Handschellen herein, um auszusagen! Am liebsten hätte ich einen lauten Juchzer losgelassen, aber das konnte ich mir gerade noch verkneifen. Allein ein breites Grinsen wuchs mir ins Gesicht, als er an mir vorbeiging, und ich dankte dem Himmel für diese Strafe.

Als der Richter ihn fragte, warum er seiner Meinung nach in Haft sei, antwortete er:»Ja, das wüsste ich auch gern, schließlich habe ich doch kooperiert und alle verraten!?« Da hätte ich beinahe laut losgelacht. *Alter Schwede*, dachte ich mir nur, *wie kannst du jemals wieder in den Spiegel schauen?* Aber er schien keinerlei Gewissensbisse zu haben.

Danach stand endlich mein dritter möglicher Aufnahmetermin an, der 18. Februar 2002, und mir wurde immer übler, je näher der Tag rückte. Würde der Staatsanwalt mich nun endlich in die Therapie gehen lassen? Oder würde ich tatsächlich noch ein weiteres Jahr hier schmoren, wie er es mir in meiner Hauptverhandlung prophezeit hatte?

Therapie statt Strafe

Endlich war es so weit: Ursula, meine langjährige Drogenberaterin, holte mich vom Knast ab! Nach der Zeit, die hinter mir lag, war es ein unbeschreibliches Erlebnis für mich, wieder frei zu sein. Ursula hatte zwar Panik, dass ich ihr abhauen könnte, aber das hatte ich diesmal nicht vor. Sie brachte mich von Schwäbisch Gmünd nach Schorndorf. Auf der Fahrt meinte sie, dass für mich aus verschiedenen Gründen eine Langzeittherapie wohl besser sei als etwas Kurzfristiges. Sie würde mich nun ja schon lange kennen und ich bräuchte dringend Zeit, um vieles zu verarbeiten. Da bin ich wieder kurz ausgetickt, da ich fest entschlossen war, nur eine Kurzzeittherapie zu machen.

Zum Glück hatte ich vor Ort dann noch ein Aufnahmegespräch mit der Leiterin der Einrichtung, die sich in meinem Fall für eine

mittelfristige Therapie entschied, da ich eine solche in Langzeit-
form schon hinter mir hatte. *Uff,* dachte ich, *gerade noch mal die
Kurve gekriegt,* denn die mittelfristige würde nur vier Monate dauern. Danach würde dann die Nachsorge anstehen, die zur Verbü-
ßung der Strafe hinzugerechnet wurde.

Ursula war zwar nicht allzu begeistert von dieser Entscheidung,
aber dennoch froh, dass ich nun meinen Weg gehen konnte. Ich
verabschiedete mich von ihr und wurde dann von einem Zivi nach
Waldhausen gefahren. Es war Februar, die Sonne schien und ich
fragte mich aufgeregt, was mich an dem neuen Ort wohl erwarten würde.

In Waldhausen angekommen, hielten wir in der Dorfmitte
an dem großen Haus einer ehemaligen Bäckerei, zwei Stockwer-
ke hoch mit einem schönen Garten. Ich wurde von meiner »Pa-
tin« Carolin empfangen, die mich mit den häuslichen Gegebenhei-
ten vertraut machen sollte. Sie hatte ich allerdings sofort gefressen,
denn ich empfand ihre Erklärungen der im Haus geltenden Regeln als belehrend und eingebildet. In der früheren Tiefgarage, jetzt
ein Entspannungsraum, wurden auch hier wieder meine Klamotten durchsucht und kontrolliert.

Neben den Männern gab es nur wenige Frauen dort, sieben damals und in meiner Zeit wurden es auch nicht mehr. Fast alle von
ihnen waren anschaffen gegangen und waren ziemlich durchtrie-
ben. Noch als wir die Treppe hochgingen, warnte mich Carolin davor, mich gleich in eine Beziehung zu stürzen, wie sie es getan hatte. Wie aus der Pistole geschossen erwiderte ich: »So was passiert
mir bestimmt nicht, denn ich habe seit Jahren eine Beziehung!«
Damit meinte ich Chris, dem ich mich immer noch verbunden
fühlte.

Carolin zeigte mir mein Zimmer, das ich mit einer anderen Be-
wohnerin teilte. Ein Mann namens Eddy, der gerade den Aufenthaltsraum renovierte, begrüßte mich freudig, als ich mit meinem
Gepäck an ihm vorbeischnaufte. Im Haus wohnten insgesamt 30
Leute, bei denen ich mich natürlich vorstellen musste. Als ich in

die Runde sagte, dass ich schon einmal einige Jahre clean gewesen sei, erwiderte eine Frau namens Larissa ungläubig: »Wie – ganz clean? Nicht mal Alkohol? Das glaubt dir ja keiner!«

»Ja, völlig clean«, schoss ich zurück, »Sekt oder Selters, da bin ich ziemlich radikal – entweder richtig drauf oder knochentrocken, dazwischen gibt es bei mir nichts!« Einfach herrlich, mein Einstieg, aber diese Tante ließ mich für den Rest der Zeit in Ruhe.

Auch hier waren die ersten zwei Wochen Probezeit – ohne Besuche, ohne Telefonate und ohne Ausgang. Lediglich zwei Stunden Spazierengehen mit einem Mitpatienten waren erlaubt. Ich befolgte das alles sogar gern und war froh, wieder in Freiheit und unter Menschen mit ähnlichen Problemen und Erfahrungen zu sein.

Ulf, der ein Holzbein hatte, ging dann mit mir raus. Es war kalt und begann zu regnen. Als er nach einer Weile meinte, dass ich ihn an seine Exfreundin erinnern würde, schnürte sich mir die Kehle zu, denn ich wusste, was das zu bedeuten hatte.

Mit Eddy dagegen freundete ich mich schnell an und hing mit ihm auch am meisten ab. Ständig machten wir Quatsch und kicherten über irgendetwas. Er war so groß wie ich und hatte, wenn er redete, eine Mimik drauf, die zum Wegschmeißen war. Mit dem Rest der Anwesenden kam ich zwar auch ganz gut klar, suchte das Zusammensein mit ihnen aber nur wenig.

Als die Entscheidung über das Bestehen der Probezeit anstand, sprachen sich alle fünf Leute, die in verschiedenen Bereichen für mich zuständig waren, dagegen aus. Ich dachte, mein Schwein pfeift, da ich mir doch nichts hatte zuschulden kommen lassen. Die Begründung der fünf aber war, dass ich mit den anderen Mitbewohnern im Haus keinen Kontakt hätte. Und siehe da, diese anderen, die in der Überzahl waren, teilten diese Meinung ganz und gar nicht und argumentierten dagegen. Tatsächlich aber hatte ich mit meinen fünf *Beurteilern* relativ wenig am Hut, mit meiner Busenfreundin Carolin, mit Ulf, den ich eigentlich nicht mochte, und auch nicht mit den anderen dreien. Normalerweise konnten die fünf nicht überstimmt werden, aber die anderen kämpften richtig für mich. Ich muss sagen, es war ein tolles Gefühl, die Regeln zu brechen. Meine Argumentation war, dass es doch kein Regelverstoß sein könne, nicht mit allen 30 Leuten im Haus Kontakt zu haben, und dass ich endlich auch den Kontakt zu meiner Tochter wiederaufnehmen wolle. Das war dann wirkungsvoll genug und ich durfte meine Probezeit beenden.

Für andere Regelverstöße wie Verschlafen, Rauchen auf dem Zimmer und anderes musste man Wiedergutmachung in Form von Küchendienst oder anderen Tätigkeiten leisten, und ich hatte das Glück, dass Eddy die jeweiligen Strafaufgaben sooft es ging für mich übernahm.

Die meisten der anderen Mitbewohner waren in meinem Alter oder etwas älter und die mit Kurzzeittherapie hatten einen Bonus. Sie mussten kaum arbeiten, dafür aber viel schreiben. Ach ja, und sie bewohnten ein Einzelzimmer. Da ich mit meiner neuen Mitbewohnerin nicht besonders gut klarkam, fragte ich bei Gelegenheit nach, ob ich nicht so lange in die »Hundehütte«, das kleinste aller Zimmer, ziehen dürfe, bis wieder jemand Neues für die Kurzzeit kommen würde, und das bekam ich dann auch hin.

Leider wurde meine Ex-Zimmergenossin bald Hauschefin und abgesehen von der Tatsache, dass ich sie nicht ausstehen konnte, war es wahrlich eine Prüfung für mich, dass sie mir nun auch die Aufgaben zuteilte, die ich zu erledigen hatte. Da dies irgendwann unerträglich für mich wurde und sich die Situation zuspitzte, kam es zu einem Dreiergespräch mit einem Therapeuten. Jede von uns musste sagen, was sie über die andere dachte, und es war erstaunlich, was da zutage trat: Wir hatten beide ein völlig falsches Bild von unserem Gegenüber. Nun hatten wir Gelegenheit, das zu berichtigen, und gleichzeitig die Möglichkeit, die Schwächen der anderen kennenzulernen. Mein größtes Manko war zweifelsfrei, dass ich nur schwer Autorität ertragen konnte, und wenn, dann machte der Ton die Musik. Ich wiederum hätte nie gedacht, dass es ihr im Grunde schwerfiel, mir eine Anweisung zu geben. Sie tat es nur, weil sie es als Hauschefin nun mal tun musste. Nach dem Gespräch waren wir beide sehr erleichtert und vertrugen uns auch wieder. Von da an hatten wir einen normalen Umgang miteinander und waren um eine wichtige Erfahrung reicher.

Anfangs gelang es mir kaum, in den Gruppengesprächen entspannt zu bleiben, denn ich regte mich schnell darüber auf, wenn die anderen in meinen Augen Blödsinn redeten. Das war beispielsweise bei Carolin öfter der Fall, die gleich zwei Typen am Start hatte, sich aber nicht entscheiden konnte und nur rumheulte. Dann sah ich gelangweilt aus dem Fenster und zeigte Desinteresse. Larissa dagegen erzählte immer wieder von einem ihrer Freier und so ging es durch die Bank weiter: Anstatt einen Schlussstrich unter die Vergangenheit zu ziehen, lebten sie immer noch in ihrer Junkiewelt.

Ab und zu durften auch ehemalige Klienten zu Besuch in die Einrichtung kommen, was ich irgendwie merkwürdig fand und nicht recht verstand. So bekam zum Beispiel Jana, unser Küken, die anschaffen gegangen und bulimiekrank war, des Öfteren solchen Besuch. Ich mochte sie und nahm sie zunächst vor den anderen in Schutz.

Nach solchen Besuchen sprang Jana oft euphorisch in ihrem Zimmer herum. Das kam mir verdächtig vor und ich sprach sie einmal darauf an. Sie solle bloß nicht denken, ich würde es nicht merken, dass sie voll drauf sei. Sie jedoch versuchte, sich rauszureden und schnell das Thema zu wechseln. In den Gruppengesprächen hingen ihre Augen meist auf halb acht, aber außer mir schien das keiner so recht zu bemerken. Für mich aber wurde es dadurch unmöglich, konzentriert an der Gruppe teilzunehmen. In fataler Weise fühlte ich mich an meine erste Langzeittherapie auf dem Bauernhof erinnert. Hier ging also letztlich das Gleiche ab und es gab Mitpatienten, die andere trotz des cleanen Rahmens gnadenlos täuschten.

In Janas Fall kam schließlich durch eine Urinprobe alles raus, sie gab die Verstöße zu und musste das Haus verlassen. Nach dieser Sache durfte kein Ehemaliger mehr zu Besuch kommen und damit basta.

Therapieangebote

Zu Beginn der Therapie musste jeder eine Familienaufstellung machen. Dazu wurden verschieden große Kegel auf dem Tisch platziert. Es war jedes Mal äußerst interessant, auf diese Weise etwas über die familiären Hintergründe eines jeden Einzelnen zu erfahren. Nach dem Aufstellen der Kegel wurden die Personen der jeweiligen Familie von uns Klienten als Stellvertreter gespielt. Dies endete meist sehr emotional und jedem wurde klar, wo bei der betroffenen Person der Kern des Problems lag.

Meine Aufstellung damals – und das bedauere ich heute noch – war dagegen kurz und knackig, denn sie bestand nur aus dem ersten Teil, der Aufstellung. Auf dem Tisch befanden sich lediglich Chris, Nathalie und ich, eng beieinander stehend in der Mitte. Den restlichen Kegeln, die für meine Mutter und meine drei Brüder standen, gab ich einen Platz weit außerhalb des Tisches und sogar auf dem Fußboden. Ohne Gefühlsregungen erklärte ich den anderen, warum ich das so sah. Danach war ich allerdings nicht mehr bereit, mich vor ihnen noch mehr zu öffnen, so wie sie es getan hatten, und hoffte inständig, das Verhältnis nicht noch mit Stellvertretern nachspielen zu müssen. Wieder hatte ich Glück, so empfand ich es jedenfalls, und blieb davon verschont. Heute weiß ich, dass ich damals die wahrscheinlich wertvollste Chance verpasst habe, mich der grenzenlosen Trauer, Verlassenheit und Wut meiner Kindheit zu stellen.

Ein anderes Mal dagegen war ich die Stellvertreterin der Sucht, und in dieser Rolle schien ich tatsächlich mit Haut und Haaren aufzugehen. Ich war die Verführung pur, die mir die Worte, mit der ich die arme Kandidatin bedrängte, förmlich einzugeben und in den Mund zu legen schien.

Zuerst fing ich ganz leise an, mich bemerkbar zu machen, und flüsterte der Kandidatin zu: »Hey … hallo, kannst du dich noch an mich erinnern? Ich war früher deine ständige Begleiterin, weißt du noch? Damals hatten wir eine gute Zeit miteinander, da war immer was los! Ich habe dich nie im Stich gelassen und gab dir immer ein gutes Gefühl, nicht wahr? Oh Mann, das war so affengeil, so wohlig warm und chefmäßig – alles war scheißegal und keiner konnte dir auch nur im Geringsten was anhaben!« Ich riss die Augen weit auf und redete weiter auf sie ein. »Ich lade dich ein, auf die guten alten Tage mal wieder richtig abzuheben, hey. Du brauchst mich ja nicht gleich selbst zu nehmen, wir sind ja gute Kumpel! Nein, du kannst erst mal richtig viel Asche mit mir machen: Du bist immer gefragt, nie mehr allein, denn alle kommen von allein zu dir! Das ist doch korrekt, oder? Du hast keine Geldprobleme mehr, einfach perfekt, kannst dir alles kaufen, was das Herz begehrt! Was willst du mehr?!«

Die Kandidatin war mittlerweile total verwirrt und selbst ich war so drin in meiner Rolle, als hätte ich mir was eingebaut. Nach dieser Aufstellung war ich sehr verwirrt und auch erschrocken, dass die Droge noch so lebendig in mir wohnte, als hätte ich sie nie zum Teufel geschickt. Ich fühlte mich, als hätte ich in dieser kurzen Zeit zwei Kilo abgenommen, so hatte mich die Szene vereinnahmt.

Nachdem jeder seine Familie aufgestellt hatte, mussten wir unsere Vergangenheit mit Jahreszahlen strukturieren, an die Tafel schreiben und Schritt für Schritt erläutern. Dabei scheiterte ich komplett an dem Zeitstrahl, da ich das Gefühl dafür, wann was passiert war, völlig verloren hatte. Ich konnte die Ereignisse nur mühsam irgendwie zusammenflicken. Andere wussten komischerweise alles noch ganz genau und ich fragte mich deshalb, ob sie wohl jemals so hart drauf gewesen waren wie ich.

Im Anschluss an diese Arbeit musste jeder seine Therapieziele benennen und aufschreiben.

Eine regelmäßige Einrichtung des Therapieplans waren die Entspannungsnachmittage, die wir sogar noch mit Akupunktur verstärken konnten. Ich probierte das auch aus, fühlte mich aber keine Sekunde wohl dabei und die Nadeln sprangen förmlich wieder von mir ab. Die Entspannungsreisen dagegen empfand ich als angenehm, konnte mich aber auch hier nie wirklich fallen lassen. Einige andere um mich herum schliefen ein und schnarchten vor sich hin. Für mich war das ein Ding der Unmöglichkeit.

In den Kunststunden wiederum konnten wir aus verschiedenen Materialien wählen, womit wir arbeiten wollten. Es gab Speckstein, Holz, Ton sowie Acrylfarben und Kohlestifte. Mit ihnen malte ich einmal ein gotisches Kreuz, das von Stacheldraht umzäunt war. Die Therapeuten suchten sofort nach dem Hintergrund dafür und fragten mich, ob es was mit dem Teufel zu tun habe. Ich musste mich erklären und sagte ihnen: »Sorry, vielleicht komme ich gerade aus dem Knast und verarbeite da was?« Die konnten einen zwischendurch auch ganz schön aufregen!

Wenn es heiß war, fuhren wir mit den Rädern zum Plüderhausener See, an den ich einige schöne Kindheitserinnerungen hatte. Allein hätte ich das nicht geschafft, doch in der Gruppe fiel es mir leichter.

Des Weiteren wurde auch ein Yogakurs angeboten, aber das war nicht jedermanns Sache. Ich dagegen kannte auch dies aus meiner ersten Therapie und freute mich, hier daran teilnehmen zu können.

Die Sportnachmittage fand ich hingegen nicht so erquickend, denn die Jungs mussten da natürlich raushängen, dass sie ganze Männer waren, und traten immer mit voller Wucht gegen den Ball. Es machte mir keinen Spaß, mit ihnen Handball zu spielen, denn man lief ständig Gefahr, irgendwelche Gliedmaßen zu verlieren.

Manchmal gingen einige zum Klettern, aber dazu hatte ich gar keine Lust. Ich stand einfach nicht auf die Tarzan-und-Jane-Nummer. Bei den wenigen anderen Frauen in der Gruppe schien diese Masche voll zu ziehen, aber ich bekam allein vom Zusehen schon Magengrimmen.

Selbsthilfe in der Therapie

Eines Tages hatte jemand von uns die glorreiche Idee, eine Selbst-hilfegruppe zu gründen, die sich *außerhalb* unseres Hauses tref-fen sollte. Wir waren Feuer und Flamme, wussten aber zu dem Zeitpunkt noch nicht, welche Schwierigkeiten das mit sich brin-gen würde.

Auf jeden Fall startete die Gruppe bald darauf in Schorndorf. Wir waren zehn Teilnehmer, trafen uns donnerstagabends und gin-gen zunächst sehr produktiv zur Sache. In den Therapiesitzungen, die ja strenge Regeln hatten, konnten wir nie über Probleme reden, die beispielsweise mit Rückfällen zu tun hatten. So war schon am dritten Abend klar, dass dieses Thema jetzt hier zur Sprache kom-men würde.

Da jeder versuchte, so offen wie möglich zu sein, traten na-türlich Dinge zutage, die in der Form keiner mehr verantwor-ten konnte. Mitpatienten berichteten von ihren Ausgängen und den damit verbundenen Alkoholrückfällen. Und nicht nur das, je länger die Runde ging, desto mehr zog sich die Schlinge zu. Sie erreichte ihren Höhepunkt, als ein Teilnehmer von einem Mit-patienten erzählte, der im Haus Haschisch geraucht und damit gedealt habe.

Ach herrje, war das ein Aufruhr, denn nun folgte eine regelrech-te Kettenreaktion, die zutage förderte, dass fast alle im Haus ir-gendwas auf dem Kerbholz hatten. Meine Zimmergenossin brach-te das Rad dann völlig zum Laufen. Als sie mit einigen anderen Ausgang gehabt hatte, tranken diese noch im Auto gleich ein Bier und so hatte auch sie nicht Nein sagen können.

Summa summarum mussten dann acht Patienten Rückfallauf-arbeitung in der Großgruppe machen und jeder einzeln sein Verge-hen vor den Therapeuten vortragen. Es war hochinteressant zu be-obachten, wie sich ein Teufelskreis um fast jeden geschlossen und wie sehr dies den Umgang miteinander gehemmt hatte. Je mehr

Leute von den Rückfällen anderer wussten, desto weniger waren sie letztlich zu sinnvoller Therapie fähig, weil sie in ihrer Offenheit gehemmt waren. Auch hatten nicht alle den Mumm gehabt, ihre Verstöße zuzugeben. Ebenso wenig wie *ich* übrigens, die ich zwar selbst nichts beichten musste, aber zum Teil von den Fehltritten der anderen gewusst hatte.

Auch Eddy, mit dem ich mich inzwischen bestens angefreundet hatte, hatte seine Eskapaden, aber er konnte sicher sein, dass ich dichthalten würde, und gab sie deshalb in der Großgruppe nicht preis. Da aber außer mir noch jemand davon wusste, war ich unruhig. Mein generelles Misstrauen gegen alle war noch immer mein Begleiter. Ich musste befürchten, dass derjenige wiederum nicht dichthalten und dann auch ich wegen Mitwisserschaft rausfliegen würde. Das alles erinnerte mich ein weiteres Mal sehr an die Zeit auf dem Bauernhof vor über zehn Jahren, aber jetzt stand ich an einer anderen Stelle. Und ich wollte, ja *konnte* wegen meiner Tochter einfach nicht mehr das Geringste riskieren.

All diese Entwicklungen zeigten mir sehr eindrücklich, wie schwierig es ist, alte Verhaltensweisen abzulegen und neue einzuüben. Deshalb lautete die Herausforderung für mich jetzt noch stärker als damals, meine Reaktion zu prüfen und mir frühzeitig darüber klarzuwerden, wann ein Verhalten für mich selbst gefährlich werden konnte.

Interessant fand ich auch die Erfahrung, dass die Leute, die aalglatt durch die Therapie zu gehen schienen, letztlich den meisten Dreck am Stecken hatten. Am schlimmsten in dieser Hinsicht waren die Kotherapeuten, das heißt therapieerfahrene Mitpatienten, die einen Wissensvorsprung hatten und sich damit das Vertrauen der Therapeuten erwarben.

Deshalb ist für mich auch die größte Macht und die größte Gefahr der Droge: alle zu Lüge und Täuschung zu verführen und blind zu machen für die Realität.

Ein Dieb im Haus

Einmal gab es ein aufwühlendes Ereignis in Waldhausen außerhalb der therapeutischen Prozesse, das allerdings hauptsächlich mich und nur wenige andere Leute betraf: Der Haussafe wurde ausgeraubt. Darin hatte ich meine gesamten verbliebenen Geldreserven aus dem Knast aufbewahrt. Ich regte mich natürlich total darüber auf, dass der Schlüssel für jedermann zugänglich und erreichbar in einem Zimmer gehangen hatte. Es klärte sich nie, wer es gewesen war, und es blieb bei Spekulationen. Glücklicherweise wurde uns das Geld erstattet, sonst wäre ich wirklich ausgeflippt. Es waren ungefähr 1500 Euro, und als ich die Auszahlung entgegennahm, sagte die Frau vorwurfsvoll: »Dass man so viel Geld aber auch in einen Safe tut!« Ach ja, wohin hätte ich es denn sonst tun sollen in einem Haus voller Exjunkies, die nie Kohle hatten, und mit einem Küchenchef, der eines Tages mit der Küchenkasse abhaute? Oh ja, da musste ich mich wieder sehr beherrschen.

Das Beste jedoch erfuhr ich erst viel später: Jemand hatte bei dieser Gelegenheit angegeben – und damit bewusst gelogen –, einiges an Kohle in dem Safe gehabt zu haben. Derjenige war echt mit allen Wassern gewaschen, denn er bekam letztlich fast genauso viel Geld wie ich und hatte nie einen Cent drin gehabt. Unfassbar.

Erster Ausgang

Nach fünf Wochen stand mein erster Ausgang an und als Begleiter dafür hatte ich mir Rudi ausgesucht. Wir wollten nach Stuttgart fahren. An diesem Tag war er zuvor noch bei sich zu Hause gewesen und stieg in Schorndorf zu mir in den Zug. Ich merkte, dass er nach Alkohol roch, und hörte mir unangenehm berührt seine

Erzählung von einem Päck mit Heroin an, das er wohl noch gefunden hatte. Damit wollte er jedoch nur meine Reaktion testen, doch ich biss nicht an. Auf was ich mich da wieder eingelassen hatte, ahnte ich zu diesem Zeitpunkt noch nicht.

In Stuttgart angekommen liefen wir erst relativ ziellos durch die Straßen. Ich brauchte noch eine ganze Weile, bis ich gecheckt hatte, dass sich in seiner getarnten Getränkedose Wodka befand. Dann aber fühlte ich mich immer unwohler in meiner Haut. Meinen ersten Ausgang in die Freiheit nach Monaten hatte ich mir wirklich anders vorgestellt. Rudi hatte das ganze Wochenende Ausgang, ich jedoch nur an diesem Abend. Nachdem wir eine Weile durch das Bohnenviertel gestromert waren, begann der Alkohol bei ihm Wirkung zu zeigen, und ich wollte zurück nach Waldhausen. Davon abgesehen war es auch spät geworden und ich musste sowieso bis 23 Uhr zurück sein.

Auf einmal meinte Rudi, er wolle »was Braunes« besorgen, und spätestens da wusste ich, dass das Kind in den Brunnen gefallen war. Nun würde ich ihn nicht mehr davon abhalten können. Trotzdem wollte ich ihm noch eine letzte Chance geben, indem ich ihm sagte, dass ich noch genau eine Zigarettenlänge auf einer Bank auf ihn warten würde. Wenn er bis dahin widerstanden und nichts gekauft hätte, würden wir zusammen heimfahren.

Tja, aber Rudi kam nicht mehr, was hieß, er hatte wohl doch gekauft, was er wollte. So was konnte wieder nur mir passieren, dachte ich, und dass das wohl wieder eine Prüfung war.

Als ich dann »sauber« in Waldhausen ankam – und ich war heilfroh darüber! –, berichtete ich Andy, der stinksauer auf ihn war, von diesem Vorfall. Irgendwem *musste* ich es einfach erzählen, da ich total aufgewühlt war. Als Rudi dann völlig dicht anrief und seine Rückkehr erst für Montag ankündigte, hatten die Therapeuten bereits von seinem Vergehen erfahren.

Später beging Rudi den Fehler, erst alles abzustreiten und es dann doch zuzugeben. Er hätte in Waldhausen bleiben können, wenn er nicht *mit mir* unterwegs gewesen wäre, die er fast mit in den Rückfall reingezogen hätte. So musste er gehen und war stinksauer auf mich.

Irgendwann nach der Therapie traf ich ihn zufällig wieder, völlig dicht und auf Tabletten. Auf einem Ehemaligentreffen danach war er erneut in Therapie und sah mich erst gar nicht an. Ich ging auf ihn zu und sagte: »Hey, Mann, du auch wieder da?!« Da strahlte er übers ganze Gesicht, wir umarmten uns endlich, redeten miteinander und der Käse war gegessen. Wenige Tage darauf ist er aber schon wieder wegen Alkohol rausgeflogen. Ich fand es wirklich schade um ihn, es hat immer viel Spaß gemacht, mit ihm zu Black Sabbath zu posen und dabei Tischtennis zu spielen.

Anfangs bewohnte Rudi gemeinsam ein Zimmer mit Andy, einem Neuen, zu dem Rudi gleich sagte: »Verlieb dich bloß nicht in Katja« – aber da war es schon passiert.

Eine neue Beziehung

Ich weiß noch, wie Andy in Waldhausen ankam, völlig verstört mit seinen Kartons hin und her laufend. Er verschlang sein Essen, als ob es kein Morgen gäbe, und wenn er den Teller wegtrug, tat er dies mit einer Knastgrimasse nach dem Motto »Komm mir ja nicht blöd, Mann, sonst setzt es was«. Deshalb stand ich ihm erst sehr distanziert gegenüber und er tat mir vor allem leid, wenn er so orientierungslos in den Raum stolperte.

Einmal fuhr ich allein nach Schorndorf, um für Eddy ein Abschiedsgeschenk zu kaufen. Ich fand zwar den Traumfänger, den er sich wünschte, kam aber zu spät zurück zur Großgruppe. Nach den üblichen Vorwürfen der Therapeuten bekam ich eine Wiedergutmachung aufgebrummt. Das ärgerte mich und ich hätte am liebsten meine Sachen gepackt, aber natürlich wollte ich nicht zurück in den Knast. Als ich den anderen mein Geschenk für Eddy zeigte, kam ich mit Andy ins Gespräch. Je länger er von sich erzählte, desto mehr hatte ich den Eindruck, dass es doch einige Gemeinsamkeiten zwischen uns gab. Zum Beispiel, dass er früher mal Psychobilly gewesen war, das heißt Anhänger dieser auch von mir geschätzten Punkmusik-Richtung.

Als er dann spazieren gehen wollte und keiner sich bereit erklärte, ihn zu begleiten, übernahm ich das. Wir liefen im Dorf herum und redeten und redeten. Er war weiß Gott nicht mein Typ, aber er verschlang mich mit seinen Blicken, bis ich nicht mehr wusste, wie mir geschah. Es wurde mir schon unangenehm und ich sagte, er solle das lassen, was er natürlich nicht tat. Als er mich irgendwann dann von hinten in den Arm nahm, wehrte ich mich zunächst noch gegen die Gefühle, die ich da spürte. Aber dann dachte ich an die Worte meiner Mutter, dass ich nämlich, sollte ich je zu Chris zurückgehen, das Sorgerecht für Nathalie nicht zurückbekommen würde. Das war das am schwersten wiegende Argument gegen die Rückkehr zu Chris, von dem ich außerdem erfahren hatte, dass er in der Nachsorge wieder rückfällig geworden war. So ergab ich mich dem Werben von Andreas und von da an waren wir ein Paar.

Zwischen ihm und mir gab es nicht lang verliebte oder leidenschaftliche Gefühle. Im Rückblick stellt sich mir unser Zusammenkommen wie das Aneinanderklammern zweier Ertrinkender dar, die einander aus den verschiedensten Gründen brauchen, sich aber keinesfalls ernsthaft lieben. Die Zeit allein seit der Verhaftung war mir schwergefallen – Chris in unerreichbarer Ferne und dazu die Drohung meiner Mutter, mir Nathalie wegzunehmen, das alles hatte mich in die Knie gezwungen. Nun hatte ich die Chance, wieder jemanden an meiner Seite zu haben, und so ergriff ich sie, wenn auch mit ambivalenten Gefühlen.

Familienkontakte:
erste Schritte auf dünnem Eis

Natürlich sah ich in der gesamten Waldhausen-Zeit auch Nathalie alle zwei Wochen. Meine Mutter brachte sie regelmäßig, durfte dann aber nur bis zum Eingang kommen, da ich wegen der Wohnungsgeschichte immer noch sauer auf sie war. Als Zeichen ihres Willens zur Versöhnung brachte sie jedes Mal Kuchen mit, den ich dann aber an die anderen verteilte. Einmal wurde ein Mitpatient Zeuge, als ich ihr zu verstehen gab, dass ich keinen Bock darauf hatte, sie hereinzubitten. Er fand meine Reaktion sehr heftig und im Nachhinein stimme ich ihm zu, aber zu der Zeit war es mir noch unmöglich, ihr die Art und Weise, wie sie mit all meinen persönlichen Sachen umgegangen war, zu verzeihen und mit ihr in Kontakt zu treten.

Zusammen mit Nathalie im Spielzimmer genoss ich die Zeit, die wir allein und abgetrennt von der Außenwelt miteinander verbringen durften. Wir erzählten uns gegenseitig kleine Alltäglichkeiten und vertieften uns in Spiele. Soweit es ging, vermied ich konfliktreiche Themen wie beispielsweise den Erziehungsstil meiner Mutter. Das hatte natürlich auch zur Folge, dass wir uns nie wirklich nahe kamen. Irgendwie wiederholte sich in dieser Situation das ambivalente Lebensgefühl, das ich in meiner Kindheit meiner Mutter gegenüber gehabt hatte, wenn auch auf abgewandelte Weise: Einerseits brauchte ich sie dringend als meine vorübergehende »Vertreterin«, andererseits fühlte ich mich aber wie früher bevormundet und ihr machtlos ausgeliefert und zusätzlich auch noch indirekt beschuldigt, ganz allein für die gegenwärtige Situation verantwortlich zu sein, was ich natürlich anders sah.

Aus diesen Gründen nahm ich bei meiner ersten Heimfahrt zur Sicherheit auch Eddy mit. Er sollte ausgleichend wirken und verhindern, dass die in mir eingeschlossenen Gefühle an die Oberfläche kommen und sich in einem großen Ausbruch entladen könnten.

Was für eine kluge Maßnahme das gewesen war, zeigte sich dann sogar noch vor der Ankunft in der mütterlichen Wohnung: Bereits am Busbahnhof in Göppingen lief mir nämlich Elke über den Weg. Ich begann am ganzen Körper zu zittern und hätte am liebsten vor allen Leuten herausgeschrien, was für ein Verräterschwein sie sei. Zum Glück hielt mich Eddy aber fest und redete auf mich ein, bis ich mich schließlich auf eine Bank setzte und erst mal ein paar Zigaretten rauchte. Es fiel mir schwer, mich zu beruhigen, aber Eddy meinte, dass ich ihr nur den größten Gefallen täte, wenn ich Theater machte. Ich solle mich im Gegenteil eher bei ihr dafür bedanken, dass ich jetzt nur deshalb clean sei, weil sie mich damals verraten hatte. Zu dieser Zeit fiel es mir noch verdammt schwer, das so zu sehen, aber heute weiß ich längst, dass er damit vollkommen recht hatte.

In der Wohnung meiner Mutter ging es dann gerade so weiter, ich war höllisch angespannt und total aggressiv. Noch immer hatte ich nicht verwunden, dass sie mein ganzes Hab und Gut einfach in den Müll gekickt hatte. Die Polizei hatte inzwischen meine Handys zurückgebracht, die sie abgehört und ausgelesen hatten, aber die waren schon zu Fossilien geworden, so veraltet waren sie.

In der Auflistung der Sachen las ich auch, dass ich den »Führerschein Kl. 3« zurückerhalte. Wie bitte? Führerschein? Das ging doch gar nicht, sie hatten mich doch direkt aus dem Auto heraus verhaftet! Aber meine Mutter hielt tatsächlich meine Pappe in der Hand, und ich ließ einen lauten Freudenschrei los. Sie war überrascht, dass man sich über einen Führerschein so freuen konnte, aber Eddy verstand mich. Der Tag war gerettet und meine halbe Zukunft auch, so empfand ich es. Da mein Bruder Gerald mein Dealerauto längst verschrottet hatte, bekam ich etwas später von meinem anderen Bruder einen Fiat geschenkt. Das freute mich ungemein, denn damit war ich nach langer Zeit auch wieder mobil.

Meiner Mutter gelobte ich bei diesem Besuch endlich auch Besserung wegen meines Verhaltens ihr gegenüber. Allerdings vermied ich weiterhin lange Heimfahrten mit Übernachtung bei ihr. Stattdessen kam Nathalie zu mir nach Waldhausen, wo wir mehr und eine ruhigere Zeit für uns hatten. Für meine Kleine war es unglaublich schwierig, zwischen zwei Stühlen zu sitzen, und auch das hatte ich allein ihr aufgebürdet. Als Nathalie aber mit zunehmendem Alter immer weniger mit der Strenge ihrer Oma klarkam, schlugen wir gemeinsam Kissen gegen die Wand und ließen auf diese Weise Dampf ab.

Sommer 2002: Nachsorge

Nach fast fünf Monaten mittelfristiger Therapie war es Zeit für die Nachsorge, das heißt den Umzug in eine betreute Wohngemeinschaft in der Teinacher Straße in Bad Cannstatt. Damit begannen für mich letztlich fünf Jahre, in denen ich Schritt für Schritt den Weg in einen cleanen und durch Arbeit geregelten Alltag mit stetig wachsender Verantwortung für alle Bereiche meines Leben ging.

Der Kombi meines Bruders transportierte meine Sachen dorthin. Am Ziel angekommen, halfen mir die neuen Mitbewohner und ein Zivi beim Ausladen und Hochtragen. Mein erster Eindruck des Hauses war der einer Bruchbude und ich dachte: *Mein Gott, wie tief bin ich nur gesunken, dass ich hier wohnen muss?* Was dann folgte, war in der Tat eine schwierige Zeit mit einigen Höhen und sehr, sehr vielen Tiefen.

Die Sozialarbeiter, die nicht mit im Haus wohnten, waren aufgeschlossen und freundlich, jedoch keinesfalls in der Lage zu checken, welche Spielchen die Klienten mit ihnen spielten. In der WG wohnten 14 Leute und schleichende oder unerwartete Rückfälle waren auch hier vorprogrammiert. Die Gruppenabende am Donnerstag verliefen schleppend und mir fiel sofort ein Mitbewohner auf, der so viele von seinen offiziell erlaubten Tramal-Tropfen nahm, dass ihm ständig die Augen zufielen. Mit ihm legte ich mich auch gleich an, bis sein Missbrauch irgendwann aufflog und er gehen musste. Seiner Freundin, die auch auf den Tropfen war, half ich noch beim Umzug.

Ein anderer Bewohner, der sich zu gegebener Zeit sein Crack genehmigte, sah danach immer aus, als wäre sein Gesicht von einem Panzer überrollt worden. Er flog auch bald raus, sogar trotz Mietschulden, und als Einzige mit Auto und Führerschein sprang ich auch bei seinem Umzug ein.

Viele andere Bewohner kamen und gingen im Laufe der Zeit wieder und anfangs war es schwierig für mich, dort sesshaft zu werden und mich zu Hause zu fühlen. Andy war zu der Zeit ja immer noch in Waldhausen. Ich besuchte ihn dort am Wochenende und manchmal auch zwischendurch.

Die neuen Hausbewohner waren ebenso bunt gemischt wie alle Mitmenschen, die ich seit der Haftzeit zwangsweise kennengelernt hatte. Das bedeutete auch dieses Mal wieder, neben dem eigenen, längst noch nicht gefestigten Zustand die Verfassung der anderen aushalten und mit ihren Eigenheiten und Befindlichkeiten klarkommen zu müssen. Besonders schwer war das bei Hüseyin, einem türkischen Hooligan und Borderliner. Unter vier Augen zahm wie ein Lamm, weil er dann die Aufmerksamkeit bekam, die er brauchte, tickte er in regelmäßigen Abständen aus, wenn ihn irgendetwas oder -jemand aggressiv machte. Als Svetlana einmal seine Schmeicheleien nicht so erwiderte, wie er es erwartete, gerieten sie in einen schlimmen Streit. Beide plusterten sich auf, schrien sich an und ich befürchtete schon, sie würden gleich handgreiflich. In solchen Momenten war ich heilfroh, dass Nathalie nicht zu Besuch war und das miterleben musste.

Insgesamt war Hüseyin ein unruhiger Geist, der mich ständig damit belästigte, ich solle ihm doch ein Tattoo machen. »Ein Spinnennetz, ein Spinnennetz, Katja, machst du mir ein Spinnennetz?!« Ich hab es natürlich nicht getan, denn er hätte niemals fünf Minuten stillhalten können, bis er wieder einen Koller bekam. Den bekam er später übrigens sowieso noch, als ich die anderen stach und ihn nicht.

Irgendwann einmal kamen seine Hooligankameraden sturzbesoffen in die Nachsorge, um Party zu machen, grölten die ganze Nacht durch und kotzten das Klo voll. Nach diesem Auftritt war auch sein Gastspiel zu Ende und er flog in hohem Bogen raus.

Monate später, als er sich wieder im Griff hatte, entschuldigte er sich fast mit Tränen in den Augen bei mir. Ich nahm die Entschuldigung an und freute mich für ihn, dass er Arbeit hatte.

Mit Karin, einer anderen Hausbewohnerin, freundete ich mich dagegen schnell an. Sie war ein Jahr älter als ich und hatte erst mit 30 angefangen, harte Drogen zu nehmen. Leider hielt sie es clean auch nicht lange aus und lief des Öfteren dicht im Haus herum. Abends gingen wir manchmal zusammen mit den anderen auf die Piste. Dann betranken sich alle und waren ja so was von lustig! Ich als Fahrerin dagegen ließ die Finger davon und blieb meinem Vorsatz, der den Alkohol miteinschloss, treu.

Wenn wir in der Stuttgarter Innenstadt unterwegs waren, kam ich mir immer vor wie eine Außerirdische und nicht von dieser Welt. Oft musste ich Karin dann von Diebeszügen abhalten, indem ich ihr sagte, dass ich keinen Bock auf Stress habe.

Gefährliche Verlockung

Das ging irgendwann natürlich doch nicht mehr gut, sodass wir vor lauter Langeweile einmal mitten in die Szene reinspazierten. Hier traf ich sogar einige Frauen aus dem Knast, die wieder drauf waren und anschafften. Zum ersten Mal seit langer Zeit war ich ernsthaft hin- und hergerissen. Obwohl ich wusste, wie gefährlich es war, was ich da tat, ließ mich der Gedanke an das Heroin nicht mehr los.

Es dauerte dann noch genau fünf Wochen, bis es so weit kam und ich tatsächlich noch einmal bereit war für einen Rückfall.

Nachdem Karin schon beim Aufbruch dicht gewesen war, besorgte auch ich mir ein Päck und genehmigte mir ein heiß geliebtes Blech. *Halleluja,* dachte ich mir, *endlich wieder zu Hause, alles warm, alles vertraut und alles scheißegal.*

Danach traf ich mich sogar zwei- oder dreimal wieder mit Chris, musste aber feststellen, dass das Heroin das Einzige war, was wir noch gemeinsam hatten. Traurig, aber wahr. Wie in den alten Tagen waren wir gleich wieder mittendrin, indem wir uns was besorgten und zu einem Kumpel gingen, um dort Blech zu rauchen.

Eines Tages jedoch verlief das total dramatisch, als nämlich auch Nathalie dabei war. Sie spielte zunächst im Nebenzimmer mit anderen Kindern, merkte aber sofort, was bei uns abging. Sie war jetzt zwölf, und als sie nur den Geruch wahrnahm, wusste sie Bescheid. Nie wieder würde sie den vergessen können, denn dieser Geruch hatte sie ihre Kindheit gekostet. Als sie ins Zimmer kam, ungläubig und schockiert, hatte sie Tränen in den Augen und fragte mich bang: »Nehmt ihr jetzt wieder Drogen?« Wie fühlte ich mich da beschissen – es brach ihr Herz und brach auch meines, denn ich hatte ihr Vertrauen erneut verraten, und dieses Gefühl konnte ich nicht mal mehr wegrauchen.

Diese Szene, die ich nie vergessen werde, war schließlich das Ereignis, das in mir den festen und endgültigen Entschluss verankerte, niemals wieder eine Droge anzurühren.

An diesem Abend lag ich die komplette Nacht neben ihr wach, während sie glücklicherweise fest schlief. Zu zugedröhnt zum Schlafen, musste ich mich von oben bis unten dauernd kratzen, unentwegt. Von meinem schlechten Gewissen so gepeinigt, liefen mir die Tränen nur so herunter, denn das hatte ich doch meiner Tochter nie wieder antun wollen! Wieder war ich von der Teufelsdroge gefangen und mit Willen war fast nichts mehr zu retten.

Es gab danach noch einige Rückfälle, die aber völlig für die Katz waren und mir gar nichts mehr brachten. Meine Schuldgefühle Nathalie gegenüber wuchsen ins Unendliche und führten zu ständigen Heulkrämpfen. Bei meinem letzten Rückfall dann rauchte ich mit Karin und einem Kumpel wieder volle 24 Stunden durch. Das war an einem Donnerstag und Montagmittag war das Heroin immer noch im Urin.

Als ich schon wieder begann, einen Affen zu schieben, kam zum Glück endlich auch Andreas in die Nachsorge. Ich hatte mit der gleichen hohen Dosis wieder begonnen, mit der ich damals aufgehört hatte. Bei dem Gedanken daran, wo ich wohl in einer Woche stehen würde – nämlich kurz vorm Abkratzen –, bekam ich eine Heidenpanik.

Es war auch diesmal wieder schwer, das Zeug aus dem Kopf zu kriegen und sich zum zigsten Mal von null an aufzurappeln. Nach so kurzer Zeit des Draufseins schob ich schon wieder einen riesigen Affen, mit Müdigkeit und gleichzeitigem Aufgekratztsein, endlosem Gähnen und Frieren. Mit Gliederschmerzen, ständig schlapp und doch geil auf ein Blech, einfach zum Kotzen. Ich konnte es nicht fassen, nach nur ein paar Tagen schon wieder so drauf zu sein. Ein Päck hatte ich noch an einer Tankstelle gebunkert, das gab ich dann aber an Karin weiter.

Am Montag musste ich jedenfalls eine Urinprobe abgeben, die kein eindeutiges Ergebnis zeigte. Franziska, meine Sozialarbeiterin, war deshalb auch verunsichert und fragte mich, ob denn da was gewesen sei. Ich sagte: »Was soll denn da gewesen sein?« Na ja, es ging hin und her, bla, bla. »Vielleicht waren es ja meine Kopfschmerztabletten?« »Wenn da was war, Katja, dann sag es bitte jetzt.« Oh Mann, mein Arsch ging auf Grundeis. »Du bist wie meine Mutter oder die Bullen!« »Nein, bin ich nicht, und ich bin auch nicht die Polizei!« »Da war nichts.«

Dann konnte ich endlich gehen. Karin musste auch eine Urinkontrolle abgeben, aber ihre war sauber, warum auch immer. Später rief mich Franziska nochmals an, ob ich noch eine weitere Probe abgeben könne. Entsetzt versuchte ich, gelassen zu klingen: »Ja klar, kein Problem, bis später!« Aber von wegen kein Problem – ich schüttete nur so Wasser in mich hinein und gab die Probe ab. Wieder das Gleiche: kein Balken in Sicht, oha. »Tja, dann müssen wir deine Probe wohl einschicken!« Ach, du lieber Himmel, *den* Stress wollte ich mir ersparen und gab endlich alles zu. »Äh, ich glaube, da war doch was!« Und dann erzählte ich die ganze Story, aber ohne Karin, versteht sich.

Es war klar, dass ich das in der Gruppe würde aufarbeiten müssen, und dieses Mal sollte aber auch das *allerletzte* Mal sein, das schwor ich mir. In der nächsten »Amnestierunde« beichtete ich meinen Fehltritt. In einer solchen Runde konnte man etwaige Rückfälle offenlegen, ohne deshalb rauszufliegen. Außer ein paar Leuten, die von ihren Alkoholrückfällen berichteten, hatte an diesem Tag keiner den Mumm, Tacheles zu reden. Ich aber ergriff die Gelegenheit, gestand meinen Heroinrückfall und erhielt die Absolution der Sozialarbeiter.

Danach fühlte ich mich befreit und buchstäblich erlöst von diesem Albtraum. Heute weiß ich definitiv, dass ich es ohne diese Nachsorge niemals geschafft hätte, und dafür bin ich unendlich dankbar.

Diese Amnestierunde war der beste Start für einen Neuanfang und sie wirkt bis heute. Die anderen aber machten fröhlich weiter, bis sie den Fehler begingen, den Tänzer Igor mitzunehmen, der mit harten Drogen nichts am Hut hatte. Dieser sprach einmal mit einem Bewohner über dessen Rückfälle, und der meinte dann völlig straight, Igor solle sie doch aufdecken. Das tat Igor auch und hatte es danach wahrhaftig nicht leicht. Seinetwegen mussten letztlich acht Leute gehen, die ihn bespuckten, persönlich und telefonisch terrorisierten und ein Riesentheater vor dem Haus veranstalteten.

So blieben schließlich nur noch Svetlana und ich auf dem Frauenstock übrig. Mit Svetlana ging ich ein paar Mal ins »Zollamt« oder die »Röhre« zum Abtanzen. Sie fand es toll, dass sie mit mir weggehen konnte, ohne den Drang nach Alkohol zu verspüren. Auch sie war jetzt auf dem richtigen Weg und ich freute mich darüber.

Einige Zeit zuvor hatte mich Karin einmal lange genervt, sie doch nach Böblingen zu fahren. Schließlich ließ ich mich breitschlagen und fuhr sie hin, ohne jedoch den Grund dafür zu kennen. Kurz vor dem Ziel zückte sie ein Überraschungsei, das mit Heroin, Tabletten und Haschisch gefüllt war. Es sollte für ihren Ex sein, der in den Knast musste. Ich glaubte tatsächlich, meinen Augen nicht zu trauen, und hatte eine Riesenwut, so hintergangen worden zu sein. Eine unbändige Panik erfasste mich, als ich begriff, in was für eine üble Situation sie mich hineingezogen hatte. Am liebsten hätte ich sie aus dem Auto geworfen. Die Angst, von den Bullen angehalten zu werden, saß mir im Nacken – schließlich hatte ich Bewährung, würde sofort wieder einfahren und wäre wegen ihr auch meinen Führerschein los.

So was habe ich danach jedenfalls nie wieder gemacht, jemanden zu fahren, wenn es auch nur die Andeutung einer Ahnung gab, er könnte Drogen in den Taschen haben. Karin war schon längst wieder voll drauf, was ich an ihren glitzernden Stecknadelpupillen sah. Ihr Vertrauensbruch war für mich so gravierend, dass ich ihr nach dem Rausschmiss noch nicht einmal mehr beim Transport ihrer Sachen half. Es fiel mir zwar schwer, sie samt ihrem Freund zugedröhnt im Schnee stehen zu lassen, aber das hatte sie sich selbst zuzuschreiben.

Nach dieser Erfahrung brauchte ich noch lange, um wirklich zu kapieren, dass ich mich ganz klar entscheiden musste, auf welcher Seite ich stehen wollte. Es reichte längst nicht aus, bloß clean zu sein, ich musste auch ausnahmslos *alle* alten Verhaltensweisen über Bord werfen, wollte ich nicht untergehen.

Karin hatte mir einmal von einem Traum erzählt, der das gut versinnbildlichte. In diesem Traum fuhren wir Achterbahn auf dem Rummel. Wir stiegen ein und ich schnallte mich an. Während der Fahrt bemerkte sie, dass außer ihr selbst auch die anderen Insassen ganz locker und ohne Gurt in ihren Sitzen saßen. Ebenso locker saß sie neben mir, die ich fest und sicher war in meinem Sitz. Sie jedoch dachte, solange sie bei mir wäre, könne ihr nichts passieren. Dieser Traum spiegelte ihre Situation perfekt wider: Sie hatte letztlich nicht verstanden, dass jeder für sich selbst verantwortlich ist.

Jahre später traf ich sie zufällig mal wieder. Sie machte einen ganz passablen Eindruck und ich sagte, wir könnten doch mal wieder was zusammen unternehmen. Wir gingen dann gemeinsam auf die Geburtstagsfeier eines Bekannten. Ständig gingen die Tüten im Kreis rum. Was mich über Wasser hielt, war, dass einige Musik machten und Gitarre spielten. Meinetwegen gab Karin sich Mühe, nichts einzuwerfen, und wir fuhren bald wieder nach Hause.

Andreas wurde öfter mal darauf angesprochen, was für eine komische »straighte« Cleane ich doch sei, die es auch raushängen ließe. Und das nur, weil ich Joints jetzt immer dankend ablehnte und auch keinen Alkohol trank, na ja, mir soll's recht sein.

Im Laufe der Nachsorge taten sich fast ununterbrochen weitere Abgründe auf, was Rückfälle von Bewohnern betraf, und auch ich wurde in Freundes- oder Bekanntenrunden immer wieder aufgefordert, doch wenigstens mitzukiffen.

Aber ich hatte in langen und schmerzhaften Jahren jetzt endlich genügend Erfahrung gesammelt, um zu wissen, dass ich mich als eingefleischter Suchtbolzen niemals mit Haschisch zufriedengegeben hätte. Deshalb ging es mir am besten, wenn ich solchen Situationen überhaupt nicht ausgesetzt war. Auch fürchtete ich noch immer die Observation durch die Bullen, für die sofort alles klar wäre, wenn sie nur meine Daten eingeben würden.

Der erste Job

Aufgrund des Umgewöhnungsprozesses an die weit größere Freiheit der Nachsorge mit den geschilderten Schwierigkeiten des Rückfalls war es mir bis dahin mehr als recht gewesen, dass ich noch keine Arbeit hatte. Nun war ein halbes Jahr vergangen, ich hatte noch einmal neu angefangen und sah ganz klar: Alles, was ich jetzt noch hatte, waren meine Tochter, mein Führerschein und die Beziehung zu Andreas, die nach einer kurzen Phase der Verliebtheit und Werbung inzwischen aber reichlich erkaltet war. Was uns zusammenhielt, war mehr die Angst vor dem Alleinsein als alles andere. Das war keine ermutigende Erkenntnis und der Gedanke daran, dass ich irgendwann auch Nathalie wieder zu mir nehmen sollte, machte mir zusätzlich Sorgen. Ich fühlte mich noch längst nicht stark genug dafür und ohne Arbeit, die meinen Alltag strukturierte, wäre das noch viel weniger zu bewältigen gewesen. Deshalb war ich froh, als mir dann auf dem Silbertablett ein Job angeboten wurde, den ich sofort ergriff: Für die Schwäbische Tafel sollte ich als Fahrerin arbeiten.

Zum ersten Mal in meinem Erwachsenenleben hatte ich damit einen geregelten Arbeitsablauf. Da bei der Tafel im Rahmen unseres cleanen Projekts überwiegend von der Nachsorge arbeiteten, fiel es mir auch leicht, mich dort einzugliedern.

Mit Sonja lernte ich eine weitere Fahrerin kennen und freundete mich gleich mit ihr an. Es stellte sich heraus, dass sie nach mir sogar eine Zeit lang eine Beziehung mit Richie, dem Millionärssohn, gehabt und die letzte Zeit seines Siechtums mit ihm verbracht hatte. So bestand eine Gemeinsamkeit zwischen uns, die uns gleich verband.

Ein weiterer Arbeitskollege war Gerd. Er war nicht gerade einfach gestrickt, da er immer wieder rückfällig wurde. Eines Morgens kam er dann nicht zur Arbeit. Er hatte schon öfter mal einen Tag überzogen, um sich von den »Strapazen« des Wochenendes zu erholen. Diesmal jedoch erhielten wir die Nachricht, dass er tot auf dem Tübinger Bahnhofsklo gefunden worden war, gestorben an einer Überdosis Methadon. Das traf uns alle sehr, denn wir hatten ihn wirklich gern gehabt.

Auch meine frühere Freundin Svetlana arbeitete für die Tafel. Da wir den gleichen Musikgeschmack hatten, versüßten wir uns damit an den Arbeitstagen das Ausfahren der Lebensmittel.

Eine andere Kollegin dagegen war mit Vorsicht zu genießen. Sie verlangte zum Beispiel von ihrem Mann Geld für die Lebensmittel, die wir kostenlos mitnehmen durften. Außerdem ließ sie sich immer neue Storys einfallen, um krankfeiern zu können, und dann mussten wir ihre Arbeit auch noch mit erledigen.

Tja, und dann gab es da noch Tony, den Zuhälter – was der mich an Nerven gekostet hat, ist nicht zu fassen. Obwohl er ein totaler Choleriker war, fand ich ihn immer unglaublich spaßig. Die Geschichten, die er mir jeden Tag aufs Neue auftischte, ob erfunden oder kopiert, waren einfach sensationell. Manchmal bekam ich aber auch Angst vor ihm, wenn er wieder mal kurz vor dem Austicken war. Einmal haute er mindestens zehn Mal gegen die defekte Schiebetür des Busses, bis dann gar nichts mehr ging. Die aufgerissenen Augen, diese Wut und das Geschrei dazu – Hilfe!

Nach dem Motto, ohne ihn ginge gar nichts, brachte er es auch fertig, in einen schon vorhandenen Stau das völlige Chaos reinzubringen. Wenn seine Sicherung kurz vor dem Durchbrennen war, stieg er wutentbrannt aus und versuchte, den Verkehr wie ein Schupo zu regeln. Dadurch verschärfte sich die Situation und es kam zu lautstarken Auseinandersetzungen, da die anderen Verkehrsteilnehmer seinen Anweisungen natürlich nicht folgten.

Tony beging auch öfter mal Fahrerflucht, wenn er in der Hektik irgendein anderes Auto gerammt hatte, und erfand auf die Schnelle eine abenteuerliche Ausweichstory, wenn ihm die Polizei auf den Fersen war. Außerdem umarmte er auf unseren Touren alles, was weibliche Rundungen hatte und uns die Ware aushändigte.

Anfangs fragte er mich immer, ob ich ihm nicht falsche Pässe besorgen könne, und er brauchte wirklich lange, um zu begreifen, dass ich mein Leben dauerhaft geändert hatte. Ab und zu konnte ich ihn davon überzeugen, sich diese Faxen doch aus dem Kopf zu schlagen. Ich fragte ihn dann, ob er wirklich Lust habe, noch mal acht Jahre in den Knast zu wandern.

Nach der Arbeit fuhr ich ihn immer in sein Wohnheim für ehemalige Häftlinge, trank mit seinem netten alten Kollegen Kaffee und gab diesem Brot, Wurst und andere leckere Sachen. Auch er hatte wegen irgendwelcher Gaunereien gesessen und sein Zimmer war vollgestopft mit Krimskrams, kaputten Elektrogeräten, alten Videokassetten und noch vielem mehr. Er malte gern und zeigte mir oft seine Bilder aus wahrscheinlich besseren Tagen. Er war wirklich sehr zuvorkommend, auch wenn sein Kaffee grausig schmeckte. Angesichts seines Schicksals, alt und ohne Arbeit zu sein, war mir das egal. Das Zimmer war seine ganze Welt und es war fast immer jemand bei ihm, der etwas von ihm abstauben wollte, und wenn es nur Tabak war. Nach langen Jahren im Gefängnis zog er es vor, das Haus nicht zu verlassen.

Hin und wieder brachte ich auch abgelaufene Joghurts mit in die Nachsorge in der Teinacher Straße. Die Bewohner fielen förmlich darüber her. Brot und Kuchen, die wir tagsüber nicht hatten verkaufen können, fuhr ich in ein Frauenwohnheim. Dort überkam mich immer ein schauriges Gefühl, wenn ich die Kisten hineinbrachte. Die Frauen dort waren meist vor ihren Männern geflohen, die sie geschlagen oder misshandelt hatten.

Wenn ich an der Bäckertheke aushalf, gab es oft ein Gerangel und regelrechte Kämpfe um das Brot. Manchmal schlugen sich die Abholer fast schon um die Ware und dann ließ Svetlana einen lauten Schrei los. Ab und zu fing sie sich aber von ausländischen Männern auch eine Ohrfeige ein, dann gab's natürlich einen Platzverweis für die. Sie mussten von da an draußen warten, bis ihre Frauen mit dem Einkaufswahnsinn fertig waren.

Stuttgarter Tafel

Als 2004 dann die Stuttgarter Tafel den Laden übernahm, lief das Projekt als nicht mehr ausschließlich cleane Unternehmung weiter. Jetzt wurde alles eingestellt, was weder Rang noch Namen hatte: Alkis, Noch-Junkies und alle möglichen anderen Kräfte. Mit dem ständigen Gefühl, im falschen Film zu sitzen, musste ich mich die ganze Zeit in einer Männerwelt behaupten. Ich und eine weitere

Frau waren die einzigen Fahrerinnen unter 20 Fahrern, die hart um ihren Job kämpften.

Die Mitarbeiter in dieser Phase waren jenseits von Gut und Böse und erinnerten mich so sehr an die Mitinsassen im Knast, dass die Arbeit für mich bald zur reinsten Qual wurde. Trotzdem hielt ich es noch bis 2005 dort aus und versuchte dabei, mit möglichst vielen gut klarzukommen.

Da man überall schnell von mir wusste, dass ich immer dichthalte, riefen die Mitarbeiter oft bereits von Weitem, wenn ich einen Laden mit Ware belieferte: »He, Inspektor, weißt du schon das Neueste?« Dann schlichen wir um die Ecke und ich konnte sicher sein, jetzt wieder irgendeine aberwitzige Story serviert zu bekommen. Der Laden war von allerlei Intrigen durchsponnen und davon abgesehen gab es in dieser Zeit fast nichts, was mich bei Laune hielt.

Ein Vollzeitkiffer und Gelegenheitsjunkie namens Sandro übernahm beim Lästern oft die Führung. Er war ein großer, femininer Schwuler und sein Reich war die Bäckertheke. Ein paar Mal fuhr ich zu ihm nach Hause, um ihn zu tätowieren. Er hatte eine nette Zwei-Zimmer-Wohnung und ging ab und zu anschaffen. Während ich ihm also die Tattoos stach, pfiff er sich erst mal gehörig die Rübe voll und erzählte mir dabei von den sexuellen Wünschen seiner älteren, meist verheirateten Kunden.

Der einzige Nachteil des Tätowierens war, dass ich zu Hause keinen geeigneten Platz dafür hatte. Also musste ich zu den Kunden hinfahren und mich dort verrenken, bis der Rücken schmerzte. Wenn der Kunde allerdings den Kopf voller Stoff hatte, hielt er wenigstens still oder schlief manchmal sogar ein. Mittlerweile taten mir die Leute, die sich zuballerten, um die Realität nicht zu spüren, immer leid.

Zu dieser Zeit wurde ich zum Glück noch immer von der Caritas bezahlt, sogar Vollzeit, und das wusste ich auch zu schätzen. Andererseits war das später fast mein Untergang, als herauskam, dass alle anderen ehrenamtlich arbeiteten und keinen Cent bekamen.

Erst jetzt begriff ich, warum ich vielen ein Dorn im Auge zu sein schien, was ich an ihrem teilweise unfreundlichen Umgang mit mir spürte. Von den Männern hatte jeder eine andere Schraube locker und durch das Abwechseln bei der Tour kam ich in den Genuss, diese nacheinander alle auch kennenzulernen.

Neben den Besuchen meiner Tochter war mein Therapietermin alle zwei Wochen freitags ein wichtiger Strohhalm, der mich in dieser Zeit über Wasser hielt. Ein Kollege brachte mich dorthin und holte mich wieder ab. Völlig aufgelöst von der Beschäftigung mit meiner Vergangenheit brauchte ich dann immer erst eine Weile, bis ich mich wieder gefangen hatte. Dieser Sonderbonus während der Arbeitszeit gefiel besonders den männlichen Kollegen nicht. Nachdem einer mal meinen Gruß nicht erwidert und ich ihn darauf angesprochen hatte, vermied ich längere Gespräche mit denen, die mich nicht mochten.

Einem netten Kollegen dagegen half ich einmal auch, etwas in seine Wohnung zu transportieren. Seine Wohnung war schön und groß, jedoch stand kein einziges Möbelstück darin. Die Rollläden waren heruntergelassen, um die Leere vor den Nachbarn zu verbergen. *Was für ein komischer Kauz,* dachte ich, und da begann er auch schon, von seiner unglücklichen Liebe zu erzählen. Was ich da wieder zu hören bekam, war einfach nicht zu fassen. Er meinte, er sei jetzt auf dem richtigen Weg, zu sich zu finden, indem er mehr oder weniger Buße tue. Er gehe jeden Tag in die Kirche und bete, warte aber bisher noch vergebens darauf, dass Gott ihm helfe.

Die Geschichte dahinter war auch diesmal wieder eine unglaubliche: Er habe sich vor Jahren in eine Frau verliebt, die nach langen Liebesnächten auch ihm ihre Liebe gestanden habe. Dass sie eine Prostituierte war, sei ihm egal gewesen. So hatte er doch tatsächlich nach und nach alles verhökert, was er hatte, um sie zu bezahlen, bis eines Tages nichts mehr da und die Bude leer war. Er besaß keine Küche mehr, keinen Herd und keinen Kühlschrank für die Lebensmittel. Die Frau sei dann eines Tages einfach verschwunden, aber sie habe ja seine Nummer und er wisse, dass sie ihn irgendwann auch wieder anrufen würde. Das alles sei jetzt zwar schon ein Jahr her, aber sie würde sich melden, er spüre diese Verbindung und Amen. Halleluja, manchmal musste ich feststellen, dass es noch kaputtere Typen gab als mich.

Im Suchtkrankenhelferkurs

Neben der Arbeit bei der Tafel bot sich mir jetzt zusätzlich die Gelegenheit, an einem Ausbildungskurs zur Suchtkrankenhelferin teilzunehmen. Noch immer nahm ich jegliche Maßnahme, die mir auf meinem Weg in ein cleanes Leben hilfreiche Unterstützung versprach, dankbar an, und auch dies war eine solche Gelegenheit.

Zugegebenermaßen war es ein seltsames Gefühl, dort in einem Kreis von abstinenten Alkoholabhängigen und nur fünf cleanen Drogenabhängigen zu sitzen, die den Kurs überwiegend zur Selbsthilfe machten. Insgesamt waren wir 40 Leute. Erst behandelten wir immer einzelne Themen mithilfe eines Diaprojektors, dann gab es Kleingruppenarbeit zu Einzelaspekten. Ich kam mir vor wie in der Schule, allerdings jetzt mit einem Thema befasst, das mich auch interessierte.

Ich wollte mich hauptsächlich weiterbilden und mitnehmen, was ging. Und obwohl mein Horizont doch nicht wirklich erweitert wurde, fand ich den Gesprächsaustausch der Leute interessant. Auch sahen wir Filme über Suchtverhalten und Koabhängigkeit, die spannend und lehrreich waren. Besonders wichtig fand ich die Erkenntnisse zum Koverhalten von Familienmitgliedern und wie dieses und das Verhalten des Abhängigen einander bedingen.

Ich jedenfalls stellte auch während dieser Arbeit wieder fest, wie gut es mir getan hatte, weit genug von meinem familiären Umfeld weggezogen zu sein, sodass mir keiner mehr in die Quere kam. Die Tatsache, dass nur ein einziges falsches Wort meiner Familie mich aus der Bahn werfen konnte, während niemand davon Notiz zu nehmen schien, war für mich immer schwer auszuhalten gewesen. Nun begriff ich, dass auch in meiner Familie jeder seinen festen Platz im Gefüge der Koabhängigkcit einnahm und dass sich erst etwas ändern kann, wenn diese Rollenverteilung aufgelöst wird.

So verabschiedete ich mich von der Runde mit dieser Erkenntnis, die ich gewonnen hatte. Das spätere Angebot, ich solle selbst eine Gruppe leiten, lehnte ich dankend ab. Es war nicht mehr die Welt, in der ich meine Zeit verbringen wollte. Das hatte ich schon viel zu lange getan.

Reif für die Klapse

Nachdem ich zwei Jahre in der Nachsorge in der Teinacher Straße verbracht hatte, zog ich hinüber in die Neckartalstraße. Dort gab es Wohnungen, die nur noch einmal monatlich betreut wurden, das heißt, der Rahmen der Freiheit wurde wieder um einen Schritt erweitert. Meine Tochter lebte nun schon das dritte Jahr bei meiner Mutter, und sobald ich mich stabil genug fühlte, sollte sie auch wieder zu mir zurückkommen. Aber noch war es nicht so weit. Nun hieß es erst mal, sich auf eine weitere neue Umgebung einzustellen.

Zu Beginn der Zeit in diesem Haus traf es mich gleich wie ein Schlag, dass Andreas ebenso die Möglichkeit zum Umzug dorthin hatte, es jedoch vorzog, noch ein Jahr länger in der Teinacher Straße zu verbringen. Warum das so war, sagte er mir nicht. Ich litt sehr darunter, nun ganz auf mich allein gestellt zu sein. Als drüben dann auch noch eine Männeretage zu einer Etage für Frauen umfunktioniert wurde und er als einziger Mann dort wohnen bleiben durfte, wurde ich fast krank vor Eifersucht.

Dann erlitt ich einen Bandscheibenvorfall und konnte tagelang nicht laufen. Damit brach meine Welt völlig zusammen. Andreas schaffte es gerade noch, mir Medikamente gegen die Schmerzen zu bringen, und ward danach nicht mehr gesehen. Als er mich am nächsten Tag anrief und auch noch fragte, ob er denn kommen solle, sagte ich nein, das brauche er nicht, denn darum zu betteln lag mir fern. Wenn jemand kommen will, kommt er aus freien Stücken und nicht erst auf Nachfrage.

Ganze zwei Wochen lag ich dann im Bett und litt, bis ich schon anfing, mit mir selbst zu reden. Noch nie in meinem Leben war ich so voller Hass und Traurigkeit gleichermaßen darüber gewesen, dass ich in einer schweren Zeit niemanden hatte, der für mich da war – noch nicht mal meinen Partner. Ich bekam regelrechte Angstzustände und konnte nachts nicht schlafen. Vor allem die Vorstellung, dass Monsieur sich auf der Frauenetage mit anderen Mitbewohnerinnen vergnügen könnte, brach mir schier das Herz. Es brannte förmlich in mir, so schmählich im Stich gelassen zu werden.

Bald hatte ich nichts mehr zu essen, und wäre Tom, der über mir wohnte, nicht gewesen, hätte ich völlig den Verstand verloren. Er brachte mir etwas zu essen und kümmerte sich rührend um mich, wofür ich ihm heute noch dankbar bin. Andy hingegen spazierte volle zwei Wochen lang in der Welt herum, ohne das geringste Zeichen von Anteilnahme oder Mitgefühl zu zeigen, geschweige denn zu helfen. Dass ihm andere jetzt wichtiger zu sein schienen als ich, verletzte mich tief.

Als es mit dem Laufen wieder ging und ich keine Krücken mehr brauchte, sammelte ich all die angestaute Wut in mir und ging zu dem Treulosen rüber. Ich lief schnurstracks in die Küche, ergriff alles, was gerade auf dem Tisch stand, und feuerte nacheinander Aschenbecher, Zuckerstreuer und Besteck nach ihm. Jeder Wurf war ein Volltreffer und ich schrie laut drauflos: »Du Arschloch, du herzloses, wie kannst du nur …!« Dabei ließ ich eine Hasstirade los und spürte eine unbändige Kraft in mir. Zuletzt packte ich einen herumstehenden Regenschirm, überlegte kurz, mich damit auf ihn zu stürzen, entschied mich dann aber, den Schirm nur in zwei Stücke zu brechen. Nachdem ich Andreas noch ein paar kräftige Tritte in den Allerwertesten verpasst hatte, umklammerte er mich von hinten so fest, dass er mir die Rippen quetschte.

Ich war außer mir wie noch nie zuvor in meinem Leben.

Meine körperliche und seelische Verfassung verschlechterten sich danach noch einmal deutlich. Unter anderem hatte ich schon fast ein halbes Jahr lang nachts nie länger als zwei Stunden geschlafen, ich war weiter abgemagert und hatte trotzdem immer gearbeitet. Schließlich war ich kurz davor, mich selbst in die Psychiatrie einzuweisen, und leitete alle Vorkehrungen dafür ein. An dieser Stelle fragte ich mich ein letztes Mal, ob ich jetzt gern wieder Heroin rauchen würde. Ich überlegte lange und entschied dann: Jetzt erst recht nicht, und schon gar nicht wegen diesem Arsch!

Über zwei Jahre war ich durchgehend clean und erst jetzt legte sich der Suchtschalter im Gehirn langsam um. Und ich war weiß Gott froh, mit dieser Last nicht auch noch leben zu müssen!

Mein Psychologe, den ich immer noch regelmäßig sah, und auch meine Drogenberaterin waren mit meinem Zustand so überfordert, dass sie die Notwendigkeit weiterer professioneller Hilfe erkannten. Meine starken Angstzustände, während deren ich zitterte und mir schwindlig wurde, beunruhigten sie. In letzter Minute entschied ich mich jedoch gegen die Klinik, wohl wissend, dass die Aufrechterhaltung der Beziehung zu Andy ja letztlich *meine* freie Entscheidung war.

Da ich die Einnahme von Antidepressiva ablehnte, dauerte es sehr lange, bis ich mich von diesen Strapazen erholt hatte. Dennoch blieb ich bei Andy. Warum, weiß ich selbst nicht – vielleicht das alte Muster der Selbstbestrafung und die Angst vor dem Alleinsein: All dies war jedenfalls stärker als meine Verletzung durch sein Verhalten. Meine Angstzustände wurden zwar seltener, traten aber sofort auf, wenn wir uns gestritten und er mich angeschrien hatte. Immer fanden wir uns nach solchen Vorkommnissen jedoch wieder zusammen, schwiegen dann darüber und machten weiter.

Für meinen Psychologen waren der Vertrauensbruch und mein Wutanfall danach auf jeden Fall eine Schlüsselsituation in meiner Geschichte und da stimme ich ihm voll zu. Als ich so ausrastete, brach ich zum ersten Mal ohne Drogen und mit klarem Kopf so richtig aus meinem Panzer aus – das war sehr wichtig und eine bis dahin unbekannte Erfahrung.

Nathalies Rückkehr

Nun arbeitete ich schon das dritte Jahr bei der Stuttgarter Tafel und hatte seit meiner Entlassung aus der Therapie vielfältige Erfahrungen im Arbeits- und auch im privaten Bereich meines Lebens gemacht. Durch stets erreichbare Sozialarbeiter und meinen Therapeuten hatte ich ein Lebensumfeld, von dem ich wusste, dass Unterstützung und Hilfestellung immer noch in greifbarer Nähe waren. Ich ging also weiter meine Schritte in ein cleanes Leben und freute mich über jeden Tag, an dem ich meine Aufgaben bewältigte.

Ein unvergessliches Erlebnis in dieser Zeit war der Besuch des »Rock am Ring«-Festivals mit meiner Freundin Svetlana. Nicht nur wegen der Bands und der Musik waren diese Tage ein echtes Highlight in unserem Alltag; sie hatten mir auch eindrücklich gezeigt, dass wir beide die Musik und die Festivalatmosphäre *ohne* die Spur einer einzigen Droge in vollen Zügen genießen konnten.

Kummer und Ärger hatte ich immer wieder mit meinem Partner Andreas, der damals von Zeit zu Zeit noch Koks- und Alkoholrückfälle hatte, die mir das Leben mit ihm nicht leichter machten. Auch hatten wir in regelmäßigen Abständen Streit, den er durch Rückfälle löste und ich dadurch, dass ich immer wieder versuchte, ihn ernsthaft zu erziehen. Wenn alles glattlief, konnte unser Leben auch schön sein: Dann kochte Andy, plante sogar Urlaube für uns und sorgte insgesamt dafür, dass ich wieder mehr am sozialen Leben mit

Freunden und Bekannten teilnahm. Hatten wir allerdings gestritten, ergriff er die Flucht und ich zerbrach mir nachts den Kopf darüber, wo es ihn wohl wieder hingetrieben hatte. Ich jedenfalls war froh, zu dieser Zeit schon so gefestigt zu sein, dass ich selbst nicht auch noch den Überblick verlor und mich wieder zudröhnte.

Nach vier Jahren, in denen Nathalie bei meiner Mutter gelebt hatte, gab es nun ernsthafte Probleme und meine Mutter schien an die Grenzen ihres Einflusses und ihrer Möglichkeiten zu stoßen. Trotz ihrer ununterbrochenen Berufstätigkeit hatte sie sich meiner Tochter in den Jahren seit meiner Inhaftierung mit aller ihr zur Verfügung stehenden Kraft und Liebe gewidmet. Sie hatte auf ihren Schulbesuch und die Hausaufgaben geachtet, mittags immer ein warmes Essen gekocht und ihr angesichts der ungewöhnlichen Umstände den Halt eines so weit wie möglich funktionierenden Familienlebens gegeben.

Nun aber kam Nathalie in die Pubertät und begann wie ich früher, nachts auszureißen und die halben Nächte rauchend mit Freunden in der nahe gelegenen Disco zu verbringen. Meiner Mutter wurde angst und bange, meine Tochter war entsprechend aufsässig und so beschlossen meine Mutter und ich, dass Nathalie jetzt zu mir zurückkommen und mit in die Wohnung der Nachsorge einziehen sollte.

So geschah es auch, und was für Nathalie und mich dann folgte, war wahrlich keine leichte Zeit. Nach vier Jahren, in denen wir uns nur besuchsweise und in einem sehr geschützten Rahmen gesehen hatten, waren wir uns fremd geworden und ich wusste zunächst nicht, wie ich mit ihr als dem Teenager, der sie jetzt war, umgehen sollte. Als nun wieder Erziehungsberechtigte und -verantwortliche gab es vielfältige neue Pflichten für mich wie zum Beispiel die Betreuung ihres schulischen Werdegangs.

Insgesamt hatten wir von da an bis zu Nathalies 17. Lebensjahr eine recht schwierige Zeit, in der ich mein Bestes versuchte, sie wieder kennenzulernen und ihr nah zu sein. Ich war ihr, so gut es ging, Vorbild, gab ihr Regeln und setzte Grenzen. Glücklicherweise war es bis auf die geschilderte Ausnahme mit Andreas nie mein Fall gewesen, in Auseinandersetzungen Autorität durch Lautstärke auszuüben, und so setzte ich auch in dieser Beziehung auf Erklärung und Gespräche. Im Gegensatz zu Chris, den Nathalie wirklich geliebt hatte, war Andreas hier keine Hilfe und ich musste dies allein bewältigen. Letztlich kann ich aber heute sagen, dass meine Tochter und ich die Zeit ihrer Pubertät und unseres Wiederzueinanderfindens wirklich gut gemeistert haben. Die anfänglichen jugendlichen Ausdrucks- und Ausbruchsversuche blieben in dem Rahmen, der für junge Leute auf dem Weg zum Erwachsensein wohl normal ist, und verloren sich wieder.

Siebdruck

Als die Caritas im Jahr 2005 das Geld nicht mehr aufbringen konnte, um meine Arbeit bei der Tafel voll zu bezahlen, wurde meine Stelle in einen 1,50-Euro-Job umgewandelt, was mich vor neue Schwierigkeiten stellte.

Meine Arbeit als Fahrerin dort endete aber zur rechten Zeit mit einem weiteren Glücksfall: Scheinbar ganz nebenbei wurde ich von einem Sozialpädagogen gefragt, ob ich nicht Lust hätte, an einem neuen Projekt im Bereich Siebdruck teilzunehmen. Und siehe da, damit brach endlich eine neue Ära an – Mann, habe ich mich gefreut, dass sie an mich gedacht hatten!

Damit war ich auch wieder unter den Gleichgesinnten von der Nachsorge, und meine beiden Chefs waren auch okay. Mein Arbeitsort war ein ehemaliges Fotoatelier, 100 Quadratmeter groß und direkt unter dem »Tagwerk« gelegen, einer Tagestherapie für Exjunkies, die abends nach Hause gingen. Hin und wieder machte einer von ihnen auch ein Praktikum beim Siebdruck.

Mit viel Energie renovierten wir den Raum zunächst von Grund auf. Wir rissen Wände heraus, tapezierten, schreinerten, lackierten Schränke und strichen Wände, bis endlich die Maschinen eintrafen. Nach immerhin einem halben Jahr konnten wir dann in Druck gehen.

Wir waren ein gutes Team: Die beiden Chefs waren Dominic, 38 Jahre und Sozialpädagoge, und Tobias, Mitte 20, der geerbt hatte und die Kohle schneller auf den Kopf schlug als mancher Junkie. Ich mochte beide und kam gut mit ihnen klar. Zu den verschiedenen Leuten aus der Nachsorge kamen noch andere dazu, wenn mal wieder einer absprang oder rückfällig wurde.

Auch zu Beginn dieses neuen Abschnitts war es noch lustig, mit den Mitarbeitern über vergangene Zeiten zu plauschen, doch mit der Zeit hing es mir zum Hals heraus, mir die immer wiederkehrenden Drogen verherrlichenden Geschichten reinzuziehen.

So ließ ich die anderen mit der Zeit stehen, verdrückte mich und suchte im Internet Material für Vorlagen. Dann bedruckte ich T-Shirts mit Motiven, die mir gefielen. Irgendwann hatte ich an die 40 Motive, einfache und aufwendige Drucke mit bis zu vier Farben. Es war eine spannende Übung für mich, auch nach der Arbeit noch mit den Farben, Textilien und Trocknungszeiten zu experimentieren. Nach über einem Jahr tauchte der Chef einer ähnlich arbeitenden Firma auf, um sich bei uns nach möglichen Kandidaten für eine neue Leitung umzusehen. Um die Voraussetzungen dafür zu schaffen, eine solche Stelle einzunehmen, eignete ich mir in der folgenden Zeit Kenntnisse über alle möglichen Arbeitsschritte an.

Mit meinem Kollegen Gunter ging ich nach der Arbeit öfter noch in den Park, wo wir uns die Sonne auf den Pelz brennen ließen. Über Probleme konnte ich allerdings nicht mit ihm reden, deshalb hielt die Freundschaft auch nicht lange. Irgendwann später wurde er von einem Kumpel wieder mit Heroin versorgt. Das fand ich zwar traurig, aber ich wollte mich nicht einmischen, obwohl es mir wirklich schwerfiel.

In dieser Zeit wurde mir immer klarer, dass mir dieses instabile Umfeld auf meinem Weg des Cleanseins nicht guttat und mich im Gegenteil ständig ausbremste. Ich legte mir jedes Mal selbst die Schlinge um den Hals, wenn ich auch nur ansatzweise versuchte, jemandem zu helfen, und das war echt fatal.

Der Verdacht

Eines Tages klingelte es an meiner Tür, und als ich öffnete, standen da vier Männer. *Polizisten*, dachte ich sofort und ich spürte einen heißen Blitz durch meinen Körper schießen. »Sie wissen sicher, warum wir hier sind?« Mein erster Gedanke war: *Ja klar, wegen meiner Tochter, warum sonst?*, doch im letzten Moment hielt ich inne. Zwei der Polizisten waren aus Schorndorf und zwei aus Stuttgart. Sie warfen mir vor, in der Weihnachtszeit eine Tasche aus einem Laden geklaut zu haben. Und wieder hatte ich eine schnelle Antwort parat: *Das ist ja wohl nicht Ihr Ernst, mit so was mache ich mir doch nicht die Hände schmutzig!*, aber auch das behielt ich für mich.

Zunächst hielt ich den Vorwurf für einen Scherz und dachte, sie seien eigentlich wegen etwas ganz anderem da. Wegen einer Tasche würden ja wohl kaum gleich vier Mann anrücken. Einer von ihnen klärte mich dann aber über den Sachverhalt auf und meinte, dass ich auf einem Polizeifoto wiedererkannt worden sei. Er fragte mich, ob ich meine Haare gefärbt habe, und ich antwortete, dass sein Foto ja bald 20 Jahre alt sei. Ich war total verwirrt, fühlte mich ausgeliefert und hatte eine Stinkwut, die ich aber nicht zum Ausdruck bringen durfte. So war ich auch reichlich kurz angebunden und ließ die Prozedur ungerührt über mich ergehen.

Sie durchsuchten dann tatsächlich die gesamte Wohnung einschließlich des Kellers, während ich meinen Chef anrief und ihm sagte, dass ich an diesem Tag nicht zur Arbeit kommen würde. Er zeigte Verständnis für die Situation und versuchte, mich zu beruhigen. Die Beamten fragten *ihn* sogar noch, ob ich am 23. Dezember gearbeitet habe. Das war allerdings mein freier Tag gewesen. Die

Bullen schienen nicht zu ahnen, was sie durch diese Fragerei hätten anrichten können, denn jeder andere hätte dadurch leicht seinen Job verlieren können. Bei mir war das nur deshalb nicht der Fall, weil ich an einem Drogenprojekt teilnahm.

Zu guter Letzt klingelten sie auch noch meinen Vermieter raus, und mit einem Schlag wusste das ganze Haus Bescheid. Das war das Schlimmste für mich und diese Schmach hing mir noch lange nach.

Als die Beamten natürlich nirgendwo etwas gefunden hatten, musste ich mit aufs Polizeirevier zur Gegenüberstellung. Die Fahrt dorthin war der reinste Albtraum für mich, und am liebsten hätte ich meine ganze Wut über diese verdammte Aktion herausgeschrien. Vielleicht hatte der Wortführer der vier insgeheim gehofft, etwas ganz anderes bei mir zu finden, aber damit konnte ich leider nicht dienen: Ich war sauber. Stumm hielt ich seinem Blick im Rückspiegel stand und gab ihm so das Gefühl, dieses Spiel verloren zu haben. Das stank ihm gewaltig und er fragte, warum ich eigentlich noch einen zweiten Wohnsitz habe. Ich erklärte ihm, noch bei meiner Mutter gemeldet zu sein, die aber jetzt gerade ausgezogen sei.

Was dann kam, war einfach nicht zu fassen: Er veranlasste tatsächlich eine zweite Hausdurchsuchung in der völlig leeren Wohnung! Wahrscheinlich hatte er gehofft, dort ein Drogenlabor oder Ähnliches zu finden. Ich fand es einfach unverschämt, aber es zeigte mir, wie schnell ich selbst lange nach der Haft noch mit so einem Verdacht belastet werden konnte. Das auszuhalten war nicht leicht.

Auf dem Revier musste ich mich vor einen Spiegel stellen. Das war total unangenehm, aber ich wusste ja, dass ich verwechselt worden war. Dann kam der Netteste der Polizisten und sagte, die bestohlene Frau habe mich nicht wiedererkannt. Uff – da war ich aber froh und musste erst mal eine rauchen gehen.

Dann bat ich seinen Vorgesetzten stolz, sie sollten doch bitte noch ein aktuelles Foto von mir schießen, damit ich in Zukunft gegen solche Verwechslungen gefeit sei. Gesagt, getan, denn wer weiß schon, was noch kommt?

Als sie mich endlich zurückfuhren, forderte ich den Chef auf, meinem Vermieter bitte persönlich mitzuteilen, dass der Verdacht nichtig gewesen war, denn *mir* würde er mit Sicherheit nicht glauben. Das tat er dann auch, wenn auch widerwillig. Ich aber lief noch lange wie Falschgeld durchs Treppenhaus. So etwas lässt sich nun mal nicht so schnell abschütteln.

Germanys Next Top Siebdruckleiterin

Eines Tages kündigte sich an, dass mein Einsatz und meine Ausdauer hinsichtlich der arbeitstechnischen Abläufe beim Siebdruck belohnt werden würden: Es standen drei Personen zur Auswahl, die in naher Zukunft eigenständig die leitende Position bei einem Modelabel einnehmen könnten: Jürgen, ein älterer Kollege, Tom, Ex-Skinhead und gelernter Metzger, und ich. Während ich mich so gut es ging aus dem Konkurrenzgerangel heraushielt, wurde ich Zeugin eines Kampfes der beiden Kollegen um die Gunst der Chefs, der fast nicht auszuhalten war.

Die Veränderungen nämlich, die ich von da an bei meinen Kollegen wahrnahm, glichen der Verwandlung von Dr. Jekyll in Mr. Hyde. Ihr Schauspiel war so unerträglich, dass ich nicht mal mehr in den Pausen mit ihnen rauchen ging. Schon die bloße Gegenwart der beiden stieß mich ab. Sechs Wochen lang musste ich das Geschleime der beiden ertragen: »So, Dominic, was sollen wir als Nächstes tun? Ist es so recht oder so, sollen wir dir eher das linke Ei kraulen oder das rechte?« – im übertragenen Sinne, versteht sich.

Stellenweise musste ich sogar in mich reingrinsen darüber, wie man derart seine Seele verkaufen konnte. Jürgen hatte mittlerweile den Geschäftsschlüssel für morgens, da ich keine Lust hatte, als Erste zu kommen. Insgesamt wurde das Arbeiten mit den zwei Konkurrenten immer beschwerlicher, vor allem wenn sie mal wieder nicht wussten, warum ein Druck nicht geklappt hatte.

Ich tat mein Bestes, um gelassen zu bleiben, und fühlte mich mit der Zeit dennoch von den unterschwelligen Sticheleien der beiden so provoziert, dass mir eines Tages der Kragen platzte. Jürgen und Tom fingen morgens immer schon eine Stunde vor den anderen und mir an, um dann entsprechend früher zu gehen, wenn allerdings die meiste Arbeit zu tun war. Das ärgerte mich ziemlich und so sprach ich Dominic, meinen Chef, an. Dieser meinte dann, er fände es sowieso gut, wenn wir uns mal aussprechen würden.

Gesagt, getan, am nächsten Morgen erschien ich ganz früh, passte Jürgen ab und sofort platzte all das aus mir heraus, was mir schon lange auf die Nerven ging. Er solle sich hier nicht als Kochef aufführen und glauben, mir irgendwelche Anweisungen geben zu können, er solle die ewigen Sticheleien lassen und sich mal kollegial verhalten, anstatt im Aufenthaltsraum immer nur rumzulästern, und so weiter und so fort. Ich warf ihm auch sein asoziales Junkieverhalten vor und er wurde immer kleiner. Dann herrschte Stille. Dominic, der das ganze Szenario mitverfolgt hatte, hatte es schon längst die Sprache verschlagen, denn auch von ihm kam nichts mehr.

Von da an waren die Fronten geklärt. Die Gruppe zerfiel und dadurch war es noch schwieriger, in einer so zwiegespaltenen Situation zu arbeiten. Ich bemühte mich, weiter meine Aufgaben zu erledigen, und unterhielt mich nur noch mit den »Guten«.

Dann endlich fiel die Entscheidung: Beim Vorstellungsgespräch in Winnenden zückte ich meinen Bewerbungsordner, den ich inzwischen fertiggestellt hatte. Und obwohl ich die Situation lange nicht einschätzen konnte, fiel die Entscheidung ein paar Wochen später dann zu meinen Gunsten, worüber ich mich natürlich sehr freute.

Als Dominic mir dann einmal sagte, dass ich sowieso die Beste gewesen sei, war ich dankbar, dass er sich von den anderen nicht hatte blenden lassen.

Irgendwann im Sommer 2007

Bei meinem letzten Besuch hatte mein Psychologe gesagt, ich solle mir doch eine Freundin suchen – ich sei zu männlich! Das ist wohl kein Wunder, wenn man wie ich mit drei älteren Brüdern groß geworden ist. Die gestellte Aufgabe würde schwierig werden, befürchtete ich, denn mein erster Name war *Misstrauen*.

Ich setzte mich also ans Neckarufer und dachte darüber nach, dass ich wie jeder Mensch mein eigenes Tempo bezüglich der Bearbeitung von Dingen besaß. Und obwohl mich die letzten fünf Jahre Cleansein erheblich mehr Kraft gekostet hatten als die 20, in denen ich drauf gewesen war, wollte ich weiterhin am Ball bleiben.

Ich blickte inzwischen auf einen riesengroßen Kreis von Junkies und Exjunkies zurück, auf so viele Charaktere, deren Geschichten so unterschiedlich waren und die trotz allem das gleiche Suchtproblem verband. Einer von ihnen, der nach einer langen Zeit des Cleanseins auch leider wieder rückfällig geworden war, hatte mir einmal gesagt, ich würde Menschen »konsumieren«, also verschlingen oder aufzehren. Nach dem ersten Schock über diese Worte musste ich ihm recht geben, denn ich suchte tatsächlich unentwegt nach jemandem, der mir *wirklichen* Halt geben würde. Bis heute habe ich einen solchen Menschen allerdings nicht gefunden. Trotz allem durfte ich viel dazulernen und nachholen in meiner Entwicklung. Es stimmte tatsächlich und erstaunte mich, als ich an dieser Stelle darüber nachdachte, wie schnell ich vielen Menschen emotional sehr nah war und wie schnell sie trotzdem wieder aus meinem Leben verschwanden. Es fiel mir immer noch sehr schwer, mich dauerhaft auf Menschen einzulassen. Die schwierigste Herausforderung im Leben eines Menschen scheint deshalb zu sein, *sich selbst* Halt und Sicherheit genug zu sein, um die Aufgaben, vor die man sich gestellt sieht, zu meistern. Das gilt für alle Menschen gleichermaßen, ist aber für einen Exjunkie noch tausendmal schwerer zu erreichen als für einen Gesunden.

Ich dachte daran, wie mühsam ich in meiner Gefängniszeit versucht hatte, meiner damals zehnjährigen Tochter während eines Besuchs zu erklären, dass es von 100 Kranken (damals konnte ich noch nicht von meiner Drogensucht sprechen) nur zwei schaffen, dauerhaft gesund zu werden. Ganz ernst hatte sie mir dabei zugehört und ohne zu überlegen erwidert: »Ja, und das sind du und Chris!« Damals war ich sprachlos gewesen darüber, mit welcher Gewissheit und Überzeugungskraft sie das ausgesprochen hatte. Diese Worte von ihr sind mir bis heute im Gedächtnis geblieben und waren ein wichtiger Grund für meine danach nur noch einmal durchbrochene Konsequenz. Meine Tochter hatte mir damit völlig unschuldig und unbewusst eine Kraft verliehen, die ich allein niemals aufgebracht hätte.

Mein Exfreund Chris dagegen, mit dem ich acht Jahre zusammen gewesen bin, hat es leider nicht geschafft: Er hängt nach wie vor an der Droge. Besonders in schlechten Zeiten vermisse ich ihn immer noch, denn er war ein wahrhaft Seelenverwandter für mich.

Firma »Super Klasse«

Nach meiner erfolgreichen Bewerbung bei dem Modelabel (ich nannte es »Super Klasse«) arbeitete ich vier Monate bei dieser Firma, lernte eine Menge Selbstdisziplin und machte zwischenmenschliche Erfahrungen, die mich in vielen Bereichen weitergebracht haben.

Obwohl es zwischen meinem Chef und mir von Anfang an nicht stimmte, war mir das erst mal egal – Hauptsache, ich hatte einen Job auf dem *ersten* Arbeitsmarkt.

Als allerdings am Ende des ersten Monats mein Gehalt nicht überwiesen wurde, war ich völlig aufgelöst und fragte die anderen Mitarbeiter, wie das bei ihnen sei. Sie meinten, dass dies öfter vorkomme und dass auch sie deshalb hin und wieder Schwierigkeiten hätten, ihre Miete zu bezahlen.

Halleluja, das war mir in meiner schlimmsten Junkiezeit nicht passiert! Eine ältere Kollegin riet mir dann, das dem Chef doch genau so zu sagen, und das tat ich dann natürlich auch gleich. Wie geplant sagte ich, dass es mir bisher noch nie passiert sei, dass ich meine Miete nicht bezahlen konnte, und fragte, ob es denn nicht sinnvoller sei, die Arbeiter rechtzeitig zu bezahlen als Tausende T-Shirts zu verschenken und dann nicht genügend Geld für den Lohn zu haben.

Oha. »Ja«, das wäre wohl »eher der falsche Ansatz«, gab er zu. Ich hatte damit ausgesprochen, was sowieso alle dachten, und das gefiel dem Chef gar nicht.

Später versuchte sein Bruder, mit dem er sich den Firmenvorsitz teilte, mich für das Fehlen von Shirts verantwortlich zu machen, was ich aber weit von mir wies. Es fehlten trotzdem welche und ich sollte herausfinden, woran es lag. Nach kurzer Recherche stellte sich heraus, dass die Anzahl auf einem Lieferschein und dem Auftrag nicht identisch waren, was der Fehler des Chefs gewesen war.

Die Arbeit dort war anstrengend, beinhaltete meist noch Überstunden und zur Weihnachtszeit arbeiteten alle auch noch am Samstag und Sonntag. In zwei Monaten wurden doppelt so viele T-Shirts bedruckt wie in meinem alten Betrieb, der zehn Mitarbeiter hatte – hier waren wir nur drei, die ich alle angelernt hatte und die alle Schritte beherrschten.

Ronny, einer der Chefs, war ein gewiefter, aber nicht sehr fleißiger Zeitgenosse. Sein Vorteil war seine lange Erfahrung und er kannte sich bestens aus, was Computer betraf. Zum Glück kam ich mit ihm gut zurecht und hatte den gleichen Humor wie er, sonst hätte ich den letzten Monat nicht mehr durchgehalten.

Dennis und Hans waren zwei Kollegen, die ich angelernt hatte und die mir mit der Zeit ans Herz wuchsen. Dennis, auch Exjunkie und schizophreniekrank, stand immer unter Medikamenten und brauchte für alles etwas länger.

Hans habe ich eine schöne Zeit dort zu verdanken, weil er so lustig war, dass wir immer was zu lachen hatten. Er war Epileptiker und deshalb ebenfalls auf Medikamente angewiesen, die er aber mit Zustimmung seines Arztes herabsetzen durfte. Oft sagte er, er schwitze schon »unter der Zunge« vor lauter Arbeit. Ich nahm ihn immer in Schutz, weil die anderen wegen seiner häufigen Fragen nicht so viel Geduld mit ihm hatten.

Den Rest der Belegschaft, unter ihnen einige Punks und Menschen mit leichter Behinderung, traf ich in den Pausen beim Rauchen. Mit einigen Mädels philosophierte ich dann meist über Jungs. Leider musste ich meine Erfahrungen immer so verpacken, dass mir nichts über mein früheres Leben herausrutschte, denn ich wollte mich hier nicht outen. Oft fiel es mir aber schwer, gerade von meinen Schattenseiten nichts preisgeben zu dürfen.

Entlassung und Abschied

Nach vier Monaten wurde ich dann leider entlassen, denn ich hatte meine Aufgabe der Einarbeitung der anderen erledigt und war dem Arbeitgeber schlicht zu teuer. Gerade hatte ich mich an die Mitarbeiter (und sie sich an mich) gewöhnt und deshalb fiel es mir auch schwer, zu gehen. Was allerdings die Arbeit anging, war ich froh, dem anstrengenden Akkord zu entkommen.

An meinem letzten Tag versammelten sich alle. Mir war es unangenehm, so im Mittelpunkt zu stehen, und ich zitterte am ganzen Körper. Ich bekam eine schöne Pflanze und ein weiteres Geschenk überreicht. Natürlich musste ich dann auch ein paar Worte sagen, denn ganz ohne Verabschiedung wollte ich auch nicht gehen. Ich bedankte mich bei allen für ihre Freundschaft und Kollegialität.

Dann verabschiedete ich mich noch einzeln von allen, und als ich mit der Runde fertig war, sagte mir meine Kollegin Julia, dass sie mich vermissen würde. Das ging mir nahe, denn zwei Geschwister ihres Freundes waren durch Heroin gestorben und daher wusste sie von meiner Geschichte. Als sie das sagte, platzten die Tränen nur so aus mir heraus.

Ihr Freund, der sie oft abholte, liebte sie wohl sehr und ich spürte wieder mal, dass ich auch so gern schöne Dinge von mir erzählt hätte, dass es in meinem bisherigen Leben aber leider keine gab. Ich gestand ihr, dass ich immer nur so *scheinbar* fröhlich war, um meine innere Traurigkeit nicht zu spüren.

Fast zum ersten Mal habe ich in diesem Moment vor jemand anderem geschluchzt – und es war mir egal. Ich sagte ihr, dass ich nie mehr die Möglichkeit haben würde, das Vergangene wiedergutzumachen, besonders nicht das, was ich meiner Tochter angetan habe. Außerdem erzählte ich ihr, dass ich sogar im Knast gelandet war.

Damit war es raus und ich fühlte mich befreit. Ich konnte zwar nicht mehr aufhören zu schluchzen, aber das musste jetzt sein, an dieser Stelle, und ich ließ alles raus. Dann fuhr ich erschöpft und sehr bewegt nach Hause.

Rigoros arbeitslos

An diesen Job schlossen sich einige Monate der Arbeitslosigkeit an, und auch das war eine neue Erfahrung für mich. Eine Zeit des Hoffens und Bangens begann, während der ich immer versuchte, meine Emotionen zu verdrängen, so gut es eben ging. Jeden – und zwar buchstäblich jeden! – Morgen lag ich mindestens noch zwei Stunden im Bett, bevor ich aufstand, was nur zum Teil an meinem generell schlechten Schlaf lag, zum anderen Teil aber an dem rastlosen, wirren Gedankenkarussell in meinem Kopf.

Die Gedanken waren an Emotionen gekoppelt, die so schnell hin und hersprangen, dass ich sie nicht festhalten konnte – und auch nicht wollte, da sie meist unangenehmer Natur waren. Ich war innerlich von dem Bewusstsein gefangen genommen, für immer gebrandmarkt zu sein von den 20 Jahren Suchtkonsum in meiner Jugend, und gleichzeitig war ich froh darüber, ein so starkes Individuum zu sein, das jetzt schon so lange kämpfte und sich nicht unterkriegen ließ.

Zum einen war ich erleichtert, nicht mehr in dem Akkord der Siebdruckerei schuften zu müssen, zum anderen wusste ich aber, dass ich über kurz oder lang wieder einen Job brauchen würde, um seelisch und finanziell überleben zu können. Obwohl es mir immer noch schwerfiel, mich irgendwo unterzuordnen, wusste ich, dass mir das nicht erspart bleiben würde, denn schließlich hatte ich weder eine abgeschlossene Ausbildung noch echte Berufserfahrung, die ich ins Feld führen konnte.

Als ehemalige Dealerin, die immer unabhängig und eigenständig gehandelt hatte, haute es mir einfach immer gleich den Vogel raus, wenn ich mir von einem Vorgesetzten etwas sagen lassen musste. Dann lief ein ewiges Katz-und-Maus-Spiel in meinem Kopf ab und mir brannten irgendwann die Kabel durch, wenn jemand etwas anders sah als ich.

Also versuchte ich, das Beste aus der Arbeitslosigkeit zu machen und die Dinge zu tun, für die mir sonst keine Zeit blieb. Ich stand auf, trank einen Kaffee und erledigte den Haushalt. Irgendwann begann ich dann, meine Geschichte aufzuschreiben – alles, was mir noch einfiel, Tag für Tag, in loser Reihenfolge. Wenn meine Tochter von der Arbeit kam, hörte ich auf und wir machten eine Weile etwas gemeinsam, bis sie zu ihren Freunden gehen wollte. Mittlerweile hatte sich zwischen ihr und mir ein Verhältnis wie zwischen Freundinnen entwickelt. Manchmal hätte ich gern noch mehr mit ihr unternommen als sie mit mir, aber ich wusste, dass ich ihre Grenzen akzeptieren musste. Auch mehr gemeinsame Urlaube hätte ich mir vorstellen können, aber mir war schmerzhaft bewusst, dass ich die Zeit nicht zurückdrehen und Dinge nachholen konnte, die ich früher versäumt hatte.

Manchmal las ich auch und dachte dann über das Gelesene nach. Auch hier war ich immer auf der Suche nach *meinem* ganz eigenen Weg. Ich fragte mich, ob es mir vielleicht in den Zeiten des Draufseins viel *zu gut* gegangen war, sodass dieser Level für mich im wahren und realen Leben in der Tat nie mehr erreichbar sein würde. War ich vielleicht sogar viel zu *lange* draufgewesen, um überhaupt noch klar denken zu können? Ich wusste, dass ich mir diese Fragen erst dann würde beantworten können, wenn die Zeit reif dafür war. Doch was war das korrekte Bild für mein Leben zu diesem Zeitpunkt – eine lange Straße in die Freiheit, eine Einbahnstraße oder gar die Sackgasse?

Vielleicht musste man aber auch nur einen Blick auf meinen Wohnzimmertisch werfen, denn auch er war ein wunderbarer Spiegel: Kaum einigermaßen aufgeräumt, herrschte darauf nach kürzester Zeit wieder absolutes Chaos und er war erneut überfüllt mit allen möglichen Lebensutensilien von Nathalie und mir. Mein Tisch – Sinnbild meiner Seele.

Wenn ich wirklich in Ruhe schreiben wollte, es mich innerlich aber aufwühlte, rannte ich nach jedem geschriebenen Absatz erst mal weg, um zu spülen, Wäsche zu machen, eine zu rauchen, Andreas zu ärgern, aufzuräumen oder den Versuch zu unternehmen, alles zu ordnen, um es dann unvollendet stehen zu lassen.

Arbeitsplatz im Musical

Als sich meine latente Depression immer breiter machte, bekam Andreas auf einmal einen Anruf von einer großen Musical-Agentur, ob er dort nicht wieder als Dresser arbeiten könne. Da er aber schon einen anderen Job angenommen hatte, ergriff ich die Gelegenheit dieses neuerlichen Silbertabletts nur allzu gern und ging zum Probearbeiten. Kurz darauf wurde ich eingestellt.

Mit so vielen Menschen auf einmal zu arbeiten, war eine ganz neue Erfahrung für mich. Es gab über 20 weibliche Dresser, die alle nett waren. Anfangs fühlte ich mich noch fremd und redete nicht allzu viel. An dem Tag, als ich erstmals selbstständig einen Part übernehmen sollte, überfielen mich immense Selbstzweifel. Ich fühlte mich dieser Aufgabe ganz und gar nicht gewachsen. Mir war aber klar, dass das nicht primär von der Art der zu erledigenden Arbeit herrührte, sondern wieder dem Gefühl entsprang, machtlos und einer neuen Situation total ausgeliefert zu sein. Ich musste weinen, da ich keinen Halt mehr unter den Füßen spürte, und lediglich das Wissen, dass schließlich auch andere das hinbekommen hatten, beruhigte mich etwas.

Also riss ich mich zusammen und stellte mich der Aufgabe. Zu meiner Überraschung war dann alles nur halb so schlimm. Ich war zwar nervös, zugleich aber auch ganz ruhig und konzentriert bei der Sache.

Danach lief dann alles wie von selbst – ich lernte einen Part nach dem anderen, ohne dass mich dieses Trauma noch einmal heimsuchte. Damit hatte ich wieder einen großen Schritt hin zu mehr Selbstvertrauen getan. Das mag banal klingen, aber vor genau diesen Schritten bin ich bis dahin mein ganzes Leben lang zurückgeschreckt.

Die Tatsache, dass ich nun kaum Zeit fand, etwas mit Freunden zu unternehmen, war der erste Wermutstropfen auch in diesem Job. Ich konnte jetzt zwar mit Recht bis mittags schlafen, da ich danach bis Mitternacht arbeitete, aber die Freizeitperspektive war frustrierend.

Eine Weile lang gelang es mir immerhin, wenigstens einmal pro Woche etwas mit Ines zu unternehmen, mit der ich mich angefreundet hatte. So waren wir beispielsweise zusammen bei der Mitarbeiterpremiere des Musicals *We will rock you*.

Wir schafften es zwar nur knapp, pünktlich anzukommen, hatten dann aber einen Abend voll überwältigender Eindrücke mit einer Party plus Büfett hinterher. Trotzdem fühlte ich mich ohne Heroin unwohl in meiner Haut, und als mich dann noch ein hübscher Mann anvisierte, ergriff ich irgendwann die Flucht und fuhr mit Ines wieder nach Hause.

Obwohl ich in meinem Aufgabenbereich viel dazugelernt hatte, merkte ich, dass ich schon wieder Ausschau nach einer kreativeren Tätigkeit hielt, nachdem die neuen Aufgaben Routine geworden waren. Es ist wohl so, dass bei Exjunkies die Uhr andersherum läuft. Sie warten ständig auf die Erlösung, das ist der Lebensrhythmus, um den sich alles dreht.

Armin, mein nettester Arbeitskollege, zieht sich hin und wieder die Rübe zu und ist dann wieder zufrieden, aber das kann und will ich mir nicht mehr erlauben, denn sonst wäre ich verloren. Kompensieren konnte ich diese tiefe Unzufriedenheit bisher allerdings nicht, deshalb fange ich in ganz schlimmen Phasen immer noch mit aller Welt Streit an und bin unausstehlich zu allen, die mir in die Quere kommen.

In der Gegenwart

Inzwischen bin ich seit fast vier Jahren beim Musical und eine feste Kraft dort. Meine Tochter ist jetzt 21 und lebt zeitweise mit in der Wohnung, die ich immer noch mit Andy teile, zeitweise bei ihrem Freund. Sie hat einen Job, hat aber nach ihrem Hauptschulabschluss bisher leider keine Ausbildung gemacht. Dass sie dies nachholen sollte, versuche ich ihr immer wieder nahezubringen.

So ist die Bilanz am Schluss dieser Aufzeichnungen, dass ich seit nunmehr zehn Jahren clean bin und jeden Tag meines Lebens ganz bewusst erlebe, mit allem Schönen und auch Schwierigen darin. Die Bewältigung und Aufarbeitung der Probleme, die ich mir und anderen in den 15 wildesten Jahren meiner Jugend aufgeladen habe, wird lebenslang täglich aufs Neue meine Aufgabe sein.

Schritt für Schritt möchte ich für mein Verhalten und mein Handeln immer weiter die Verantwortung übernehmen. Ob die Spanne dieses Lebens und meine geschwächten körperlichen und seelischen Kräfte dafür ausreichen, vermag ich nicht zu sagen. Ich kann und will aber ausdrücklich versichern, dass dies mein fester Vorsatz ist, den zu erfüllen ich vor allem zwei Menschen zutiefst schuldig bin – mir selbst und meiner geliebten Tochter.

Danksagung

Hiermit möchte ich mich bei allen Menschen bedanken, die mich auf meinem Weg unterstützt haben – auch bei jenen, deren Namen ich leider nicht mehr weiß –, insbesondere aber bei:

- meiner Tochter Nathalie
- Gisela Messerschmidt, Suchttherapeutin, Göppingen
- meiner Sozialarbeiterin in der Justizvollzugsanstalt Schwäbisch Gmünd
- meinen Therapeuten in der Therapieeinrichtung Waldhausen: Magdalena, Nicole, Rolf u. a.
- Christiane, meiner Sozialarbeiterin in der Nachsorge in Stuttgart
- meinem Psychologen Peter Wagner
- Gerlinde Reinl, die mit mir intensiv an diesem Buch gearbeitet hat

288 Seiten
Preis: 17,99 €
ISBN 978-3-86882-219-9

Katja Schneidt

GEFANGEN IN DEUTSCHLAND

Wie mich mein türkischer Freund in eine islamische Parallelwelt entführte

Katja Schneidt ist eine junge, moderne, selbstbewusste Frau, die ihr Leben liebt und jede Menge Spaß hat. Bis sie Mahmud kennenlernt. Sie verlieben sich, ziehen zusammen und Mahmud zeigt sein wahres Gesicht – das Gesicht eines Tyrannen. Katja Schneidt wird als Deutsche mitten in Deutschland Teil einer fundamentalistischen Parallelgesellschaft. Sie darf das Haus nur mit Einwilligung Mahmuds verlassen, muss Kopftuch und lange Kleidung tragen und wird brutal misshandelt. Erst als sie zum wiederholten Mal halb tot geschlagen wird, sammelt sie all ihren Mut und flieht, um Mahmud anzuzeigen, gegen ihn vorzugehen und damit zur Geächteten zu werden, der bis heute die Blutrache von Mahmuds Familie droht.

Von der Autorin des Spiegel-Bestsellers Gefangen in Deutschland

176 Seiten
Preis: 16,99 €
ISBN 978-3-86882-263-2

Katja Schneidt

DU HAST KEINE MACHT ÜBER MICH!

Wie man sich vor häuslicher Gewalt schützen kann

Statistisch gesehen wird jede vierte Frau in Deutschland im Lauf ihres Lebens Opfer von Gewalt in der Partnerschaft. Dabei ist es ganz egal, welcher sozialen Schicht sie angehört, wie alt sie ist, ob sie Kinder hat oder nicht. Es fällt den meisten Frauen sehr schwer, sich selbst aus dieser Gewaltspirale zu befreien und aktiv Hilfe zu suchen.

Katja Schneidt, die früher selbst massive Gewalt in der Partnerschaft erlebte, hat einen Ratgeber zu diesem Thema geschrieben, der sowohl verschiedene Fallbeispiele als auch konkrete Tipps zum Ausstieg aus der Gewaltspirale enthält. Sie behandelt dabei konkrete Fragestellungen, etwa, wie man sich deeskalierend verhält, wie man sich Schlupflöcher schafft oder wie man das Verlassen des Partners vorbereitet, ohne dass er dies bemerkt. Anhand vieler konkreter Beispiele zeigt sie auch, wie sich Gewalt nach und nach in einer Beziehung manifestiert und wie man frühzeitig gegensteuern und Unterstützung finden kann.

Portia de Rossi

Das schwere Los der Leichtigkeit

VOM KAMPF MIT DEM
EIGENEN KÖRPER

VOM STAR
AUS DER SERIE
Ally McBeal
ଓଷ

mvgverlag

336 Seiten
Preis: 19,99 €
ISBN 978-3-86882-238-0

Portia de Rossi:

DAS SCHWERE LOS DER LEICHTIGKEIT

Vom Kampf mit dem eigenen Körper

Portia de Rossi wog nur noch 38 Kilogramm, als sie am Set einer Hollywood-Produktion zusammenbrach. Nach außen hin war sie blond, schlank und schön, glamourös und erfolgreich. Doch innerlich war sie fast tot. Sie beschreibt unaufgeregt und eindringlich, wie der Druck Hollywoods, dünn zu sein, in Kombination mit ihrer geheim gehaltenen Homosexualität dazu führte, dass sie sich in ihrer Haut nie wohlfühlte und immer tiefer in die Magersucht hineinrutschte. Das Abnehmen wurde für sie zur einzigen Möglichkeit, Macht und Kontrolle über ihr Leben zu haben, bis es zu einer Krankheit wurde, die sie beinahe tötete und ihre Familie zerstörte. In ungewöhnlich offenen, mutigen Worten erzählt de Rossi mit erzählerischem Feingefühl ihre Geschichte und lässt uns tief in ihre Seele und ihr Leben als Hollywoodstar blicken.

mvgverlag

240 Seiten
Preis: 17,99 €
ISBN 978-3-86883-114-6

Shoko Tendo
ICH, TOCHTER EINES YAKUZA

Geboren als Tochter eines Yakuza-Bosses, wächst Shoko Tendo in den 1970er-Jahren in einer zwar von Luxus geprägten, aber doch bedrohlichen Umgebung auf. An ihrer Schule wird sie als »Yakuza-Kind«, also Mafia-Kind, von Schülern und Lehrern gemobbt. Sie tritt einer gewalttätigen Yanki-Girl-Gang bei und beginnt schon mit 12 Jahren, Speed zu konsumieren. Mit 15 wird sie zu einem Aufenthalt in einer Besserungsanstalt verurteilt. Drogensucht, Armut, psychischer und sexueller Missbrauch ziehen das junge Mädchen immer weiter in den Abgrund. Sie verliert zunächst ihre Eltern, erleidet dann eine Fehlgeburt und gerät immer wieder an brutale Yakuza-Männer, die sie nur als Nebenfrau für amouröse Treffen benutzen. Mehrmals versucht sie, sich umzubringen, bis die Entscheidung, sich tätowieren zu lassen, ihrem Leben die entscheidende Wende gibt.
Ohne jede Bitterkeit zeichnet Shoko Tendo das Porträt ihres von Gewalt und Missbrauch geprägten Lebens und gewährt tiefe persönliche Einblicke in die dunklen Seiten der japanischen Gesellschaft.

mvgverlag